여자가
알고 싶은 거의 모든 지식

남자를
밝힌다

여자가 알고 싶은 거의 모든 지식

남자를 밝힌다

2020년 5월 20일 초판 1쇄 펴냄

지은이 이인
펴낸이 신길순

펴낸곳 (주)도서출판 **삼인**
(03716) 서울시 서대문구 성산로 312 북산빌딩 1층
전화 02-322-1845
팩스 02-322-1846
이메일 saminbooks@naver.com
등록 1996. 9. 16. 제25100·2012·000046호

표지, 본문 디자인 끄레 디자인

ⓒ이인. 2020
ISBN 978-89-6436-176-4 03330

값 16,000원

여자가
알고 싶은 거의 모든 지식

남자를
밝힌다

이인

삼인

차례

여자가
알고 싶은 거의 모든 지식

남자를 밝힌다

0

왜 남자를
연구하는가

여자가
모르는 남자

요즘 들어 여성을 주제로 한 얘기가 한창 활발합니다. 여성에 대한 관심이 봇물처럼 쏟아지는 건 반가운 일입니다. 반면에 남성에 대한 연구가 부족한 건 아쉬운 일이죠. 심도 있는 남성 이해는 좀처럼 찾아보기 어렵습니다. 페미니즘에서 남성을 다루기는 하나 남성의 본질을 총체적으로 조망하기보다는 한 측면만 부각시킬 따름이죠. 페미니스트 벨 훅스는 자신이 남자를 이해하지 못할 뿐만 아니라 두려워하고 있다는 사실을 고백할 수 없었다고 털어놓습니다.

성차별에 맞서 한평생 투쟁한 벨 훅스는 이야기합니다. 모든 남성을 압제자로 전제하는 페미니즘은 남자들의 실체에 관심을 두려고 하지 않는다고. 우리 여자들이 남성을 바라보는 시각 자체가 왜곡되었기 때문에 남자들을 제대로 파악할 수 없었는데, 자신들의 무지에 대해서도 이야기할 필요가 없었다고.

더 나은 세상을 위해 노력하는 페미니스트들조차 정작 세상의 반을 잘 모르는데, 잘 모른다는 사실 자체를 모르는 경우가 허다합니다. 남녀의 어디가 어떻게 다른지 소상히 알아야 갈등 해결의 실마리를 찾을 수 있을 텐데, 성차에 대한 인식은 뭉뚱그려지고 얼버무려지기만 하죠.

남자들이 여성을 몰라서 오해하고 갈등하듯 여자들은 남성에 무지해서 실망하고 좌절합니다. 남자를 알지 못한다는 건 남자와의 관계에서 계속 상처받고 있다는 얘기이기도 하지요. 여자와 남자 사이의 무지는 어쩌면 자연스럽지만 그냥 방치할 수만은 없습니다. 무지한 만큼 무지하게 고통을 겪게 되니까요.

삶의 구원은 새로운 앎을 통해서 일어납니다. 과거의 무지와 그동안 자기를 사로잡았던 편견에서 벗어나 밝고 환한 지혜를 만날 때 과거의 상처가 치유됩니다. 새로운 지식을 습득해서 남성을 깊게 이해하는 만큼 여성의 삶은 탄탄해지고 생생해집니다.

대부분 여자들은 남자를 잘 알고 싶어 합니다. 그래서 전문가의 조언에 귀 기울이고 책도 읽고 영상도 찾아보지만 막상 남자의 근본 원리를 제대로 간파해서 납득시켜주는 지식을 만나기는 어렵지요.

시인 이성복은 한 여자를 위해 서둘러 사정하지 않으려 애쓰듯 세상이 만족하기 전에 자기 쪽에서 임의로 세상을 신비화시키지 말라고 했습니다. 저는 남성을 얄팍하게 묘사하거나 얼렁뚱땅 미화하지 않은 채 남성의 밑바닥까지 파헤치고자 오래 궁리했고 끈질기게 사유했습니다. 그윽하게 숙성된 포도주를 따르면서 향연을 벌이듯 이제 공부의 결과물을 나누고자 합니다.

질문 받지 않는
수수께끼

남성에 대한 남자들의 이해도 어두운 형편입니다. 여자들은 남성을 알고자 노력이라도 하는데, 남자들은 남성에 대해 도통 관심이 없습니다. 남자들은 그저 자신에게 주어진 역할을 잘하는지에만 관심을 두지요. 등잔 밑이 어둡다는 속담처럼, 남자는 스스로에게 깜깜합니다.

남자는 남성성을 객관화해서 분석할 필요를 느끼지 않았습니다. 남자를 인간 자체로 상정해왔으니까요. 하지만 남성은 엄연히 인간의 하위 항목으로 분류되고 여성과 다릅니다. 시대와 문화에 따라 양상이 조금씩 달라지더라도 변치 않고 지속되는 남성성이 있습니다.

모두가 남자를 안다고 생각하지만 정작 그 누구도 자세히 모릅니다. 남자는 버젓이 세상의 중심에 있었지만 너무도 자연스러워 별로 질문 받지 않는 일상의 수수께끼와 같습니다. 이제 그 수수께끼를 풀 시간입니다.

저는 외계의 탐험가처럼 남성을 관찰했습니다. 낯선 시선으로 남자를 응시하니 굉장히 신선했습니다. 으레 남자라면 당연하다고 하는 것들에 물음표가 생겨났고, 지구별의 망명자처럼 남성에 대해 글을 쓰기 시작했습니다.

여자들이 남성에게 갖는 의문에는 싱그러운 호기심만 있지는 않죠. 분노와 한숨이 섞여 있습니다. 저 역시 갑갑한 적이 한두 번이 아니었는데, 남성에 대한 한탄에는 자신에 대한 환멸과 실망이 곁들여져 있었습니다. 저는 남성성을 고스란히 수용할 수 없었으나 제 의지에 아랑곳하지 않고 격동하는 남성성에 소스라쳤습니다. 달아날 수 없다면 직면하는 수밖에 없었죠. 남성성을 매도하거나 숭배하지 않으면서 차분히 차근차근 남성을 연구했습니다.

저는 아리송하고 어리둥절하기만 한 남성의 행동을 파고들어서 근본 이유를 설명하고자 합니다. 남자라는 알쏭달쏭한 물음표에 시원한 느낌표로 답하고자 합니다. 책을 읽다 보면 약간의 충격이 동반되겠으나 그건 지성이 자라는 성장통이라 할 수 있습니다.

남자의 진실을
향하여

남자가 남자를 서술할 때는 한계가 있습니다. 우선 여성과 남성을 군이 나눠서 설명하는 행위 자체에 의혹 어린 시선이 따라붙게 됩니다. 더구나 여성과 구별되는 남성의 일반성을 찾아내기가 호락호락하지 않습니다. 남자들은 남성이란 공통분모가 있지만 각기 다양한 환경에서 다른 기질을 갖고 살아가므로 하나로 묶기 어렵지요. 어떠한 점을 남성성이라고 규정하더라도 거기에 들어맞지 않는 남자들이 있을 수밖에 없습니다.

그럼에도 남자가 남성에 대해 쓸 때 두드러진 장점이 있습니다. 여자들이 의아해하는 행동이나 태도가 쉽게 파악됩니다. 또한 여자가 경험하기 힘든 남자의 성장과정이나 남자끼리의 관계를 설명하는 데 조금 더 수월한 점도 있습니다. 여성이라면 상상하기 어려울 남자의 속내를 상세히 밝힐 수도 있습니다. 따라서 이 책은 논란의 여지가 있는 내용이 많아서 신중하게 읽을 필요가 있으나, 남성 내부자의 치열한 탐구결과물로써 귀중한 가치가 있습니다.

남성에게 드리워진 그늘을 걷어내고자 오랫동안 공들였습니다. 참고자료가 산더미처럼 쌓여 있었죠. 너무 두꺼운 책이 되지 않고자 작업한 내용 가운데 상당 부분을 덜어내고 들어낼 수밖에 없었습니다. 그럼에도 일반 독자들이 평소에 접하기 어려운 신선하고 강렬한 내용을 산뜻하게 담아낸 책이 완성되었습니다.

이 책을 정독하면 시야가 확 트일 것입니다. 여성 독자라면 어디서도 알려주지 않아 흐릿했던 것들이 짜릿하게 또렷해질 것입니다. 남성 독자에게도 자기 자신을 깊게 이해하는 자극이 되리라 자신합니다.

　인간은 관점을 이동하며 전환할 수 있을 때 지성이 무르익습니다. 성별의 장벽을 넘나들 수 있을 때, 세상을 있는 그대로 바라보며 두루 헤아릴 수 있을 때, 유치했던 과거에서 벗어나 어른으로 성장합니다.

　이 책을 통해 남성을 색다르게 사색하는 기회가 되면 좋겠네요. 여성과 남성이 미묘하게 다르지만 서로 깊게 연결되어 있다는 진실을 밝히는 데 이 책이 이바지하기를 기원합니다.

1

경쟁과
성공

힘을 가지려는
남자들

여성은 생명을 재생산할 수 있다. 남성과 분간되는 뚜렷한 특징이다. 억겁의 시간 속에서 이뤄진 임신과 출산 그리고 육아를 헤아리면 여성의 복잡다단한 욕망과 행태가 가늠된다. 여성성은 여자들이 생존과 번식을 위해 유구한 세월 동안 진화해온 특징이다.

모든 생명은 생존하고 번식하려는 본능을 타고나는데, 남자는 여자처럼 생명을 잉태할 수 없다. 생명을 재생산할 수 없었던 남자들은 힘을 추구했다. 힘을 가지면 여자에게 사랑받거나 여자를 지배하면서 자신의 유전자를 지속시킬 수 있었다.

남자의 남男은 밭 전田과 힘 력力의 합성어다. 남자란 밭에서 힘을 쓰는 사람이란 얘기다. 시대 상황에 따라 힘을 쓰는 장소가 달라지더라도 남성은 힘과 떼려야 뗄 수 없었다. 남자는 힘을 통해 자신의 남자다움을 확인했다. 남성 철학자 니체는 힘을 가지려는 의지를 생명의 본성이라고 주장했다.

아주 먼 옛날엔 힘이 사냥 실력이나 싸움 능력처럼 신체의 힘에 국한되었겠으나 문명이 발달하면서 경제력이나 명예 같은 힘이 더 중요해졌다. 조선시대 유생들이 공자 왈 맹자 왈 읊었던 까닭도 힘을 얻기 위함이었다. 유교가 당대의 사회이념이었고, 권력을 얻고 출세를 하려면 유교를 통해야 했다. 선비(士)란 문자 자체가 도끼날과 그 자루의 모습으로 형상화된 글자이며, 아버지란 뜻의 부父도 사士의 변형이라고 김용옥은 설명한다. 도끼는 힘이다. 나무를 쓰러뜨리는 도구이자 적을 공격하는 무기이다.

남자들은 타인을 힘으로 측정하고, 힘에 따라 인간관계를 맺는다. 남자들은 어릴 때부터 누가 더 센지 티격태격하고, 타인의 정보를 수집해서 맞서 싸울지 순응할지 처신을 정한다. 학창 시절을 보더라도 치열하게 주먹다짐을 벌이고 거의 조직폭력배들처럼 군다. 불과 1년 먼저 학교에 들어갔을 뿐이고 생일로 따지면 몇 달 차이 안 날 수도 있건만 한 학년 높으면 후배들 앞에서 어깨에 힘이 잔뜩 들어간다. 남자 청소년들의 세계는 몸집과 힘에 따라 서열이 정해지는 밀림과 흡사한데, 이건 세계 공통 현상이다.

인간 사회는 주먹으로만 굴러가지는 않는다. 사회는 학업성취도에 따라 남자의 가치를 매긴다. 학창 시절에 약간의 굴욕을 감수하더라도 공부에 열중하던 남학생들은 더 좋은 대학에 들어가고 더 높은 연봉의 직업을 가진다. 위계의 지각변동은 예정된 지진이다. 한재림 감독의 영화 〈더 킹〉을 보면 남주인공(조인성)은 학창 시절에 싸움만 하고 다니다 아버지가 한주먹거리도 안 되는 검사에게 맞는 걸 보고서 충격 받는다. 진짜 힘이 무엇인지 퍼뜩 깨달은 남주인공은 열심히 공부해 서울대 법학과에 들어간 뒤 사법시험에 합격해 검사가 된다. 학창 시절 쥐 죽은 듯 찍소리 못 하던 남자들이 사회에 나와선 으르렁거리는 세상이다. 10대 시절의 사내다움에 너무 진지하게 취한 남자들은 문명사회의 권력투쟁에서 패배할 수밖에 없고, 자신이 깔보던 아이들에게 굽실거리게 된다. 어린 시절의 야생성에서 일찍 탈피해 미래를 도모한 남자들이 힘을 가질 확률이 높다.

권력은 누구나 원한다. 기존 질서에 저항하는 남자들도 약간이나마 권력이 생기면 이를 지키려 한다는 건 예술 분야에서도 적나라하게 드러난다. 1884년 프랑스 파리에선 고지식한 전시 방식에 대항하고자 젊은 예술가들은 자유로운 전람회를 개최했다. 독립미술전람회는 참신한 예술을 추구하고자 검열하지 않음으로써 야수파와 입체파의 물결을 일으켰다. 여러 시점으로 고정된 사물을 포착하던 입체파에 당시에 무명이었던 마르셀 뒤샹이 반기를 들었다. 움직이는 입체주의를 구현한 〈계단을 내려오는 누드 넘버 2〉라는 작품을 제출했다. 그러자 입체주의자들은 뒤샹의 작품에 불쾌감을 느껴 제외하라는 압박을 가했고, 주최 측은 뒤샹에게 작품의 제목을 바꾸라고 요구했다. 창의성을 장려하겠다며 무심사제도로 운영되던 전시회에서 제재가 일어난 것이었다. 혹자들은 진보를 추구한다고 떠벌리지만 막상 자신의 입지를 구축하고 나면 어김없이 새로운 변화에 마뜩잖아 하는데, 이건 인류사 내내 힘을 두고 쟁탈전을 벌이던 남자들의 오래된 행태이다.

사회에서 벌어지는 대립이 왜 발생하는지 잘 파악되지 않을 때 힘을 두고 벌이는 갈등으로 바라보면 명료해질 때가 많다. 예컨대 남자들은 여성운동에 대해 힘의 대결처럼 반응한다. 젊은 남자들은 페미니즘이 남성을 비하하며 여성 우월을 도모하는 수단이라고 느끼고는 부당한 권력에 맞서는 핍박자의 심정으로 대응한다. 성차별에 반대하는 논리에서도 권력의지가 작동한다. 자신은 깨었다고 자부하는 남자들은 한국 남자들의 여성관이 후졌다며 비판한다. 이는 얼핏 남성문화를 성찰하는 발언으로 보이지만, 그 밑바닥엔 자신은 다른 남자들과 다르다는 우월의식이 숨어 있다. 성차별을 공론화하면서 여성의 고통에 공감하려는 남자는 훌륭하지만, 그의 무의식 깊은 곳에서는 성차별을 고발하면서 생겨나는 명예와 권력에 대한 욕망이 없을 수가 없다. 페미니즘에 동조하든 반감을 갖든 권력에 대한 감각은 남자의 심리와 행동에 무의식중에 아주 끈적끈적하게 녹아 있다.

어느 사회든 정치 지형을 보면 보수와 진보로 나뉘지만, 통시적으로 바라보면 권력을 지닌 기존 세력과 권력을 가지려는 신진 세력의 대결이다. 세상의 질서를 지키겠다는 보수와 세상을 바꾸겠다는 진보에게 나름의 선의가 있겠으나, 그들의 이면엔 권력욕이 도사리고 있다. 역사 내내 쉴 새 없이 남자들은 힘을 두고 싸웠고, 지금도 그러하다.

남자에게 힘이란 본능이고 욕망이고 수단이자 목표이다. 힘을 갖게 되면 싫은 사람을 수렁으로 밀어버리고 끼리끼리 부귀영화를 향유할 수 있다. 남자들은 권력의 단맛을 좇아 꿀벌처럼 날아다니고, 권력을 가지게 되면 뭇 사람들이 벌떼처럼 주변에서 붕붕거리며 여왕벌처럼 떠받든다.

남자들은 힘을 추구하고 힘에 도취되어 한 생을 내달리지만, 남자의 삶이란 한여름의 백일몽과 비슷하다. 어렵사리 힘을 얻더라도 머지않아 다른 남자에게 밀려난다. 어릴 때 그토록 귀여웠던 남아들이 세상의 경쟁에 뛰어들어서는 분투하다가 여지없이 퇴출당한다.

경쟁의 압력을
받지 않는 남자는

힘은 공평하게 주어지지 않는다. 소수의 승자만이 얻을 수 있다. 인류사 내내 남자들은 힘을 갖고자 치열하게 경쟁했다. 토머스 홉스는 만인에 대한 만인의 전쟁을 이야기했다. 인간은 다들 비슷한 데다 비슷한 욕망을 갖고 있다. 자원은 제한되었는데 원하는 사람은 숱하다. 경쟁과 갈등은 필연이다. 스피노자도 인간은 다른 동물보다 더 많은 일을 할 수 있고 더 교활하고 상대를 잘 속이기 때문에 유능하면 할수록 서로에게 한층 두려워해야 할 적이라고 주장했다. 스피노자는 본성으로 볼 때 인간들은 서로 적이라고 명토 박아두었다.

욕망은 원초적 본능이다. 모두의 욕망이 충족될 만큼 자원은 무한하지 않다. 사람들은 타인보다는 자신의 욕망 실현을 우선시한다. 세상의 원리가 경쟁이 될 수밖에 없는 까닭이다. 협력은 경쟁에 대척한다기보다는 경쟁에서 승리하려는 전략이다. 결국 욕망과 경쟁으로부터 어떤 인간도 자유로울 수 없다. 욕망은 계속 채워도 해소되지 않는다. 욕망은 욕망하기를 욕망한다.

욕망 속에서 남자들은 누가 가르쳐주지 않아도 일찍이 경쟁을 시작하고 승부에 집착한다. 세계 어디든 남자들은 힘과 깡과 달리기와 덩치와 돈 등등으로 대결하고 서열을 정한다. 심지어 어린 남자애들은 누가 더 멀리 오줌을 누는지 경쟁한다. 남자들은 경쟁에서 밀려나 곤두박질친 남자를 딱하게 여기면서 잠을 설치거나 구슬퍼하지 않는다. 남자들은 경쟁에서 승리해 더 높은 지위를 차지하는 것을 즐기고, 그 쾌락을 맛보기 위해 다른 남자를 공격하거나 모략을 꾸미는 일도 서슴지 않는다. 경쟁은 남자들을 그악스레 몰아친다. 남자들은 욕망이란 기름을 온몸에 두르고 경쟁이란 불길로 뛰어들어 인생을 불사른다.

경쟁 본능으로 말미암아 남자는 다른 남자를 보면 무의식중에 전투태세를 가동한다. 오스트레일리아의 심리학자 스티브 비덜프는 수영장 같은 공공장소에서 다른 남자가 나타나면 자동으로 상대의 위협 정도가 어느 정도인지 살피게 된다고 고백한다. 어린 시절 이후 누군가에게 폭행을 당한 적은 없지만 혹시나 상대가 주먹을 날리지 않을까 잔뜩 경계하게 된다는 것이다. 또한 상대의 차와 자신의 차를 비교하고, 상대의 몸이 운동으로 다져져 있는지 평가하며, 상대가 여자와 있으면 그 여자가 상대를 좋아하지 않는 증거를 찾느라 정신이 부산하다.

남자들이 경쟁에서 승리를 열망하는 만큼 지배권은 계속 변동하게 된다. 계급과 신분에 따라 차별받으며 복종을 강요당해도 남자들은 줄기차게 반란을 일으키고, 기득권층은 이에 맞서 완강하게 방어한다. 투쟁은 인류사 내내 모든 영역에서 벌어졌다. 문명화에 따라 남자들은 단지 몸집만이 아닌 재능과 사회성으로도 경쟁했다. 힘은 점차 지능과 강하게 결부되었고, 남자들은 더 똑똑해져야 했다. 남자들은 정상을 차지하고자 삶의 안녕을 희생하면서까지 자신을 내던졌고, 문명은 다른 남자를 이기고자 경쟁하는 남자들의 안간힘을 동력 삼아 변화에 박차를 가했다. 인류사의 가부장제는 단지 남성이 여성을 우악스레 통제하며 지배하는 제도만을 뜻하는 게 아니다. 가부장제란 여성을 차지하려는 남자들 사이의 경쟁을 기반으로 끝없이 권력을 쥔 남자가 교체되던 제도였다.

남자들의 경쟁이 얼마나 치열하면 성적 성숙마저 더디게 만들었다. 남자는 대개 여자보다 성적 성숙이 느리다. 남자아이가 성적으로 일찍 성숙해버리면 충분히 준비되지 않은 상태에서 기존의 남자들과 겨루게 된다. 승산이 낮다. 대자연은 남자의 성적 성숙을 약간 늦추면서 때를 기다리게 만들었다.

여자들 역시 남자들 못지않은 경쟁심이 있다. 그런데 경쟁의 양상과 동기가 다르다. 역사 내내 여자들은 여성의 영역에서 경쟁했다. 더 나은 남자를 차지해서 아이를 더 잘 키우기 위해 경쟁했다. 민주화된 시대를 맞아 여자들은 남성 영역에 진출했고, 과거 성별에 따라 분할되었던 두 영역 모두에서 잘해야 한다는 부담이 가해지고 있지만 여전히 두 영역 가운데 하나를 선택할 수 있는 여지가 남아 있다. 반면에 남자들은 전과 동일하게 여자들도 가세한 남성 영역에서 경쟁하고 있다. 시대 변화에 따라서 남자에 대한 고정관념이 해체되고 있지만 아직 남자가 여성 영역에 진출해서 경쟁하는 건 환영받지 못한다. 남자가 집에서 살림하며 아내의 지원을 받아 살 자격이 있다고 생각하는 사람은 거의 없다. 성공 말고는 남자로서 인정받고 환영받을 일이 별로 없다.

소에 등급을 매기듯 남자는 등급이 매겨진다. 남자 안의 다양성은 인정받지 못한다. 모든 남자들은 최우수 등급을 받고자 사회에서의 성공에 인생을 내건다. 도스토옙스키의 『지하생활자의 수기』에 나오는 남주인공은 영웅 아니면 당나귀라며 이류의 역할은 생각하지도 않는다. 그는 자기만의 골방에 틀어박혀 타인들과 잘 지내지 못하면서도 월계관을 쓰고 백마에라도 올라앉은 듯 늠름한 기세로 세상 사람들 속으로 뛰어드는 환상에 사로잡혀 있다. 지독한 경쟁심과 승리에 대한 맹목의 집착이 불우한 처지의 주인공을 파멸로 이끈다. 승리하지 못한 인생을 남자는 결코 견딜 수 없다. 남자들은 패배가 확정된 순간까지도 승리에 대한 갈망이 수그러들지 않으며, 패배조차도 나중에 얻고 싶은 승리를 위한 발판으로 삼는다.

경쟁의 압력을 받지 않는 남자는 죽은 남자일 뿐이다. 난자 하나를 차지하기 위해 달려드는 수억 마리의 정자는 남성에 대한 생물학적 상징일지도 모른다. 대다수 남자들은 매몰찬 경쟁에 매몰되고 소수의 남자만이 살아남아 영광을 차지한다. 역사는 왕이나 성공한 남자들의 이야기로 빼곡하다. 패배자들의 피와 눈물은 흔적조차 찾기 어렵다. 남자들의 경쟁은 비정하게 비장하고, 지독한 지옥 같다.

형제 사이의
피 튀기는 경쟁

자연계에서의 경쟁은 처절하게 매정하다. 동물의 세계에서 으뜸 수컷은 평화를 그리 길게 누리지 못한다. 늘 반란의 불안에 시달리고, 한동안 위세를 떨치더라도 패기 넘치게 치고 올라오는 젊은 수컷에게 결국 패배하게 된다. 한 관찰연구를 보면, 개코원숭이 무리에서 우두머리의 동생이 도전자로 나섰다. 동생은 다른 수컷과 힘을 합쳐 반란을 일으켰다. 두목의 자리를 두고 벌이는 개코원숭이 형제 사이의 대결은 조선시대에 왕권을 두고 벌어진 암투나 소련에서 벌어진 권력투쟁, 재벌가에서 벌어지는 형제의 난과 유사해 보인다.

남자들의 경쟁은 일찍이 가정에서부터 시작된다. 세상의 인정과 사랑은 제한되어 있고, 모두가 골고루 갖기 어렵다. 부모의 자원 역시 마찬가지이다. 형제는 부모의 투자를 독차지하고자 경쟁한다. 사이좋게 지내게 하고자 부모가 애쓰더라도 좀처럼 분쟁이 잦아들지 않는다. 어린 시절 자매들 사이의 육박전과 신경전도 치열하나, 형제 사이의 폭력에 견주기는 어렵다. 형제가 부딪칠 때 첫째가 유리한 면이 많다. 일찍 태어난 만큼 몸집이 더 크고 다양한 경험을 했을 수밖에 없기 때문이다.

손위 형제가 동생에게 가하는 폭력은 마치 판에 박힌 듯 흔하게 발생하고, 인류 사회의 수많은 신화들에도 녹아 있다. 예컨대 유대 신화를 보면 최초의 살인은 형제 사이에서 일어난다. 형제간 폭력 서사가 사실을 근거로 하고 있는지, 어느 문화권에서 가장 먼저 생겨났는지, 각자 따로 창조되었는지는 그다지 중요한 문제가 아니다. 이보다 더 주목할 점은 형제 사이의 갈등 이야기에 사람들이 솔깃한다는 사실이다. 본능을 건드리기 때문에 형제 갈등 이야기는 전 세계에 인기리에 퍼져 있다. 동성의 핏줄은 태어나 가장 먼저 마주하는 경쟁자이다.

부모는 자식들이 서로 잘 지내다가 결혼해 아이를 쑥쑥 낳길 바란다. 그것이 자신의 적응도를 촉진하는 일이기 때문이다. 적응도란 유전자나 개별 유전형질이 다음 세대로 전달되는 정도를 나타내는 개념이다. 모든 생명은 적응도를 높이려고 애쓴다. 그런데 부모의 욕망과 자식의 욕망은 일치하지 않는다. 개체는 형제들과도 어느 정도 유전자를 공유하지만 형제끼리 유전자가 동일하지는 않다. 부모는 자신의 유전자가 반씩 들어간 자식들이 골고루 잘되길 바라며 투자하는데, 자식들 각각은 자신이 더 많이 투자받길 원한다. 형제 경쟁은 필연이다.

열 손가락 깨물어 안 아픈 손가락은 없다지만 어떤 손가락은 더 민감해서 훨씬 아플 수 있다. 인류사를 돌아보면 대부분의 부모는 모든 자식에게 투자할 수 없을 때가 허다했다. 그렇다면 첫째에게 총애를 보내는 것이 합리적이다. 미국의 정치철학자 마이클 샌델은 재미 삼아 수업 중에 첫째인 사람은 손 들어보라고 했다. 조사할 때마다 거의 75~80퍼센트였다. 첫째들이 보이는 높은 학업성취도는 첫째의 인지능력이 좋다는 뜻이라기보다 부모가 첫째에게 더 많은 투자를 한 결과이다. 대개 첫째가 동생들보다 돈을 더 벌고, 노동윤리가 더 투철하고, 사회 상층부로 더 올라간다는 연구 결과도 있다. 첫째는 이미 많은 투자를 받은 상태이다. 투자량과 애정은 비례하는 편이다. 재해가 들이닥쳐 누군가를 희생시켜야 했을 때 이미 성장한 아이를 희생시킨 부족은 전 세계 어디에도 없었다. 대부분 가정에서 나이가 더 많고 먼저 사회에 나가는 첫째를 편애하는 경향이 나타난다.

소설가 신경숙의 『엄마를 부탁해』를 보면, 엄마는 새로 나온 라면을 숨겨 놓았다가 늦은 밤에 맏이에게만 끓여준다. 라면 냄새 때문에 자식들이 눈을 뜨면 엄마는 그냥 자라며 엄하게 꾸짖는다. 물론 첫째에게 투자가 많이 가는 만큼 첫째는 부담감을 짊어진다. 윤제균 감독의 영화 〈국제시장〉에 나오는 남주인공(황정민)은 자신의 꿈을 포기한 채 돈을 벌고자 베트남에 간다. 맏이는 다른 형제보다 더 투자받은 걸 알기에 얼른 자립해서 동생들을 챙기려고 노력한다. 세상에 공짜는 없는 법이다.

이세돌처럼 낭중지추 같은 동생이 있다면 부모나 손위 형제들이 뒷바라지에 나설 수 있다. 하지만 어릴 때부터 탁월함을 드러내는 일은 드물다. 나이 차가 많이 나는 막내가 있다면 부모의 예쁨을 받을 것이다. 다른 형제들은 이제 다 커서 예전만큼 투자할 필요가 적은데 아직 막내는 돌봄을 받아야 하므로 부모는 막내에게 애틋한 마음이 들 수밖에 없다. 중간에 태어난 사람들은 첫째와 막내 사이에서 충분히 애정을 받지 못했다고 느끼기 일쑤다. 형제자매가 많으면 든든할 것 같지만 막상 애정결핍에 따른 상처가 있기 마련이다. 아픈 자식이 있으면 부모는 아픈 자식을 지원할 것이다. 약한 자식은 부모의 투자가 생존에 직결되므로 부모는 더 정성을 쏟게 된다. 몸이 약한 형제를 애처로운 마음으로 돌보더라도 다른 자식들은 자신에게 돌아올 애정을 빼앗긴다는 느낌을 떨쳐내기 어렵다.

인간의 삶은 어떤 부모에게서 태어나느냐에 큰 영향을 받지만, 이 못지않게 첫째로 태어나느냐 둘째로 태어나느냐 막내이냐에 따라 성격이나 세상을 대하는 태도가 무척이나 다르다고 미국의 과학사학자 프랭크 설로웨이는 주장한다. 프랭크 설로웨이에 따르면, 혁신을 초래하는 과학 연구 결과를 첫째들은 거북해하거나 반대한다면 둘째들은 훨씬 잘 수용했다. 형은 부모에게서 기득권을 물려받으면서 기존 질서를 옹호하는 보수주의 성격이 강하고, 동생은 위계를 깨뜨리면서 변화를 희망하는 성격이 강하다는 얘기이다. 가진 게 많으면 변화를 꺼린다. 잃을 게 적은 동생들은 과학 연구에 따른 세계관의 변화를 비롯하여 정치구조의 변화까지 더 쉽게 받아들이는 경향이 나타난다.

동생은 가만히 있다가는 계속 손위 형제의 그늘 아래 있을 수밖에 없다. 그래서 손위 형제와 차이점을 만들어내고자 일찌감치 변화를 도모한다. 형은 기득권을 놓치지 않고자 동생의 행태를 예의 주시하면서 어릴 때부터 동생을 진압하려 든다. 아직 꼬마일 때부터 형은 동생이 태어나면 퇴행 증상으로 맞대응한다. 안아달라고 떼를 쓰고 먹여달라고 보챈다. 동생에게 돌아갈 부모의 투자를 자신이 계속 받으려는 본능이다. 정치학자 전인권은 동생이 태어날 무렵 젖을 일단 떼었으나 그 뒤에도 젖가슴이 가끔씩 자신에게 분양되었으며, 어머니 유방을 한쪽씩 물고서 동생과 눈싸움을 벌인 적도 있다고 회고한다. 손위 형제의 관점에선 모든 가족의 관심과 애정을 받는 상황에서 갑자기 생겨난 동생은 자신의 지위를 빼앗는 강탈자이다. 동생과 잘 지내라고 부모가 간절히 타이르거나 엄하게 혼내도 손위 형제는 동생을 못살게 군다.

인간은 좀 더 많은 애정을 얻고자 저마다의 방법으로 노력한다. 같은 부모 밑에서 자라더라도 형제의 성향이 다른 이유다. 성격엔 유전으로 포착되지 않는 요소가 있다. 그것은 어린 시절부터 시작된 경쟁 속에서 승리를 쟁취하려는 무의식화된 전략이다. 형은 동생보다 힘이 더 세기 때문에 상대의 행동을 통제하고, 자신의 의지를 관철하려는 습성을 갖게 된다. 반대로 동생은 형이란 존재를 극복하고 살아남아야 하는데 유년기에 형을 이기긴 힘들다. 그래서 동생은 상대의 기분을 헤아리면서 유화책을 구사하는 태도를 익힌다. 또한 동생은 형이 선점한 분야에 후발 주자로 뛰어들어서 승산이 낮은 대결을 펼치기보다는 새로운 분야를 모색한다.

마치 자연계의 양상과 비슷하다. 생태계에서 수많은 생물은 차이를 추구하면서 다양성을 만들어낸다. 이미 누군가가 우위에 있는 분야를 뒤늦게 뛰어들어선 생존 가능성이 낮다. 생명체는 각기 다르게 자신의 장점을 발휘해 생태의 적소를 차지하면서 생존했고, 그 결과 자연계는 찬란하리만큼 다채로운 모습이다.

정상에 선
사랑스럽지 않은 영웅

　형제들은 태어난 순서와 주어진 여건에 따라 전략이 다를 뿐이지 남자로서 욕망은 동일하다. 형과 동생은 옥신각신하다가도 남자 영웅이 나오는 만화를 같이 넋을 놓고 본다. 남자들은 어릴 때부터 영웅 이야기에 매료된다. 영웅 숭배가 인간의 본성이라고 영국의 역사가 토머스 칼라일이 주장했을 정도다.

　남성은 성공한 기업가나 사회 영향력이 큰 인물 또는 유명한 운동선수를 본받으려 한다. 특히 청소년기에 영웅 숭배 경향이 강렬해진다. 남자아이는 세상에서 주목받는 환상을 품는다. 남자는 인정받고 싶은 욕구가 엄청나고, 이상한 방식으로라도 튀어서 존재감을 느끼려 한다. 남성이 여성보다 성격 폭이 더 크고, 개성도 더 천차만별인 까닭이다. 인정 욕망은 꽁꽁 감춰진 남자라는 상자를 개봉하는 열쇠이다. 정상에 올라 타인들에게 인정받고 싶다는 갈망은 남자들의 모든 행동에 도사리고 있다.

　여성도 정상에 서서 인정받고 싶다는 갈망이 강하지만 사랑받고 싶다는 욕구도 그 못지않다. 사랑스러워지는 것과 정상에 서는 일이 양립할 수도 있지만 불일치하기 일쑤다. 정상에 서서 권력을 움켜쥔 대개의 남자들은 별로 사랑스럽지 않다. 여자들은 정상에 서기 위해 고군분투하거나 사랑스러운 존재가 되는 갈림길에서 사랑스러운 존재가 되는 쪽을 선택할 확률이 높다. 여성은 사랑스러워지고 싶은 욕망에 따라 사랑스러워졌다. 남녀 모두 여성을 더 좋아하고 사랑스럽다고 평가한다. 남자 마네킹을 만들기 어려운 이유다. 사람들은 남자 마네킹을 대할 때, 특히 밤이라면 범죄자나 강간자,

광인을 연상하며 두려움을 느낀다. 대부분 사람들은 친절하고 착해 보이는 인상을 좋아하는데, 이런 인상은 여성에게 더 잘 들어맞는 편이다.

남자는 사랑스러운 존재가 되기보다는 최고가 되기 위한 진흙탕 싸움에 자신을 내던진다. 권력이 가장 강력한 최음제라는 미국의 외교관 헨리 키신저의 말처럼 권력을 가지면 욕망의 대상이 된다. 정상에 선 남자는 사랑스럽진 않지만 여자들과 사랑을 더 많이 나누게 된다. 남자에게 권력이란 성과 매우 밀접하게 연결되어 작동한다. 한 실험에 따르면, 성적 공격성 측정에서 높은 점수를 받았던 남자들에게 권력의 개념을 주지시키자 여성에게 더 강한 매력을 느꼈다. 성적 공격성이 강한 남자들은 권력과 성이 무의식 중에 자동으로 연상되어 촉발된다는 것을 자각하지 못했다. 그들은 여자들이 자신에게 하는 행동이 권력자에 대한 예의가 아니라 호의와 호감이라고 착각한다. 권력자들은 여성의 행동을 오해하면서 적극 접근하는데, 일반 남자들이 접근할 때보다 성공 가능성이 높다.

반면에 여성은 유명해지고 권력이 생긴다고 해서 성관계의 횟수와 상대가 꼭 늘어나지는 않는다. 성공한 여자가 그렇지 못한 여자보다 더 많은 성경험을 한다는 증거는 찾기 어렵다. 오히려 권력이 없는 하층 여성일수록 성관계 횟수와 상대가 더 늘어나는 경향이 있다. 여성이 자신의 노력으로 지위가 올라갔을 때 존경받을 순 있겠지만 이성으로서 인기가 딱히 치솟지는 않는다. 지위를 높인다고 남자들에게 사랑받을 가능성이 대폭 높아지지는 않으니 여성의 야심은 남자들만큼 강하게 끓지 않을 수 있다. 신분 상승할 때 이성으로부터 받는 사랑의 양이 성별에 따라 다르므로 정상에 대한 열망의 강도에서 성차가 발생한다.

어느 사회든 상층부에는 남성들로 득시글하다. 사회문화가 남성 중심으로 짜여 있는 데다 오랜 성차별로 말미암아 여성의 야망은 마모되고 축소되어왔다. 포기가 여성의 특성이라고 칸트가 규정했을 정도다. 프랑스의 사회학자 피에르 부르디외는 차별의 사회화를 통해 남성은 권력을 더욱 좋아하게 만들고, 여성은 권력을 행하는 남성을 좋아하도록 만들었다고 주장했다. 여자는 지배 욕망을 포기할 수밖에 없는 사회구조였고, 여성은 스스로 권력을 가지려 하기보다는 지배자의 사랑을 욕망하면서 남성 지배가 이뤄져왔다. 남성의 카리스마란 알고 보면 그 남자 자체의 매력이 아니라 권력의 매혹이자 유혹이다. 권력자나 권력을 갖고자 도전하는 남자가 뿜어내는 매혹은 대단하다. 일반 여자들은 말할 것도 없고 영웅이 되고 싶어서 모험에 나서는 여자들조차 야심에 불타는 남자를 선호한다. 마이크 니콜스 감독의 〈누가 버지니아 울프를 두려워하랴〉를 보면, 아내는 남편이 차세대 대학 총장이 될 줄 알았는데 과감하지 못해 부교수에 머문다며 실패작이라고 업신여긴다. 대부분 여자들은 포부가 있고 자신감 넘치는 남자에게 끌리고, 야망 없고 소심한 남자를 싫어한다. 반면에 남자 가운데 여성의 권력에 성적 호감을 느끼는 사람은 적은 편이다. 남자들은 자신이 영웅이 되고 싶을 뿐 영웅의 배우자가 되고 싶은 바람은 여자들만큼 강하지 않다.

상층부에 남자들이 많다는 건 아직 사회가 성평등하지 않다는 증거이기도 하지만, 성차의 증거이기도 하다. 남녀는 다른 자원을 갖고 진화했다. 여성에게 힘이 생긴다고 자신이 낳을 수 있는 아이의 수가 급증하지는 않았다. 정상에 서고자 특별히 노력하지 않았던 여자들도 최고가 된 여자들만큼 아이를 가졌다. 여자가 위대함을 열망하더라도 전쟁으로 점철된 인류사에서 영웅이 되기란 쉽지 않았고, 과거에 여자들이 스스로 위대함을 추구했는지 여부와 무관하게 아이를 낳고 키웠다. 반면에 남자는 정상에 서면 많은 자식을 낳고 번영시킬 수 있었으나 그렇지 않을 경우 자식을 기대하기 어려웠다. 남자는 인내와 희생을 거치는 방법 말고는 권력에 접근할 수 없었다. 힘에 대한 갈망이 비슷하더라도 얻는 방법과 동기에서 오랜 시간 누적된 차이가 존재하고, 여성과 남성에게 다른 처신을 유발한다. 현대사회에서 여자들도 악을 쓰면 신분 상승할 수 있다. 다만 적지 않은 여자들이 위로 올라갈 때 감당해야 하는 타인과의 대립과 감정 소모, 삭막해진 인간관계, 지루한 노동, 추한 타협, 무리한 일정, 사생활의 포기 같은 대가를 별로 치르고 싶어 하지 않는다면 남자들 중엔 당연하게 받아들이는 이들이 많다.

과거에 여자는 임신하고 출산하면 인정받을 수 있었으나 남자가 가만히 있다가는 가마니 취급을 받으며 역사의 뒤안길로 퇴출당했다. 남성은 자신의 가치를 증명해야 했다. 억겁의 시간 속에서 누적된 성별에 따른 심리 차이가 있어서 남자들은 성공을 위해 더 큰 위험을 감수하려 드는 반면에 여성은 보다 안정된 선택을 하는 경향이 나타난다. 남자는 사랑스럽지 않은 인물이 되는 걸 각오하고 최고가 되려 한다. 자존감이 붕괴되는 경우는, 여자들은 사랑받지 못한다고 느낄 때라면 남자들은 무능력하다고 무시당할 때이다.

고대 그리스를 돌아보면 남자들의 욕망이 좀 더 선명히 드러난다. 고대 그리스엔 현재는 별로 거론되지 않는 욕망을 가리키는 단어가 있었다. 투모스thumos이다. 투모스란 인정받고 싶은 욕망, 자신의 존재를 세상에 알리고 싶은 욕망이다. 단지 유명 인사가 되는 것이 아니라 영원히 명성을 얻으면서 깊은 존경을 받고자 하는 욕망이 투모스다. 헤겔은 인정 욕망을 중요한 개념으로 두고 철학했고, 이후에 여러 학자들도 인정투쟁을 역사의 동력이라고 주장했다.

세상에서 격찬하는 남자다움이란 한 줌의 남자들에게만 씌워지는 월계관이다. 세상은 다정한 남자보다 성공한 남자를 훨씬 우러른다. 세상 어디에나 성공한 남자의 동상이 커다랗게 서 있고 사람들이 와서 섬긴다. 동상이 설치되고 사람들이 찾아와 기리는 데서 인간 안에는 영웅을 바라면서 복종하고 싶은 열망이 강고하게 있음을 알 수 있다. 인간은 수컷 지도자에게 쉬이 매혹되는 속성이 있다. 예컨대 영향력 있는 종교 지도자들은 하나같이 나이 든 남자들이다. 남성 지도자의 발언에 더 권위가 실리고, 여성 신도들은 남성 지도자에게 복종한다. 세계에서 가장 신도가 많은 기독교를 보면 아예 신을 남성으로 형상화하고, 신이 남성으로 태어난다. 이슬람이나 불교까지 아우르더라도 종교 지도자들은 죄다 남성이다.

정상에 서면
여자들이 미소를 보낸다

인간을 비롯한 영장류 집단이나 사회성이 높은 포유류 무리를 보면, 높은 서열일수록 자원과 번식 경쟁에서 큰 이익을 얻는다. 침팬지 무리에서도 지위가 약간만 달라도 이해득실의 격차가 발생해 침팬지들은 지위 상승을 위해 거칠게 경쟁한다. 인간 사회도 다르지 않다. 권력에 따라 대우와 자원 배분이 판이하다. 남자들은 한정된 인정을 두고 피 마르는 격전을 벌이는데, 성공한다는 보장은 없다. 남자들은 성공 확률이 희박한 경쟁에 굉장한 희망을 품고 인생을 바친다.

위신과 서열이 상승하면 생존과 번식에 유리해진다. 미국의 인류학자 어빈 드보어는 여성이 특정한 유형의 남성을 선택하면서 다음 세대에 특정한 유형의 인자들이 퍼져 나간다고 설명했다. 남자란 여자에게 조종당하는 방대한 번식 실험 대상 같은 것이라는 어빈 드보어의 말은 《타임》지에도 실렸다. 어떤 여자가 드보어에게 남성이 언제쯤 남성우월주의를 포기하게 될까라고 묻자 어빈 드보어는 여자들이 성공을 과시하면서 걷는 남성을 선택하지 않게 될 때라고 답했다. 물불 가리지 않고 어떻게든 최정상에 서면 많은 여자들이 미소를 보낸다. 생존과 번식에 집중하는 것과 명성과 위계 상승을 도모하는 건 추구하는 목표가 달라 보이지만 최종 결과는 똑같다. 다른 남자를 능가하려는 야망을 품지 않고 태평하게 소일하던 남자들은 여자들에게 주목을 받지 못했을 것이고, 그들의 성질은 후대로 전해지기 어려웠다. 어느 분야든 남자는 정상에 오르려 한다. 본인은 의식하지 못할지라도 정상에 서고 싶은 남자들의 욕망엔 사랑의 결핍이 있다.

그나마 평등 성향이 있는 침팬지 무리도 대장 수컷과 그의 수하들이 독재한다. 소수의 수컷이 대다수 암컷을 차지한다. 침팬지 새끼들을 조사하면 86퍼센트가 권력자들의 자식이었다. 당연히 다른 수컷들은 불만을 품을 수밖에 없고, 우두머리에게 도전한다. 때론 이기면서 권력 교체가 이뤄지나 대개는 도전자가 죽거나 쫓겨난다. 어떤 수컷들은 아예 암컷과 사랑을 나누는 일을 포기한 채 그냥 숲 변두리에서 쓸쓸하게 살아간다. 평생 단 한 번도 짝짓기를 못하는 수컷들이 대다수다. 우리 조상들의 짝짓기도 침팬지와 유사했다. 유전자를 연구하면 조상들의 성비는 반반이 아니다. Y 염색체의 DNA는 아버지를 통해서만 물려받고 세포 안의 미토콘드리아 DNA는 오로지 어머니를 통해 대물림되기 때문에 부계와 모계를 별개로 역추적할 수 있다. 미국의 유전학자 제이슨 와일더와 동료들이 유전자를 전한 조상 성비를 연구해보니 여성이 남성보다 두 배 많았다. 이건 일부일처제가 확산되면서 그나마 완화된 결과이다. 아마 몇백 년 전만 해도 3~4배는 더 여성이 많았을 것이고 수천 년 전엔 더 심했을 것이다. 인류 최초의 여섯 제국을 분석했더니 지위와 번식은 정확한 비례관계를 보였다. 역사학자 로라 벳직에 따르면 중류층 남자는 서너 명의 여자와 짝짓기를 했고, 상류층 남자는 최대 10여 명이었으며, 귀족은 수십 명, 왕자는 수백 명, 황제는 수천 명이었다. 하류층의 남자들은 한 명의 여자와도 관계를 맺지 못했으리라고 추정된다. 인류사를 돌아보면 대다수 사회에서 남자의 힘은 여자와 얼마나 쉽게 잘 수 있느냐로 측정할 수 있었다.

한 러시아 여인은 스물일곱 번 출산에서 열여섯 번의 쌍둥이, 일곱 번의 세쌍둥이, 네 번의 네쌍둥이를 낳아 도합 69명의 자식을 두어 세계기록에 등재되어 있다. 그러나 이 수치는 남자에게 견주기 어렵다. 모로코의 황제 물레이 이스마일의 자식으로 인정받은 사람은 888명이었다. 그의 별명은 '피에 굶주린 이스마일'이었는데, 그는 핏줄에도 굶주렸다.

핏줄에 굶주린 채 핏줄 확산에 여념이 없는 건 세상 모든 권력자의 특징이었다. 이 넬 왕조는 아일랜드와 스코틀랜드를 지배했었다. 이 넬은 현재 아일랜드 북서 지역과 미국에 사는 남성 300만 명의 조상이다. 청나라를 세운 누르하치의 할아버지 기오창가는 만주 일대에 거주하는 150만 명의 조상이다. 동아시아와 중앙아시아의 Y 염색체를 조사했더니 지역 인구의 약 8퍼센트, 세계 인구의 0.5퍼센트인 1600만 명의 Y 염색체가 동일했다. 학자들은 생화학 유형 연구를 통해 공통된 Y 염색체의 소유자를 밝혀 냈다. 칭기즈칸이었다. 칭기즈칸뿐만 아니라 그의 아들들도 경이로운 번식률을 이루었다. 이건 아주 도드라진 성차이다. 여성은 권력을 움켜쥐더라도 아주 많은 남자들과 관계하기를 원하지 않는다. 러시아의 대제 예카테리나 2세는 화려한 남성 편력으로 유명한데 그녀가 평생 침대로 끌어들인 남자는 12~20명에 지나지 않았다.

성공한 남성이 그렇지 않은 남성보다 대체로 자식이 더 많다. 남자들은 성에 대해 크나큰 관심을 갖고, 기회가 닿는 대로 성관계를 하다 보니 꼭 의도하지 않았더라도 자식이 많이 생겼다. 성공해서 유명한 남자는 배우자가 있는 여자들에게도 용이하게 접근했다. 성공한 남자들은 쾌락을 탐닉하면서 자신의 유전자를 퍼뜨렸다. 남자를 움직이는 근접 원인은 권력과 성욕이지만 궁극 원인은 유전자의 확산이다.

　　성공과 성은 맞물려 있다. 성공한 남자는 철저하게 금욕해야 한다는 법률이 발령되어 24시간 철통같이 감시한다면 남자들의 성공에 대한 집착은 줄어들 것이다. 남성 유전자의 관점에서 여성이란 보상이 없는 성공은 허망한 것에 지나지 않는다. 인류사 내내 남자의 성공은 여자를 얼마나 소유하는가 하는 데서 평가되어왔다. 재벌가 남자들의 가계도에서 나타나듯 현대 사회에도 능력만 있으면 여러 여자와 관계하며 남성성을 과시한다.

　　최고 정상에 오른다고 해도 남자들이 품었던 환상이 대부분 실현되지는 않겠으나, 환상을 실현할 가능성이 조성되는 건 분명하다. 일례로 우주비행사를 들 수 있다. 우주탐사에서 소련에게 뒤처진 미국은 앞서고자 엄청난 돈을 쏟았고, 대중매체는 호들갑을 떨며 보도했다. 선발된 우주비행사는 미국의 대표 남성이자 위험에 도전하는 자유민주주의의 영웅처럼 떠받들어졌다. 수많은 여자들이 우주비행사에게 전화하거나 방문 아래로 쪽지를 밀어넣는 등 어떻게든 관계를 가지려고 안간힘을 썼다. 아내와 떨어져 지내던 우주비행사들은 광란의 밤을 보냈다. 어떤 여자는 우주비행사 모두와 잤다고 자랑을 늘어놓기도 했고, 자신은 진짜 우주를 갔다 온 비행사하고만 잠자리한다는 여자도 있었다. 정조 관념이 투철한 일부는 성행위할 기회를 마다했으나 대다수는 혼외정사를 가졌다. 특히 아내와 불화를 겪고 있는 우주비행사는 예외 없었다.

여자들이 우주비행사와 관계를 맺는 데 사력을 다했던 건 그들이 성공한 남자이자 영웅이라는 상징을 갖고 있었기 때문이다. 예전에 미국 남자 가수들이 한국에 오면 수많은 여자들이 속옷을 벗어서 던졌고, 요즘엔 한류 남자 가수들이 공연할 때 남미의 여자들이 속옷을 벗어서 던지는데, 이건 잘생긴 가수들이 단순히 노래 잘 부르고 춤 잘 추기 때문이 아니다. 그들에게 매겨진 가치와 위신에 성적으로 흥분하는 것이다.

유명한 남자는 여자들에게 선망의 대상이다. 남자들의 세계는 위계가 뚜렷하고 여자들도 그에 걸맞게 남성을 대한다. 성공한 남자가 받는 특권과 처우에 대한 기대로 남자들은 경쟁에 뛰어드는 것이다.

호랑이는 가죽을 남기고
남자는 이름을 남긴다

어느 집단이든 미묘한 권위가 있다. 뚜렷한 서열과 위계가 없더라도 명예에 따라 위신이 달라진다. 호랑이는 가죽을 남기고 사람은 이름을 남긴다는 속담처럼, 남자는 타인에게 이름을 알리고 싶어 한다. 승자는 만인에게 환영받는다. 성공은 성공을 부른다. 평판이란 오랫동안 보상이 돌아오는 투자이다. 성공을 꿈꾸는 남자들은 젊은 날에 평판을 얻고자 위험을 감수한다.

왜 명예에 집착할 수밖에 없는지 과거사를 들여다보면 명확해진다. 다른 종과 구별되는 인간의 특징은 수십만 세대 동안 수렵채집 환경에서 진화되어 적응한 것들이다. 우리의 선조들이 어떻게 살았는지를 완벽하게 알

순 없으나 수렵채집부족사회를 통해 초기 인류의 생활양식을 미루어 짐작할 수 있다. 인류의 과거 모습이라고 여겨지는 !쿵족은 현존하는 가장 평등한 수렵채집사회라고 평가받았다. 그런데 평등하다는 !쿵족 안에서도 지위와 명예는 중요했다. 인류학자 리처드 리는 마르크스주의에 경도되어 인간의 평등을 강조하는 입장이었는데, 막상 연구해보니 !쿵족 부시먼들 사이에서도 지위와 명예의 차이가 존재했다. 아무리 가난하고 평등한 사회라도 평판과 위신에 따라 삶의 행보는 달라졌다.

인간은 복잡한 동물이다. 모든 사람이 평등하다고 공언하면서도 실상 타인을 재단하고 차별한다. 집단이 똘똘 뭉치지 않으면 다른 집단과의 싸움에서 승리하기 어렵기 때문에 우리에게는 집단 안의 단합과 평등을 중시하는 기질이 이어지지만 자신의 유전자를 영속시키고자 타인을 이해관계에 따라 판단하며 자기 이익을 도모하는 욕망 역시 지속된다. 자유와 평등의 모순은 우리의 본능 속에 내재해 있다.

수렵채집사회에선 평등이 중요했고, 평등은 인간의 본성으로 각인되어 있다. 평등에 대한 감각으로 말미암아 차별에 과민 반응하게 된다. 과거에 평등 의식 없이 자기만 챙기려는 사람은 집단에서 쫓겨나기 십상이었고, 추방된 사람은 살아남기 힘들었다. 생존하기 위해서라도 인간은 이기심을 누른 채 타인과 잘 지내야 했고, 타인의 평가를 신경 썼으며 은근히 자기 지위가 높아지기를 일찍부터 원해왔다. 존경을 받으면 환희롭고 모욕을 받으면 고통스럽도록 인간의 뇌가 구성되어 있다. 터무니없는 아부에 사람들이 즐거워하는 이유이고, 어처구니없는 악성댓글에 유명인들이 진지하게 고통받는 이유이다. 데이비드 흄조차 평가자가 논점도 잘못 짚은 채 얼토당토아니한 얘기를 꺼내 자신의 명성에 조금도 위협되지 않았음에도 불구하고 혹평을 당하자 몇 주 몸져누웠다.

인간 사회의 평판 체계는 실시간으로 작동하고, 사람들은 남들이 자신을 어떻게 생각하는지 궁금해하면서 존경을 얻으려 노력한다. 명망은 추구해서 성취해야 하는 업적이다. 여기서 여성과 남성 사이에 성차가 발생했다. 여성은 아이를 낳고 키워 어머니가 되면 나름의 존경과 명예를 얻을 수 있었던 반면에 남성은 사회에 이바지하는 일을 해야만 명예를 얻을 수 있었다. 남자들은 수렵과 농경을 통해 가족을 부양해야 했으며, 적들과 맞서 싸워야 했고, 위험을 감수하며 무역을 했으며, 자연법칙을 궁리하여 발견과 발명을 했다. 성과를 얻은 남자들만 명예를 얻었다. 명예를 향한 남자들의 각축이 세상을 번영시키는 동력이었고, 남자의 경쟁심은 명예로 칭송받았다.

명예에 대한 갈망이 얼마나 강력한지 다윈의 일화를 통해서도 드러난다. 찰스 다윈은 젊은 날에 갈라파고스 군도를 돌아보고는 진화의 원리를 통찰했다. 생명이 진화한다는 건 아주 오래전부터 명민한 수많은 사람들이 알고 있었다. 다만 진화의 현상만 알아차렸을 뿐 진화의 원리를 제대로 파악하지 못했다. 다윈에 앞서서 프랑스의 생물학자 라마르크가 이론을 갖춰 진화를 설명했지만 반론을 겪었고 과학계는 채택하지 않았다. 다윈은 적자생존을 통해 변이가 일어난다는 원리를 발견했지만 친한 지인들에게만 알린 채 오랫동안 발표하지 않았다. 종교를 맹신하는 대중의 반응을 두려워했다. 그러다 러셀 월리스라는 젊은 학자가 말레이 군도에서 연구한 논문을 보내왔는데, 자기 연구 결과와 거의 똑같아 다윈은 깜짝 놀랐다. 자칫하다가는 러셀 월리스에게 영예가 돌아갈 상황이었다. 이름을 남기고 싶다는 열망은 다윈에게도 강력하게 작동해서 다윈은 무려 20년의 침묵을 깨고 진화론을 세상에 내놓았다.

명예를 둘러싼 경쟁심은 남자들 사이에서 강력하다. 행동경제학을 창시한 대니얼 카너먼과 아모스 트버스키는 십수 년 동안 공동연구해서 업적을 쌓았는데, 성공의 전리품을 트버스키가 더 크게 차지했다. 아모스 트버스키가 시대의 지성으로 물망에 오르자 대니얼 카너먼은 샘이 나서 고통을 받았다. 둘의 관계는 파탄으로 치달았으나 아모스 트버스키가 불치병에 걸리는 바람에 극적으로 화해했다. 아모스 트버스키가 죽은 뒤 행동경제학의 영광은 대니얼 카너먼에게 돌아갔고, 그는 2002년 심리학자로서는 최초로 노벨 경제학상을 수상했다.

왜 이토록 남자들은 명예에 집착할까? 명예는 사회 안에서 생존에 유리한 고지를 점하게 해주기 때문이다. 명예를 갖고 있으면 돋보이게 된다. 명예는 타인을 가늠하는 평가 척도이자 또 다른 형태의 사회 재화이다. 명예에 대한 탐심은 재화에 대한 욕심과 다를 바 없다. 남자들이 권력과 자원을 두고 각축을 벌이듯 남자들 사이에선 명예와 위신을 추구하는 경쟁이 맹렬하게 펼쳐진다. 비록 야욕이 없는 사람일지라도 깨끗한 사람이라는 명예를 바란다. 세속을 떠난 수도자들 사이에서도 누가 더 깨달았는지 암묵의 명예 경쟁이 펼쳐진다.

인류 사회에서 남자의 명예는 용맹함과 연결되어 있었다. 점잖고 사근사근한 남자는 집단 생존에 별 도움이 되지 않았고, 명예롭지 못하다고 평가받았다. 타 부족을 무찌르는 사나운 남자가 존경받고 명예를 획득했다. 수렵채집사회에서부터 명예를 잃은 남자는 타인들이 만만히 여기면서 공격을 가해 살아남기 어려웠다. 남자들은 보이지도 않고 손에 잡히지도 않는 명예를 지키고자 목숨을 바쳤던 선조들의 후예들이고, 여전히 명예를 위해 싸운다. 남자들 사이에선 사소한 모욕도 전투의 단초가 된다. 살인은 아주 심각한 원인에서 벌어지기보다는 무시를 당했다고 느낀 남자들이 저지르는 경우가 다수다.

인간은 돈이나 권력을 잃을 때보다 명예를 훼손당할 때 더 견딜 수 없어 한다. 돈이나 권력은 되찾을 수 있으나 떨어진 명예는 좀처럼 회복되기 어렵기 때문이다. 20달러 지폐의 초상 인물인 미국 대통령 앤드루 잭슨은 잘못을 바로잡기 위해 법정으로 가는 건 자신이 학대당했다는 사실을 천하에 털어놓는 일과 같아서 명예가 땅에 떨어진다고 여겼다. 만족스러운 배상을 받더라도 곤두박질한 명예는 돌이킬 수 없다고 앤드루 잭슨은 썼다. 법 교육을 받고 재판에 섰던 변호사이자 국민이 선출한 국가 지도자도 이렇게 생각할 정도였다.

명예라는 관념은 남자들을 육체에 얽매이지 않게 만들었다. 명예를 얻을 수 있다면 남자들은 기꺼이 자신을 내던졌다. 남자들은 타인에게 존중받고자 자신의 남자다움을 스스로 입증하려 했고, 명예를 얻고자 자신을 극한으로 밀어붙였다. 명예는 육체를 뛰어넘게 하지만, 동시에 육체를 명예와 성공을 위한 도구로 만든다.

사촌이 땅을 사면 배가 아프다

뛰는 놈 위에 나는 놈 있기 마련이고, 기대만큼 성공하기 어려워 다들 불만에 휩싸인다. 타인의 위신이 올라가면 자신은 내려갔다는 뜻으로 받아들이는 남자들은 타인의 상승을 견딜 수 없어 한다. 누군가 두각을 나타내면 미움의 표적이 될 수밖에 없다. 경쟁이 치열한 분야에선 험담과 비방이 요란하게 메아리친다. 누군가 업적도 대단한 데다 성품도 고상하다면 한층 더 높은 명예를 얻는 만큼 바로 그 때문에 더더욱 재수 없는 인간이라고 씹히게 된다.

모두가 성공할 수 없는 인간 세상에서 타인의 추락을 바라지 않더라도 한 남자의 성공은 다른 수많은 남자들의 패배를 의미하고, 이름값이 높아진다는 건 적이 많아진다는 뜻이다. 예나 지금이나 저 멀리의 타인이 성공한다면 그나마 그러려니 할 수 있지만, 동종 업계에서 자신과 비슷한 연령대의 누군가 성공하면 진심으로 축하해주지 못하는 남자들이 많다. 성공한 상대 앞에서 자신의 불편함을 털어놓는다면 도리어 정신 건강에 좋을 수 있다. 그러나 대부분 남자들은 겉으론 아무렇지 않은 척 행동하다가 뒤돌아서선 악담을 퍼뜨리고 상대를 입길에 올린다. 자신에게 패배를 안긴 사람에게 복수하지 않으면 견딜 수 없어 하던 선조들의 피가 유유히 흐른다. 누군가를 헐뜯는 사람의 표정엔 마치 고기를 물고 씹을 때만큼의 잔혹한 쾌감이 서린다. 특히나 앙심을 품던 사람을 공격할 때 잔혹한 쾌감은 증폭된다.

패배한 사람들이 성공한 사람에 대해 뒷말하듯 성공한 사람도 패배한 자들을 동정하면서 일종의 만족을 얻는다. 경쟁자의 몰락이 없다면 승리의 달콤함이 이처럼 강렬하지는 않을지도 모른다. 미국의 철학자 조지 허버트 미드는 불행한 사람들의 인격을 둘러싸고 벌어지는 뒷소문에는 쾌락이 있다고 말했다.

인간은 어떻게든 차이를 만들어내려는 경향이 있다. 자신의 우월을 주장하는 행위엔 타인의 열등이 내포된다. 인간은 남들이 스스로를 부끄러워하며 자신을 부러워함으로써 우월성을 확인할 때 자긍심이 올라간다. 그런데 스스로 우월해지기는 어렵다. 남을 깎아내리는 건 쉽다. 적지 않은 남자들이 타인보다 우위가 되고자 열심히 노력하기보다는 타인을 끌어내리는 데 열정을 쏟는다. 남자들이 모이면 밉상 동료와 꽉 막힌 상사와 시건방진 후배까지 온갖 사람들을 도마 위에 올리고 혀로 칼질한다. 상대를 깎아내면서까지 자신의 지위를 높이려는 경쟁심에서다.

지위 경쟁은 사람들이 밀집해 있을수록 심화된다. 아무래도 사람이 많으면 비교하는 일이 많아지고, 경쟁의 압력도 강해진다. 동아시아는 전 세계에서 인구밀도가 가장 높은 지역이다. 동아시아권에서 경쟁과 비교는 예부터 강력했다. 심지어 사촌이 땅을 사면 배가 아프다는 속담까지 있을 정도다. 사촌의 경작지가 늘어나면 친족 간이라 도울 일은 증가하는데 그 결실이 공유된다는 보장은 없었다. 과거 농촌 사회에서 사촌이 땅을 샀을 때 대놓고 말은 못 하지만 속이 부글부글 끓을 수밖에 없었다.

질시는 배운 사람이라고 해서 극복할 수 있는 성질의 것이 아니다. 역사에 이름을 남긴 사람들도 다르지 않다. 헤겔의 강의실은 문전성시를 이루지만 자신의 강의실은 텅텅 비자 쇼펜하우어는 평생 헤겔을 씹으면서 열등감을 표출했다. 니체는 원한을 갖지 말라고 그렇게 강조했지만 정작 자신은 피해의식과 원한으로 득실거리는 글을 써 갈기곤 했다. 세상을 정의롭게 변혁하기 위해 삶을 바친다는 혁명가도 예외일 수 없다. 그들은 세상을 혁명시키고 싶었지만 자기 안의 본성을 혁명시키지는 못했다. 마르크스와 바쿠닌은 저명한 사회주의자들이었는데 당시 유럽에서 마르크스를 아는 사람은 그리 많지 않았으나 바쿠닌을 모르는 사람은 없었다. 마르크스는 자신이 주도권을 갖기 위해 바쿠닌에 대한 중상모략과 거짓말도 불사했다. 마르크스와 그의 추종자들은 바쿠닌이 러시아 정부의 첩자라고 소문을 퍼뜨렸다. 바쿠닌이 시베리아 유형을 받는 중에 탈출하여 미국에 갔다가 영국으로 돌아올 수 있었던 건 타도해야 할 구체제와 결탁했기 때문일 거라는 의혹이 마르크스의 동지가 운영하는 신문에 실렸다. 마르크스주의자들은 유럽에서 벌어진 수많은 반란과 항거가 실패했을 때 바쿠닌에게 그 책임을 떠넘겼다. 바쿠닌도 마르크스의 『자본』을 러시아어로 번역하는 의뢰를 받았는데 선금만 받아서 써버리고는 작업에 착수하지 않다가 나중에 하청을 줘버렸다. 마르크스가 『자본』을 바쿠닌에게 보냈으나 바쿠닌은 받았다고 답장도 보내지 않았다.

마르크스는 명예욕과 질투심에 불타는 남자였고, 여느 사람들처럼 위선과 모순으로 범벅된 삶을 살았다. 그는 하녀를 임신시켜놓고 남들이 뭐라고 할까봐 친구 엥겔스에게 아기 아버지 노릇을 하게 했다. 런던 망명 시절에도 하녀를 부렸으며, 세 딸에게 부르주아 교육을 시켰다. 마르크스는 아내의 명함에 귀족 칭호가 부각되길 고집하면서 명예와 평판에 대한 집착을 떨쳐내지 못했다. 그는 타인의 사상을 빼앗아 자기 것으로 만들고는 상대 사상가를 파멸시키곤 했다. 마르크스는 초기의 많은 저작에서 프랑스의 사회주의자 프루동이 고안한 개념을 가져다 써놓고는 그 사실을 밝히지 않은 채 프루동을 철저하게 반대했고, 추종자들은 마르크스가 언급하는 대로 프루동을 매장시켰다. 마르크스는 자본주의와 싸우기에 앞서 사회주의 사상가들을 제물로 삼았다. 권력과 명예를 분산해서 공존을 모색하는 일은 혁명가들도 하지 못했다. 마르크스는 만민이 평등한 세상을 꿈꿨으나 마르크스의 사상을 현실에 구현했다고 자칭했던 사회에서도 인민은 세상의 주인이 아니었고, 권력은 소수 집단이 독점했다. 레닌이나 스탈린, 모택동 등의 이름은 전 세계에서 모르는 사람이 별로 없으나 그들에게 희생된 수많은 사람들의 이름은 누구도 기억하지 않는다.

대다수 남자는
성공하지 못한다

경쟁은 여러 장점을 갖고 있다. 경쟁은 능력을 발휘하도록 압박하며 분발하게 만든다. 경쟁을 통해 사회엔 역동성이 생긴다. 풍성하고 부강한 인류 문명은 경쟁이 빚어낸 결과이다.

그런데 사회가 풍요로워져도 경쟁의 강도는 줄어들지 않는다. 욕구의 충족은 더 큰 욕구를 불러온다. 예전엔 세 끼 밥만 먹어도 만족스러웠다면 이젠 세 끼 고기반찬을 먹어도 불만스럽다. 풍요와 함께 인간의 욕망은 더 복잡해지고 경쟁은 첨예해진다. 경쟁의 빛이 환한 만큼 그늘도 짙다. 경쟁의 장점을 늘어놓더라도 대다수가 쓰라리게 패배한다는 건 부인할 수 없는 사실이다. 수많은 패배자의 비통함과 억울함을 두엄 삼아 승리의 영광이 꽃핀다.

몸집이 작아 움츠러든 수컷 침팬지와 인간세계에서 경쟁에 치여 주눅든 남자는 처지가 비슷하다. 밀림에서 강한 수컷이 다른 수컷들을 물리치고 암컷과 식량을 차지하듯 인간세계에서도 강한 남자들이 더 많은 여자와 자원을 갖게 된다. 인류 문명은 그나마 폭력으로만 겨루지 않고 여러 가지로 경쟁시킨다. 남자들 사이에선 어느 대학 출신인지 어떤 직업인지 사는 곳과 연봉과 승진에 따라 위계가 생긴다. 남자들은 승리의 단꿈에 취한 채 평생 악다구니하면서 경쟁자들을 쓰러뜨리기를 바라 마지않는다. 하지만 현실은 대다수 남자들이 패배해서 거꾸러진다.

여성도 남성만큼이나 경쟁심이 있지만, 성차별한 사회구조에서 여자들의 경쟁은 제약을 받았다. 육아와 가정의 영역에 구속된 여자들이 벌인 경쟁은 남자들의 경쟁만큼 잔인하지 않았고, 패자가 뚜렷하지 않은 만큼 승자도 분명하지 않았다. 여성은 대부분 아이를 낳고 키웠다. 권력의 관점에선 여성이 실패자가 되어 아이를 낳지 못하는 건 최악의 상황이었다. 반면에 남성이 실패자가 되는 건 딱히 큰 문제가 아니었다. 남성을 대체할 다른 남자들은 많았고, 소수의 남자만 있어도 인구는 재생산될 수 있었다. 권력은 남성을 승리자와 실패자로 분명하게 나눴다. 승리한 남자는 많은 걸 차지했으나 경쟁에서 밀린 남자는 당장의 삶조차 위태로웠다.

인류사의 패배자는 대부분 남자들이었다. 지금도 사회 최하층엔 남자들이 많다. 자살자, 노숙인, 죄수, 신용 불량자 등등을 보면 절대다수가 남성이다. 남성은 여성의 억압자로서 수혜만 입는다는 일부 페미니스트들의 주장이 부적절하다는 사실이 드러난다. 일부 편협한 페미니스트들은 남성이라는 사실 자체가 권력이며 남성이 여성을 괴롭히는 압제자라고 분석하는데, 모든 남자를 가해자라고 단정하는 건 현실을 제대로 파악하는 일이 아니다.

벨 훅스는 페미니스트들이 남성중심사회에 격분했기 때문에 대다수 남자들도 고통을 겪고 있음을 인정하지 못한다고 지적한다. 모든 남자가 적이라는 피해의식에 사로잡힐수록 그 적이 겪는 실패와 좌절을 이해하지 못하게 된다. 남자들의 고통을 인지한다고 해서 남성이 저지른 억압이나 성차별의 심각성은 축소되지 않는다. 여자들이 겪는 고통에 남자들이 책임감을 느끼고 참여할 때 사회 변화가 촉진되듯 남성이 겪는 고통에도 여자들의 이해가 확산될 때, 서로 배려하는 성평등사회가 될 수 있다. 자신의 고통에만 얼굴을 파묻은 채 동성끼리 편을 모아 이성을 상대로 분노를 토해낼 때, 남녀 갈등은 뒤틀린 채 소모전 형식으로 반복될 뿐이다.

남자들이 남성중심사회에서 기득권을 누리는 것을 부인할 수는 없다. 오스트레일리아의 남성학자 래윈 코넬은 주변화된 남자들조차 가부장제에 공모하면서 일종의 배당금을 얻는다고 분석한다. 비록 승리자가 되지 못한 남자도 남성중심사회가 유지되는 데 한몫하면서 여성의 종속이라는 대가를 얻게 된다는 설명이다. 코넬의 설명대로 약한 남자들은 남성 기득권의 부스러기를 얻어먹을 순 있지만 강한 남자들만큼 건더기를 크게 움켜쥐고 있지는 않기에 오히려 남성중심사회를 뒤흔들 수 있는 가능성이 있다. 남성이라는 소쿠리에 담겨 다른 남자들과 싸잡혀 상추처럼 씹힐 때, 억울해하는 남자들이 적지 않다.

여성 안에 수많은 차이가 있듯 남성 집합도 동일하지 않다. 상층에서 성공한 소수의 남자들과 아울러 패배해서 하층으로 전락하거나 성공에 미치지 못한 채 자격지심에 시달리는 중간층의 많은 남자들이 있다. 성공을 바라는 만큼 대다수 성공하지 못한 남자들의 마음은 황폐해진다. 인간의 내면엔 지위 탐지기가 장착되어 있어서 자신과 타인의 지위를 확인하고 평가하려는 본능이 있는데, 패배한 수많은 남자들은 자신의 위치를 자각하며 자조하고 분노한다. 많은 남자들이 위계구조에서 자신이 하층에 위치한다는 사실을 괴롭게 감각하며 살아간다.

패배한 남자들은 생존하기 위해서라도 낮은 지위의 처신을 익힌다. 인간뿐 아니라 다른 생명체들도 패배하면 달라진다. 바닷가재조차 자신의 영역을 뺏기면 뇌 구조가 약자에 적합하게 재구성된다. 영역 지배자로서의 뇌를 그대로 갖고 행동할 경우 목숨을 부지할 수 없기 때문에 뇌가 재형성된다. 인간 남자도 비슷하다. 경쟁에서 쓰라린 실패와 고통을 겪은 사람의 뇌는 이전과 크게 달라질 수밖에 없고, 그에 따라 행동과 태도가 변하게 된다. 경쟁에서 진 남자들은 여러 가지 생존 전략을 새로이 마련하는데, 그 가운데 하나가 강자에게 빌붙기이다. 스스로 승리자가 될 수 없다면 승자의 세력에 가담해서 이익을 보려는 전략이 발동된다. 강자에게 알랑방귀를 끼면서도 약자에게 모질게 구는 남자들이 수두룩한데, 이들의 행태는 아프리카에서도 발견된다. 침팬지 집단의 하위 수컷들은 틈날 때마다 두목의 털을 골라주면서 살랑거린다. 아첨하는 수컷은 우두머리의 비호를 받으며 약간의 혜택을 얻는다. 강자에게 비위를 맞추는 속성은 유인원과 공유되는 인간의 특성이다.

지위에 따라 처신이 달라지는 건 문화와 시대를 넘어서 나타난다. 다윈은 수많은 기록을 폭넓게 접한 뒤 경멸, 멸시, 모욕과 혐오감은 얼굴 표정과 몸짓을 통해 다양하게 표출되는데, 전 세계의 인류에게 공통되게 나타난다고 언급했다. 성적이 좋은 학생이나 잘나가는 직장인은 머리와 몸을 꼿꼿이 세우면서 자세를 똑바로 하는 경향이 나타난다. 오스트리아 출신의 생태학자 아이블 아이베스펠트는 어떤 문화를 막론하고 싸움에 진 아이는 모멸감에 머리를 숙인다는 사실을 밝혀냈다. 모든 문화권에서 살아가는 모든 사람들은 성공에 의기양양해지고 실패할 경우 당혹감과 수치심을 느끼며 어깨가 축 처진다.

사회체제의 관점에선 경쟁을 도모해야겠으나 사회 구성원의 관점에선 지나친 경쟁은 개인의 행복을 저해한다. 남자들은 인성이나 감수성을 마모시키고 사생활과 인간관계를 포기하면서까지 경쟁하기 때문에 승리하더라도 피로스의 승리처럼 대가가 막대하다. 패배자는 말할 것도 없고 승리자도 고통스럽기 짝이 없다. 너무 많은 구성원들이 고통스러워하자 사회권력은 후유증을 줄이기 위해 약간의 개선책을 모색했다. 복지정책이 실시되면서 자본주의 속에 사회주의 요소가 들어갔다. 사회 지속을 위해서라도 경쟁만 강조해서는 안 되는 상황에 이르렀기 때문이다. 하지만 복지제도가 안착된 선진국 역시 세계 경쟁력을 유지하려면 경쟁을 없앨 수가 없다. 경쟁은 인간 사회의 화수분이자 고통의 심연이다.

유능한 남자들끼리만 필요한 노력과 희생을 치르게 하고, 여느 남자들은 쉬엄쉬엄 삶을 즐기는 사회를 상상해볼 수도 있겠다. 하지만 누가 유능한지 알 수가 없고, 남자들은 그냥 편안히 살기보다는 상층부로 올라가려는 경향이 강하다. 어쩔 수 없이 거의 모든 남자들이 경쟁에 뛰어들어 최고를 가리는 사회체계가 유지되고 있다.

남자들이 경쟁에서 대부분 실패하고 좌절한다는 사실은 가장 덜 알려진 세상의 진실 가운데 하나이다. 소수의 승리자들 뒤에는 패배한 수많은 남자들이 그늘에 내팽개쳐져 있다.

잉여가 되고
쓰레기가 되는 남자들

요즘 남자들은 게임을 하며 상당한 시간을 보낸다. 대부분 문화 영역은 여성이 주요 소비층으로 흐름을 주도하는데, 게임은 남성 소비자가 주름잡는 시장이다. 10~30대의 젊은 남자들은 게임에 푹 빠져 있다.

많은 청춘이 잠깐 게임을 하는 정도가 아니라 중독되어 일상이 엉클어져 있다. 비난하면서 제지하려고만 하는 건 그저 상대를 힐난하며 만족감을 얻는 행위에 지나지 않는다. 왜 게임에 빠지는지 그 연유를 알아야만 중독을 줄일 수 있다. 원인은 놔둔 채 결과를 없애려고 하면 신통한 변화를 얻지 못한다.

게임은 재미있기 때문에 빠지게 되지만, 게임 중독의 방아쇠는 현실 상황이다. 현실이 마음에 들지 않아 여기가 아닌 어딘가로 도피하고 싶을 때 게임 중독이 발생한다. 게임을 통해 가상현실로 들어가면 지금 자신을 짓누르는 문제가 한순간에 사라진다. 워낙 게임이 정교하게 발달해서 한번 시작하면 빠져나오기 힘든 재미와 몰입도를 지녔다고 해도 남자들이 이토록 게임 중독이 된 건 승리하고 싶은 욕망 때문이다. 남자들은 격투를 벌이거나 방대한 양의 아이템을 얻고 점수 쌓는 게임에 몰두한다. 일상 역시 끝없는 경쟁 속에서 상대를 쓰러뜨려야 하고, 무지하게 돈을 모아 부자가 되어야 하지만 좀처럼 이뤄지지 않기에 게임을 통해 대리 만족한다. 게임 중독자들이 삽시간에 늘어난 건 단순히 여가 시간이 늘어나거나 통신 기술이 엄청나게 발달해서 생긴 결과가 아니다. 경쟁이 무시무시해졌고 그만큼 패배의 경험을 하기 때문이다. 승리가 너무나 간절한 남자들은 게임을 통해 승리를 맛본다.

네덜란드의 역사학자 요한 하위징아는 모든 역사의 밑바닥엔 승리의 문제가 도사리고 있다고 주장했다. 역사를 변화시키고 추동하는 원인으로 경제력이나 사회구조도 헤아려야겠지만 승리에 대한 열망 역시 중요한 원인이다. 아무런 실익이 없더라도 인간은 승리의 감각을 원한다. 자잘한 내기나 놀이의 승패에 집착하는 이유도 작은 것의 패배라도 고통스럽기 때문이다.

대다수 사람들은 어떤 형태로든 패배를 겪는다. 그렇다면 승리에 대한 염원 못지않게 패배할 때의 대처 방법을 익히고 서로의 패배를 보듬어줄 수 있어야 할 텐데, 우리는 승리만을 갈구한 나머지 패배자들을 멸시한다. 결국 승리하지 못한 자신을 저주하게 된다. 소수의 승리자가 되지 못한 대다수의 가슴속엔 열등감과 패배감이 바글바글하고 소수에 대한 부러움과 질투, 그리고 자신과 비슷한 처지인 주변 사람들에 대한 경멸이 들끓는다.

자신의 처지와 신분을 받아들이기 힘든 젊은 남자들은 현실과 가상현실을 오락가락하면서 존재감을 확인받고자 한다. 현실에서 아무도 거들떠보지 않더라도 가상 세계에선 인정해주니 게임에 중독된다. 게임 중독은 사회에서 부과하는 경쟁의 산물이다. 현실 세계의 불안으로부터 벗어나 위안을 얻으려는 이들이 가상현실에 접속한다.

사회구조의 변동에 따라 생겨난 경쟁의 변화를 헤아리다 보면 왜 젊은 남자들이 이토록 패배감을 겪으면서 괴로워하는지 알 수 있다. 경쟁은 인류사 내내 치열하게 벌어졌으나 현대에 들어서서 경쟁의 면모가 약간 달라졌다. 모든 인간이 평등하다는 사상이 퍼져 나갔고, 귀속 지위가 아니라 성취 지위가 중요해졌다. 만인이 만인과 경쟁하는 시대가 열렸다. 어마어마한 경쟁의 압박이 사람들에게 부과되었고, 계층이동의 자유가 주어졌으며, 노력하면 성공할 수 있다는 믿음이 생겨났다. 흘린 땀방울은 배신하지 않는다고 믿으면서 엄청나게 노력을 쏟아부었으나 성공하지 못한 사람들은 주어진 결과에 당황하며 낭패감을 겪었다. 많은 남자들이 미친 듯이 노력했기 때문에 오히려 삶이 더 황폐해졌다.

세상사가 그렇듯 성공에도 운이 중요한 관건이다. 게다가 개인의 차원을 넘어서는 것들이 성공에 큰 영향력을 행사한다. 형식상 사람은 평등하지만 사실상 사람은 불평등한 처지에 놓여 있다. 성공한 어떤 누구도 개인의 노력만으로 그 자리에 도달하지 못한다. 부모로부터 단단한 기반을 물려받은 사람은 말할 것도 없고, 자수성가한 사람이라도 태어난 시대, 출생 국가, 교육제도, 성장환경, 경제구조의 변동, 건강한 신체 등의 운이 따라야 한다. 개인의 노력 여하에 따라 부와 명예가 주어진다는 신화가 확산되었으나 신화는 실제 현실에서는 일어나지 않는다.

모두가 성공할 수 없지만 모두에게 성공의 가능성이 열린 것처럼 느껴지는 현대사회이다. 대중매체의 발달로 성공한 사람들의 일상이 실시간으로 전해진다. 그들은 나와 다른 신분의 사람이 아니다. 얼마든지 노력하면 저 사람처럼 될 수 있다는 생각이 상식처럼 퍼져 있다. 열등감과 부러움은 대중의 기본 심리가 된다. 기회가 공정하다는 믿음이 깔린 세상에서 성공하지 못한 대다수 사람들은 게으르고 노력이 부족한 낙오자라는 평가를 받고, 스스로도 혹독하게 자기를 경멸하게 된다.

일본과 한국, 영국, 미국 등의 나라에서 삶의 의욕을 일찌감치 포기한 젊은 남자들이 대거 발생하고 있다. 이들은 현실의 치열한 경쟁을 견디기 힘들어한다. 너무나 많은 사람들이 사회 밑바닥으로 굴러떨어져서 세상에 잊힌 채 살아간다. 현대사회에서 물질은 넘쳐난다. 과거처럼 대규모 아사는 발생하지 않는다. 굶어 죽진 않지만 존엄에 대한 굶주림은 극심해진다. 현대사회에서 부의 양극화보다 더 심각한 문제는 존엄의 양극화이다. 삶의 존엄을 잃어버린 남자들은 어떤 기대도 희망도 없이 그저 소일한다. 세상이란 공장이 낳은 불량품들이다. 불량품들은 재활용되거나 폐기되지 않고 쓰레기 취급을 받으면서 방치된다.

타인에게 인간쓰레기 대우를 받는 남자들은 아무 의미가 없는 행동들을 하면서 반란을 꿈꾼다. 자신을 존중하지 않는 세상이라면 차라리 파멸시키고 싶어 한다. 그들은 자기들만의 가상 세계에서 뒤틀린 형태로 인정투쟁을 벌인다. 이상한 글을 쓰고 상식에서 벗어나는 행동을 하고, 사회의 공동선을 깨뜨리는 일을 재미 삼아 저지른다. 자신들이 하는 행동에 문제가 있다는 걸 어렴풋하게 느끼지만 멈출 수 없다. 인간은 고통을 받으면 어떻게든 타인에게 전가하지 않고는 못 배긴다. 누군가를 공격하면 약간 기분이 풀린다. 사회에서 내동댕이쳐진 수많은 남자들은 사회의 근간을 흔드는 세력이 되어 활동한다.

2

사랑과
선호

구애하는
남자

　일연이 편찬한 『삼국유사』엔 뭇 남성의 가슴을 두근거리게 만드는 여인이 나온다. 수로부인이다. 수로부인이 강릉 태수로 임명된 남편과 함께 부임지로 가고 있었다. 가파른 바위산 중턱에 철쭉이 피어 있었다. 수로부인이 저 꽃을 갖고 싶다고 하자 다들 사람이 오를 수 있는 높이가 아니라고 손사래를 쳤다. 그때 암소를 끌고 지나가던 노인이 대담하게 바위 절벽을 올라 꽃을 꺾어 바쳤다.

　여성의 환심을 사고자 남성이 노래하고 꽃을 선물하는 건 아주 오래된 인류의 전통이다. 남자들은 낮에도 밤에도 만남을 청하고 사랑을 고백하지만 거절당하기 십상이다. 용기를 낸 도전과 그에 따른 결과는 남자라면 피할 수 없는 숙명이다. 여자들이 때론 먼저 유혹하며 사랑의 불을 일으키기도 했고 성평등 흐름에 맞춰 남녀 관계 방식이 변해가는 추세지만, 여전히 남자의 적극성은 남녀 관계의 문턱을 넘는 원동력이다.

　아무리 잘난 남자라도 이성 관계에서 늘 성공하지는 못한다. 바람둥이에겐 여자들이 어련히 달라붙는 듯 보이지만, 사실 바람둥이는 다른 남자들보다 훨씬 많은 시도를 하기 때문에 많은 관계를 가질 수 있을 뿐이다. 수많은 실패 속에서도 굴하지 않고 여자를 찾는 게 바람둥이의 성공 전략이다.

　남자는 여성이 적극 다가올 경우 기분이 좋겠으나 계속 여자가 공격적으로 접근하고 자신은 한 게 별로 없다면 관계에 애착이 덜해지면서 싫증을 느낄 가능성이 있다. 인류사 내내 남자는 사냥꾼이자 전사였다. 이성 관계에서도 남자들은 용기와 끈기를 발휘해 여성의 방어를 극복하며 공격적으로 육체관계를 진전시켰고, 성취감을 통해 남자다움을 확인했다.

여성은 남자를 만날 때마다 이 남자와 결합하여 아이를 낳을 만한 가치가 있느냐는 물음을 품는다. 남자가 다가오면 여성은 남성을 채점한다. 비록 가부장제 억압을 당했더라도 더 나은 남자를 찾으려는 여성의 욕망은 조금도 수그러들지 않았다. 대부분 여자들은 기다리기를 선택하는데, 여자의 기다림 안에는 남자가 얼마나 괜찮은 사람인지를 신중히 판별하겠다는 의지를 내포하고 있다. 여자에게 남자란 수단이고 목적은 언제나 자식이라고 니체는 역설했다. 남성도 이를 알고 있다. 남성은 여성에게 자신의 아이를 낳을 가치가 있다고, 나는 능력 있는 남자라고, 한번 믿어보라고, 자신감 있는 태도를 취한다.

경제력은 여성이 남성에게 바라는 가장 중요한 덕목이다. 오랫동안 가정의 번영은 남자의 부양능력에 좌우되었고, 여자들이 사회에 진출해서 부와 명예를 얻어도 남자의 경제력은 여전히 거부할 수 없는 매력의 광채를 뿜어낸다. 부양능력은 현대사회에선 남자의 직업과 지위로 판별되지만 과거엔 남자의 명예와 신분으로 가늠할 수 있었다. 여기에 더해 여자는 아버지 역할을 열심히 하겠다는 보장을 원했고, 남자는 여심을 열고자 증거를 내보여야 했다. 선물은 남자의 진심이 어느 정도인지 보여주는 수단이었다. 아주 옛날부터 여성은 상대 남자의 정성이 들어간 희소한 선물을 원했다. 진기한 모양으로 세공된 이국의 풍물은 고릿적부터 사람들의 눈을 현혹했다. 세계 곳곳에선 상아, 조개와 소라껍데기, 흑요석, 동물의 뿔, 뼈로 만든 장신구가 발견된다. 석기시대에도 인간은 재화를 탐냈다. 새로운 물품을 확보해서 제공했던 남자 조상은 여자 조상에게 사랑을 받았다.

현대사회에서도 보석이나 명품같이 값비싼 사치재는 여성의 마음을 사로잡는 효과를 일으킨다. 사치재는 남자의 지위를 증명하는 동시에 사랑을 위한 희생을 함축하므로 유혹의 도구가 된다. 사치품은 눈에 보이지 않는 권력과 위세를 물질로 현현하면서 여성을 대하는 남자의 마음이 값비싸다는 증거이다. 여자들이 명품 가방에 집착하는 건 그 가방이 튼튼하고 수납 공간이 넉넉하기 때문이 아니라 여자들 사이의 위계를 판가름할 때 가방이 중요한 상징 가치를 갖고 있기 때문이다. 상징 가치가 있다면 유혹의 도구가 된다. 낭만은 낭비를 통해 실현된다. 값비싼 음식점이나 세련된 문화 행사에 여성을 데려가는 일 역시 상류층 생활로의 초대이자 자신과 함께한다면 더 많은 걸 향유할 수 있다는 암시이다.

사랑을 얻기 위해서라면 비용을 아까워하지 않는 남자의 속성을 기반으로 자본주의가 만들어졌다고 독일의 경제학자 베르너 좀바르트는 주장했다. 십자군 전쟁이 끝나고 사회 위계질서가 변동되면서 남녀 관계에 변화가 일었다. 세도가들은 여인네들의 마음을 얻고자 사치품을 사들였고, 신흥 부자들이 첩에게 들이는 비용이 대폭 상승했다. 화려한 의상과 고급 가구, 휘황찬란한 저택에 자본이 투자되었고, 상류층 여인들도 경쟁하듯 애첩의 생활 방식을 모방했다. 사치품의 수요가 폭증하자 가공업이 발달했고, 교역과 생산이 활발해지면서 자본주의 경제체제가 탄생되었다는 것이 좀바르트의 결론이었다. 청교도의 금욕을 바탕으로 빚어진 노동윤리를 통해 자본주의의 정신이 생겨났다는 막스 베버의 주장과는 상반되는 내용이다. 하지만 둘의 논증은 모순되기보다는 상호 보완 담론이다. 사치와 금욕 모두 자본주의의 일면이고, 막대한 소비를 통한 사랑의 실현이든 성실한 노동을 통한 인생의 구원이든 남자들의 노동력을 기반으로 자본주의가 발달되었다는 공통분모를 갖고 있다.

그런데 사랑의 역설이 있다. 남자가 그저 성실하게 노동해서 경제력을 갖추고 사치재를 선물한다고 해서 사랑받을 수 있는 건 아니라는 사실이다. 여자들은 까다로운 심사관이었고, 남자에게 순정과 헌신을 요구했다.

남자의
순애보

　니체는 맹수 같은 교활한 유연함과 길들여지지 않은 여성의 야성에 남자들이 때때로 공포를 느낀다고 했다. 그럼에도 상처받기 쉽고 자주 고통스러워하는 위험하고 아름다운 고양이 같은 여자들이 사랑을 필요로 하면서도 환멸을 느끼도록 선고받은 것처럼 보여 동정을 갖게 된다고 말했다. 공포와 동정을 통해 남자는 황홀함과 마음이 찢어지는 비극을 동시에 느낀다는 것이다. 도움을 바라는 연약함과 함께 거만함을 발견할 때 감동과 모욕을 느끼면서 남자의 영혼이 끓어오르는 순간 여성에 대한 남자의 위대한 사랑의 샘이 갑작스레 솟아난다고 니체는 설명했다.

　남자는 사랑의 샘을 전하면서 여성의 갈증을 말끔히 해소시켜주고 싶어 한다. 마틴 스코세이지 감독의 영화 〈택시 드라이버〉에서 남주인공(로버트 드 니로)은 비가 쏟아져 거리의 쓰레기들이 씻겨 내려가기를 바란다. 밤이면 깡패, 창녀, 창남, 동성애자, 마약중독자 등등 인간 말종이 거리로 몰려나온다며 혐오감을 내뱉던 남주인공은 쓰레기장 뉴욕에서 천사를 발견했다며 기뻐한다. 남주인공은 저 여자가 활기차게 지내는 것처럼 보이지만 사실은 외로워한다며 고독에서 구해주고 싶어 한다. 주인공은 여자의 일터로 무작정 찾아가 데이트를 신청하고는 포르노 극장에 데려갔으나 여자는 도중에 나가버리고 그 뒤로 자신을 피하자 당황해한다. 자신이 좋아하는 걸 공유했는데, 상대는 좋아하지 않았던 것이다. 성별에 따라 좋아하는 게 다를 수 있는데, 미처 헤아리지 못한 남자는 황급히 사과한다.

　〈택시 드라이버〉의 남주인공과 비슷한 상황을 남자라면 겪기 마련이다.

남자들이 여자와 마주하며 가장 먼저 겪는 건 황홀함이 아니라 당혹감이다. 여자들과 교류 경험이 적은 남자는 여자에 대한 이해가 부족해 주뼛거리게 되는데, 자기 앞의 여성을 좋아하기까지 한다면 더욱더 긴장하게 된다. 여성과 교감이 없는 상황에서 벌이는 엉뚱한 고백을 보면 남자들이 타인의 감정을 헤아리는 감각이 얼마나 미발달했는지 드러난다. 이성 앞에서 느끼는 당혹감은 순진함의 표현이다. 여성 경험이 늘어날수록 당혹감은 줄어들고 남자의 순진함도 줄어든다.

남자들은 사랑을 순박하게 믿는 시절이 있기 마련이다. 사랑을 위해서라면 목숨까지 걸 수 있던 기개는 그 자체로 고귀하지만 너무 허약하다. 순수함은 상처를 쉬이 받으면서 파손된다. 실연이나 배신을 겪을 때 남자의 자살률은 여자의 3~4배다.

크쥐시토프 키에슬로프스키 감독의 영화 〈사랑에 관한 짧은 필름〉엔 순수한 열아홉 살 남주인공이 나온다. 남주인공은 한 여성을 1년 동안 관찰하고는 고백하지만 여주인공은 사랑을 믿지 않는다. 여주인공은 그저 남자들과 유희를 즐긴다. 게다가 젊은 남자에게 사랑의 실체가 얼마나 같잖은지 몸소 보여준다. 네가 사랑이라 믿어온 건 몸뚱이의 헐떡임에 지나지 않는다고, 실상을 알고서도 날 사랑할 수 있느냐고. 여주인공은 남주인공의 사랑을 불신하면서 시험한다. 남주인공은 아직 순진해서 성과 사랑을 조화로이 일치시키지 못한다. 여주인공은 너무 이르게 흥분해버리고는 당황해하는 남자에게 이게 사랑의 전부라고 냉담하게 말하고는 화장실에 가서 씻으라고 명령한다. 남주인공은 상처받고 자살을 시도한다.

이와 비슷한 상황이 김언수의 단편소설 「바람의 언덕」에도 등장한다. 술만 마시면 아무 남자하고나 자는 여자가 있다. 남자들은 얼굴 찡그리며 헛기침하면서도 어떻게 한번 자볼까 기회를 노린다. 주인공은 그 과정을 쭉 지켜보다가 여자가 자살하기 전날 밤 자신도 성관계를 갖는다. 그 뒤 그녀의 마지막 애인이었던 후배가 찾아온다. 그는 성관계를 맺지 않은 채 그녀의 곁을 지키던 남자였다. 그는 진실만 말해달라면서 그녀와 잤느냐고 간절하게 묻는다. 난감해하던 주인공은 소주잔을 비운 뒤 잤다고 말한다. 그는 한동안 고개를 숙이고 아무 말 없이 운다. 그리고 그녀가 세상을 떠난 지 꼭 1년이 되는 날 그녀가 죽은 한강 다리에서 뛰어내린다. 주인공은 이런 이유로 사람이 죽는다는 걸 이해할 수 없어서 그냥 바쁘게 살아간다. 자살하는 남자와 주인공은 남자의 젊은 시절과 그 이후를 극명하게 보여준다.

남자들은 성욕과 사랑을 합치시키는 데 어려움을 겪는다. 성욕을 감추면서 상냥함만 표현하는 건 이성 교제를 시작하는 방식이다. 프랑스의 사상가 르네 지라르는 사랑에 빠진 남자가 성욕에 빠져드는 건 언제나 위험한 결과를 초래한다고 이야기한다. 남자는 육체적으로 무관심을 가장할 때에만 비로소 상대 여성의 욕망을 자신에게로 향하게 할 수 있다. 대놓고 성적 흥분을 발산할 경우 대개 여자들은 거부감을 갖는다. 사랑하는 여자의 육체를 향한 충동을 억제하면서 자신의 욕망을 숨겨야 한다. 사랑하는 남자는 나름의 고행을 할 수밖에 없으며 성애의 행위가 개입되는 의지에는 늘 위험이 따른다고 르네 지라르는 말한다.

한편 성과 사랑의 불일치는 사랑에 대한 유치한 환상 때문에 벌어지기도 한다. 분명 성욕과 결부되어서 사랑이 작동되는데, 미성숙한 사람들은 사랑이 성과 연결된다는 생각만으로도 사랑이 오염되었다고 몸서리친다. 버트런드 러셀도 그랬다. 러셀은 사랑에 푹 빠져 있었을 때 우아하지 못한 관능적인 꿈을 꾸고는 사랑의 신성함을 더럽혔다고 느꼈을 정도였다. 그러나 차츰 러셀도 본능에 자신을 맡기게 되었다고 회고했다. 괴테가 그려낸 베르테르 역시 샤를로테 앞에 서면 모든 욕정이 잠잠해진다면서 샤를로테를 신성한 존재라며 숭배했다.

성을 배제하려던 남자들의 순애보는 시간 속에서 닳고 해진다. 그럼에도 이런 변화가 단지 타락이라고 치부할 수는 없다. 오히려 성숙해졌다고 평가받을 여지도 있다. 순정만으론 사랑을 온전하게 지킬 수 없다. 사랑을 잘하기 위해서라도 유치한 순정을 넘어서 유려한 성숙이 필요하다. 인문학자 김우창은 아름다움의 중개를 통할 때, 기분과 변덕에 따라 움직이는 욕정의 유대가 마음과 마음으로 맺어진 유대로 바뀌게 된다고 말한다. 욕정의 어두운 쇠사슬에서 풀려나 고요한 눈으로 사랑하는 사람의 모습을 보고 너그러이 애정을 교감하면서 욕정이 사랑으로 승화된다고 김우창은 서술한다.

쾌락은 강탈할 수 있어도 사랑은 억지로 빼앗을 수 없다. 사람이 사랑 앞에서 겸손해지는 이유다. 사랑할 때 남자는 변한다. 평소라면 심드렁했을 소소한 대화에 귀를 쫑긋 세우고, 상대에게 감정이입한다. 사랑을 통해 남자들은 타인을 헤아리는 능력이 좋아진다. 평소라면 음식을 허겁지겁 먹어 치우던 남자도 사랑하는 사람이 생기면 음식이 입맛에 맞는지 묻고, 식사 속도를 조절하며 화기애애한 시간을 갖고자 노력한다. 사랑을 통해 남성은 배려를 익힌다.

러셀은 사랑을 통해 청교도스러운 태도와 검열관 같은 성향을 대폭 완화시켰다고 고백했다. 남자는 여자에게 영향 받을까 걱정하는데 자신의 경험에 비추어보면 어리석은 두려움이라고 조언했다. 남자는 몸과 마음 모두 여자가 필요하다면서 자신은 사랑했던 여인들에게 빚을 지고 있으며 그들이 없었다면 자신은 훨씬 더 편협해졌을 거라고 러셀은 회고했다.

남자들은 그저 유희만 쫓다가 세월을 탕진하기도 한다. 하지만 진짜 사랑하고 싶다는 욕구가 남자 안에서 휘몰아치지 않을 수 없다. 인간은 대충 거래하듯 쾌락을 주고받으면 부끄러움과 불편함을 느낀다. 남자들이 방황하다가 사랑을 다시 찾는 이유다. 사랑은 돈이 많다고, 권력이 있다고, 명예가 있다고 이뤄지지 않는다.

남자들은 사랑의 약자가 되어 겸손하게 사랑을 구하면서 더 성숙하고 나은 인간이 된다. 사랑의 깊이는 남자의 성숙함과 비례한다. 젊은 날의 순애보와 달리 성숙한 남자의 순애보는 해맑거나 풋풋하지는 않지만 유연하고 뭉근하다. 사랑을 통해 남자들은 단순했던 아이에서 중후한 어른이 되어간다. 사랑의 풍파를 헤치면서 남자의 인격은 예술처럼 깊어진다. 성숙한 남자의 순애보가 피어난다.

잡은 물고기에는 먹이를 안 준다?

이성 관계 초반엔 대개 남성이 더 열정을 느낀다. 여성보다 남성이 사랑에 빨리 빠진다는 증거는 충분히 많다. 같은 성별 안에서도 개인차는 있지만 대부분 남성은 여성보다 먼저 구애하고 성관계할 의사가 더 강하다. 여성은 한눈에 남자들을 반하게 하는 매력을 갖는 쪽으로 진화해왔고, 남성은 금방 사랑에 빠져 애정을 갈구하는 쪽으로 진화해왔다. 남자가 면접자라면 여자는 심사위원이다. 여자는 남자의 외모와 성격, 능력과 교육 수준 등을 매의 눈으로 엄격하게 점검한다. 남녀 교제를 중매하는 누리집의 남자 회원 대부분은 평균 이하로 평가받는다.

어렵사리 연애의 범선이 출항하더라도 순풍만 받지는 않는다. 보이지 않는 주도권 다툼이란 역풍이 불고, 성차에서 발생하는 오해가 암초처럼 도사린다. 성애의 환희를 남녀 모두 좋아하더라도 인류사 내내 임신과 육아의 몫을 져왔던 여자는 좀 더 신중할 수밖에 없다. 여성은 오랜 세월 남자에게 배신을 겪어왔고, 불안과 의심은 여성 자신을 보호하려는 심리 장치처럼 내면에서 활발하게 가동된다. 남자는 여자의 마음에 들기 위해 처신을 조정한다. 자신보다는 상대의 취향과 욕망에 맞춰서 일정을 짜며, 공감 능력이 향상되어 더 나긋나긋해진다. 관계가 시작될 때 여자들은 남자의 낭만에 설렘과 달콤함을 느낀다.

여남이 만나는 가운데 무의식중에 뇌 회로가 돌아간다. 여자에게 돈과 시간을 쏟을 때 남자는 성행위를 염두에 두기 마련이다. 반면에 여자들은 상대방의 성적 요구에 응하지 않음으로써 자신은 그렇게 쉬운 여자가 아니니 자신이 믿을 수 있을 만큼 더 투자하라는 신호를 보낸다. 여성은 데이트하는 와중에도 여전히 남자를 꼼꼼하고 깐깐하게 검증한다. 남자가 뻔뻔하고 뻔질나게 조르면서 성관계의 시기를 앞당기려고 한다면, 여자는 성관계를 뒤로 지연시키려 한다. 성행위는 남성에게 영향력을 행사할 수 있는 여성의 권력이다. 대부분 성행위를 남성이 먼저 갈구하면 마지못해 여성이 들어주는 경우가 많다. 남자는 성관계를 얼마나 자주 그리고 잘하는지에 따라 자존감이 오르내린다. 여자는 신뢰할 만한 남자와 결합해서 안정되고 희망찬 미래가 그려질 때 자존감이 올라간다. 성을 두고 남녀의 심리는 상충되는 면이 있다.

과거엔 산책하다 혹여나 손가락이 스치면 흥분되어 잠 못 이루던 시절도 있었겠지만, 현대사회엔 성관계까지 쏟는 공력과 시간이 적어졌다. 여자의 입장에선 연애하기에 앞서 믿고 함께할 남자인지 확신하고자 지켜보는 시간이 줄었다. 현대에 들어서 여자 역시 성의 자유와 쾌락의 권리를 누릴 수 있게 되었지만, 남성에게 성을 두고 행사하던 권력은 조금 잃게 되었다. 성행위가 자유로워지자 남녀 관계 양상은 달라졌다.

성관계는 남녀 관계의 방식을 바꿔놓는 분기점이다. 잠자리를 하기 전엔 달달하던 남자가 차츰차츰 본색을 드러낸다. 잡은 물고기에 먹이를 주지 않는다는 풍문이 떠도는 이유다. 연애 초반엔 그토록 사근사근하던 남자들이 시간이 갈수록 연락이 띄엄띄엄해지고, 만날 때 들이는 비용도 줄어든다. 여자들은 과묵한 남자친구에 대해 불평을 일삼는다. 여자들은 줄기차게 열렬한 언어 구애를 받고 싶어 하는 것이다. 하지만 남성은 성적 관계를 시작하거나 재개할 때처럼 필요한 순간에만 구애 노력을 한다고 진화심리학자 제프리 밀러는 설명한다.

남자들이 성의 관문까지는 몹시 자상하게 군다. 평소에 말이 없던 남자라도 여자와 오래 대화하길 원하고, 부드러운 눈길로 상대의 마음을 애무한다. 사랑에 빠지면 남자의 신체에선 옥시토신이 대량 분출된다. 옥시토신은 애착과 유대감에 관여한다. 평소에 남자는 여자의 10분의 1 정도의 옥시토신을 갖는다. 남자들은 성관계할 때 옥시토신이 샘솟지만 끝나고 나면 급격하게 옥시토신 수치가 떨어지고 테스토스테론이 대량 분비된다. 반면에 여자는 관계를 갖고 나면 옥시토신 수치가 계속 높은 수준이고, 며칠이 지나도 유지될 때가 있다. 잠자리를 가진 다음 날 남녀의 태도가 다른 생리학적 이유이고, 남자들이 잠자리에서 사랑을 속살거리며 전화하겠다고 약속한 뒤 깜깜무소식인 까닭이다.

미국의 생물학자 로버트 트리버스도 그러했다. 그는 여성을 만나면 강하게 끌렸고 자신의 과거와 미래의 꿈을 몽땅 드러내 보였다. 밀어를 속삭이는 전도유망한 남자는 인기가 좋았다. 문제는 같이 밤을 보내고 난 뒤 발생했다. 사랑에 빠졌다고 느껴 성행위를 몇 차례 하고 나면, 강렬했던 감정이 통째로 소실되었다. 사랑은커녕 상대를 피하고 싶은 마음마저 들었다. 로버트 트리버스는 거짓 감정을 알게 되었다. 낭만의 흥분은 성관계를 유도하기 위해 나타났다가 성행위가 끝나면 사라지는 것이 분명했다고 로버트 트리버스는 회고했다. 그는 다음 날 죄책감에 시달리는 것보다 혼자 잠자리에 드는 편이 더 낫다는 걸 깨달았는데, 안타깝게도 젊은 날이 한참 지난 뒤였다.

열렬히 구애하면서 권력을 여성 쪽으로 이양했던 남자는 성관계를 맺고 나면 슬슬 다른 여자를 상상하며 애인에게 소홀해지는 경향이 나타난다. 그동안 남자가 헌신하면서 애정을 표현했다면 이젠 관계를 지키기 위해 여자가 감정노동을 하게 된다. 남자가 심드렁해질수록 남자가 주도권을 차지한다. 처음엔 상냥했던 남자가 돌변하는 건 여자의 입장에선 끔찍한 체험이다. 함께 시간을 보내자며 맛있는 것도 사주고 예쁜 선물도 준비하던 남자가 연락도 없고 바쁘다면서 코빼기도 보이지 않을 때 화가 나지 않을 수 없다.

왜 남자들은 여성이 원하는 만큼 낭만을 지속하지 못할까? 낭만이란 낭비를 통해 이뤄지므로 일상에서 계속 유지하기 어렵기 때문이다. 사랑을 통해 변화가 생기더라도 남자는 자신의 원래 상태로 돌아가게 마련이다. 그리고 한 여자에게 이미 어느 정도 투자가 이뤄지고 성관계도 가진 만큼 남성의 입장에선 여분의 자원과 기운을 다른 여성에게 쏟을 때 적응도가 올라간다. 유전자를 확산시키라는 대자연의 계책에 따라 남자들은 무의식중에 잡은 물고기에게 주는 밥을 줄이고 다른 물고기를 낚으러 나선다.

아름다운 여자를
원한다

한 남자는 미국 출장 때문에 비행기를 탔다. 그런데 사고가 발생해서 비행기는 태평양 한가운데 추락했고, 한 남자는 외딴 섬에서 눈을 떴다. 불행 중 다행인지 절세 미녀 연예인이 곁에 쓰러져 있었다. 무인도였고, 단둘만 있었다. 둘은 지나가는 배나 비행기를 기다렸으나 망망대해만 펼쳐져 있었다. 처음에 한 남자를 바라보는 절세 미녀 연예인의 얼굴엔 실망감이 가득했으나 둘밖에 없으니 시나브로 설렘이 움텄다. 보름달이 휘영청 밝게 뜬 가운데 이따금 조각구름이 작은 이불보처럼 속살을 가리듯 요염하게 달을 스쳐 지나가던 밤, 둘은 사랑을 진하게 나눴다.

백사장에서 밤을 하얗게 불태운 뒤 한 남자는 절세 미녀 연예인에게 팔베개를 해줬다. 절세 미녀 연예인은 한 남자의 가슴에 안겨서 한 남자를 바라보니 한 남자의 얼굴엔 뭔가 아쉬움이 배어 있었다. 절세 미녀 연예인이 무슨 걱정이 있느냐고 묻자 한 남자는 망설이면서 말을 꺼냈다. 한 남자는 달뜬 목소리로 이것만 해주면 자신이 몹시 기쁠 거 같다고 변죽을 울렸다. 별의별 상상이 머릿속을 스쳐가는 가운데 절세 미녀 연예인이 알겠다면서 말해보라고 하자 남자 옷을 입고 남자 흉내를 내달라고 부탁했다. 절세 미녀 연예인은 황당 반 불안 반이 섞인 눈길로 한 남자를 바라보았고 한 남자는 이상한 거 아니라면서 그냥 한번 해달라고 했다. 절세 미녀 연예인이 남자처럼 꾸미자 한 남자는 거드럭거리면서 절세 미녀 연예인의 어깨에 손을 턱 걸쳤다. 그리고 능글맞은 웃음을 띠며 한마디 했다.

"친구, 내가 오늘 밤에 뭘 했는지 알면 부러워서 미칠걸?! 믿지 못하겠지만, 절세 미녀 연예인이랑 잤다고!"

위 이야기는 서구에 널리 알려진 농부에 대한 우스개를 각색한 내용이다. 이 글에서 한 남자는 절세 미녀 연예인과 진한 사랑을 나눠서 좋았지만, 뭔가 아쉬움을 느낀다. 한 남자의 행동은 주위에서 흔히 볼 수 있다. 수많은 남자들이 미인과 사랑을 나누었을 때 자신이 아는 사람들에게 자랑하고 싶어 한다. 애인의 미모가 돋보이는 만큼 타인의 감탄을 받고 싶기 때문이다. 남자들은 자주 사랑을 나누고 싶어 하면서도 단순히 사랑을 나눴다는 것만으로는 만족감이 덜하다. 타인의 시샘 어린 시선을 받을 때 남자는 진정으로 만족한다.

사랑조차도 인정투쟁과 경쟁 욕망이 들어가 있다. 남자들의 대결이 얼마나 이악스럽고 타인의 시선에 사로잡혀 있는지는 연애할 때 드러난다. 인간은 타인을 순수하게만 바라보지는 않는다. 여자들이 키가 작은 남자와 만나길 꺼리듯 남자는 예쁘지 않은 여자를 만나길 원치 않는다. 소설가 장강명의 『표백』에 나오는 남주인공은 학벌 열등감에 시달린다. 이미 패배 의식을 강하게 갖고 있는 남주인공은 못생긴 여자와 교제하면 패배감이 들까봐 성격이 별로 맞지 않아도 예쁜 여자와 사귄다. 주인공은 패배자가 되는 게 너무 무섭고 지금도 두렵다고 고백한다.

아름다운 여자와 사귀는 남자에게는 전생에 나라를 구했을 거라는 둥 농담을 하는데, 이 농담 속에서 남자의 성취와 여성의 외모가 얼마나 긴밀하게 연결되어 있는지 나타난다. 미국의 진화심리학자 데이비드 버스는 중국, 독일, 괌, 폴란드에서 위신 범주를 연구했더니 예쁜 아내를 둔 남자의 지위는 향상되었고, 매력이 떨어지는 여자를 아내로 둔 남자의 지위는 낮아졌다. 반면에 여성의 지위는 배우자의 외모에 따라 크게 변동되지 않았다. 호감도도 달랐다. 잘생긴 남자를 곁에 둔 여자는 자신감 있게 보인다거나 지적인 것 같다는 평가를 받지 못했으나 예쁜 여자를 만나는 남자는 똑똑해 보이고 자신감이 느껴지고 호감이라고 평가받았다. 데이비드 버스는 매력적인 여성의 외형은 번식능력을 지시할 뿐 아니라 남자의 높은 지위를 알려주기 때문에 남자들이 매력적인 여성을 선호한다고 설명한다. 아름다운 여인을 곁에 두는 건 자신이 승리자임을 선포하는 일이자 잠재적인 애인들에게 자신의 성공을 과시하며 유혹하는 일이다. 애인의 외모는 남자의 업적과 성취와 직결되고, 남자의 위치와 신분을 드러낸다. 성공한 남자 옆의 젊고 예쁜 아내를 가리키는 트로피 와이프trophy wife라는 말이 있을 정도다. 예쁜 여자들이 모두 성공한 남자와 연애하고 결혼하지는 않겠지만, 부잣집으로 시집간 가난한 집안의 며느리 가운데 어여쁘지 않은 용모를 찾기는 힘들다. 일본의 여성학자 우에노 지즈코는 남자들의 서열이 자신과 관계하는 여성으로 증명된다고 설명한다. 우에노 지즈코에 따르면, 남자들은 자신의 성욕이 어지간해서는 채워지지 않는다는 것을 과시할 필요가 있다. 잘나가는 남자들은 자기 여자의 미모를 자랑하면서 자신의 성욕은 일반인들보다 더 고급임을 뽐낸다. 여자들은 피부 미용과 외모 관리에 돈을 쏟아부으면서 남편의 성공을 전시하는 살아 있는 광고판 역할을 한다. 남자의 서열은 여자의 미모와 성적 향락을 통해 환산된다.

여자들은 남자의 능력, 외모, 성격, 집안, 학력, 말투, 종교, 취향, 문화 수준 등등 많은 채점 항목을 점검하고 따지지만 관문을 모두 통과해야만 여심을 얻을 수 있는 건 아니다. 다른 조건이 미달이더라도 몇몇 조건이 괜찮으면 호감도가 상승한다. 반면에 남성은 외모와 나이에 엄청난 가중치를 둔다. 연애시장에서 작동하는 남자와 여자의 채점표는 사뭇 다르다. 남자는 돈과 권력과 명예가 있다면 자신의 단점을 상쇄시키지만 이와 달리 똑똑하고 경제력 있고 유명세가 있는 여자가 외모의 매력이 별로라면 자신의 장점에 걸

맞은 대우를 받지 못한다. 키 작고 뚱뚱한 남자 옆에 아리따운 여자가 함께 하는 경우는 드물지 않지만, 후줄근하고 초라한 여자 옆에 허우대 좋은 헌칠한 남자가 있는 경우는 흔치 않다. 스피노자는 남자가 대체로 관능적 감정에 의해서만 여자를 사랑한다면서, 여자는 아름다울 때만 재능과 지혜를 높이 평가받는다고 덧붙인다. 여자가 아름답지 않으면 아무리 재능이 뛰어나고 똑똑해도 그리 호감을 갖지 않는 남자의 행태를 스피노자는 서술한다.

인간은 타인의 외모에 쉽게 반응하는데, 특히 남성은 시각이 발달되어 있다. 태어난 지 세 달 된 아기들과 여섯 달 된 아기들에게 수많은 성인 얼굴을 보여줬더니, 성인이 봐도 매력적인 얼굴을 한참 바라봤다. 갓난아기들은 말은커녕 자기 의사 표현도 제대로 전달하지 못했다. 부모가 이 아이들에게 특정한 미의식을 주입한 결과가 아니란 얘기이다. 아름다움을 추구하고 평가하는 인지기능은 타고난다. 캘리포니아 대학교의 연구진은 여자의 성적 매력 여부를 0.2초 만에 남자들이 판별한다는 사실을 확인했다. 의식으로서 통제 처리하기에 앞서 남자의 신체는 여성의 외모에 자동으로 반응한다. 페이스북도 처음엔 같은 학교 여학생의 외모를 남학생들끼리 평가하는 누리집이었다. 더 나은 남자를 얻고 싶은 여자의 욕망만큼이나 더 예쁜 여자를 얻고 싶은 남자의 욕망은 원초적으로 강렬하게 작동한다.

미녀가 곁에 있으면 그 주변 남자들의 생화학 물질 분비가 활성화되면서 평소보다 대담해지고 대화에 적극 나선다. 미모는 남자에게 매설된 생화학 지뢰를 건드린다. 여자는 곁에 있는 남자에게 아무런 관심도 없고 별 영향을 미치고 싶지 않더라도 남자들은 슬쩍슬쩍 그녀를 곁눈질하고는 외모에 끌리면 마음이 일렁이면서 상상의 날개를 펼친다. 남성중심사회에서 여성의 육체는 사물처럼 취급되고, 눈에 띄는 외모의 여성은 여신이라면서 물신 숭배된다.

남들이 자신을 어떻게 볼지 전혀 신경 쓰지 않고 과연 못생긴 여자와 다닐 수 있는 남자가 있을까? 그런 남자가 있다면 조롱 받을 거라고 프랑스의 철학자 클로딘느 사게르는 말한다. 애인의 추함이 마치 그 남자까지 추하게 만들어버리듯 남자는 스스로 수치스러워할 것이라고 클로딘느 사게르는 이야기한다. 가난하고 못 배운 남자를 사랑하는 여자가 그리 많지 않듯 못생긴 여자를 사랑할 수 있다고 자신 있게 고개를 끄덕일 수 있는 남자는 드물다. 욕망대로 흘러가는 세상을 꾸짖긴 쉬워도 본능을 극복하기란 어려운 일이다. 누군가는 못생긴 사람의 내면이 훌륭하면 사랑할 수 있다고 생각하겠지만 정작 현실에서 만나려고 하는 상대는 자신의 생각과 어긋나기 일쑤다. 의식적으로 타인에게 말하는 모범 답안과 이성을 만났을 때 육체의 정직한 반응 사이엔 좁혀지지 않는 간극이 있기 마련이다.

젊은 여자에게
끌린다

　한 남자 연예인은 "여자는 어릴수록 좋다, 여자는 활어다, 싱싱할 때 회쳐 먹어야 한다"고 얘기해 징계를 받은 적이 있다. 연예계 동료들과 우호 관계가 돈독하고 시사에도 관심이 많은 그의 실언은 남자들에게 널리 퍼져 있는 여성관의 폭로였다. 많은 남자들이 10대 소녀들이 유흥업소에서 일하는 것엔 반대하더라도 10대 연예인들의 춤사위는 희번덕거리면서 즐긴다. 나이 차가 많이 나는 여자와 결혼한 남자를 도둑놈이라고 폄훼하면서도 대놓고 능력자라며 부러워하기도 한다.

나이 든 남성이 젊은 여자를 욕망하는 건 위법까지는 아니더라도 도덕상
으론 지탄받을 행동이지만, 생물학 차원에서 보면 맹목의 본능에 가깝다.
젊고 어린 여자를 선호하는 현상은 전 세계 모든 문화권에서 공통으로 나
타난다. 남자가 요구하는 여자의 아름다움이란 대개 번식력을 함의한다. 남
자들이 예쁘다고 생각하는 얼굴도 번식력과 상관성이 있다. 남자들은 눈이
크고 작은 코를 가진 여자를 선호하는 경향이 있는데, 눈이 크고 코가 작
다는 건 젊다는 방증이다. 나이가 들수록 눈은 점차 작아 보이고 코는 커
보인다.

여성의 몸매로 시선을 돌리면, 남자들은 너무 빼빼 마른 체형보다는 흐
벅진 몸매를 원한다. 남자들을 위해 만들어졌고 남자들이 소비하는 잡
지를 살펴보면 남자들의 욕망이 적나라하게 드러난다. 《플레이보이》 표지
에 나온 여인들의 허리와 엉덩이 비율을 조사했더니 0.68~0.71이었다.
1920년~1980년대 미스 아메리카로 뽑힌 여자의 허리 대 엉덩이 비율은
0.69~0.72였다. 18개의 다른 문화권을 조사했더니 허리 대 엉덩이 비율은
남자가 중요하게 따지는 요소였다. 엉덩이가 풍만하고 허리가 가냘픈 여성
은 젊음과 다산의 가능성을 함의한다. 나이가 들수록 허리 대 엉덩이의 비
율이 올라간다.

요즘엔 일본 애니메이션 아니메anime의 인기가 타의 추종을 불허한다.
아니메는 미국, 프랑스, 태국, 러시아, 오스트레일리아, 브라질 등지에서 남
자들이 가장 많이 검색하는 단어로, 일본 애니메이션의 약칭이다. 옛날부
터 이른바 남다른 성문화를 발달시켜온 일본은 중력이나 생물학에 얽매이
지 않은 채 남자를 현혹하는 시각신호를 최대한 활용해 만화를 그려낸다.
아니메의 주인공은 대개 여고생인데, 눈망울이 엄청나게 크고, 가슴은 몹시

풍만하며, 허리는 매우 가는데 엉덩이는 볼록하면서 탄력 있고, 발의 크기는 조그맣다. 일본 아니메의 주인공은 야한 얘기가 나오면 양 볼이 빨개지면서 쑥스러워할 만큼 성경험이 없지만 몸은 너무나 성적이다. 귀여운 얼굴에 너무 야한 몸을 지니고 있는 그림에 전 세계 남자들이 흥분한다.

아니메의 인기에서 알 수 있듯, 남자는 귀여우면서도 흐벅진 몸매를 지닌 여자를 선호한다. 인간은 '귀염성 인지반응'을 보이므로 귀여운 얼굴에 끌린다. 귀염성 인지반응이란 귀여운 외모에 사족을 못 쓰는 반응을 일컫는 용어로 오스트리아의 동물행동학자 콘라트 로렌츠가 처음 제시했다. 귀염성 인지반응을 통해 아기를 예뻐하고, 강아지나 새끼 고양이에게 끌린다. 아기는 이마가 넓고 두개골이 몸에 비해 크며 눈이 커다랗고 코가 작고 볼이 터질 듯하며 부드러운 윤곽을 지녔다. 이러한 특질에 보호본능이 작동한다고 로렌츠는 말했는데, 아기와 같은 특징은 여성에게서도 나타난다. 여성은 남자보다 얼굴 면적에서 눈이 차지하는 비중이 큰 편이다. 남자보다 머리 크기는 작아도 어깨가 좁아 상대적으로 머리가 커 보인다. 근육량도 남자보다 현저히 적어서 부드러운 체형이다. 어린 시절 고음의 목소리가 나이 들어서도 유지된다. 남자와 여자를 비교하면 여자가 더 귀엽다. 남자가 여자에게 애칭으로 '내 아기', 'baby'라고 하듯 남자는 여자와 아기를 대할 때 비슷한 보호본능이 작동된다. 여자들이 아기를 보호하려고 한다면 남자는 아기 같은 여자를 보호하려 든다.

남녀 짝의 나이 차는 어린 여자와 결합하려는 남자들의 주책없음에서만 비롯된 결과라기보다는 쌍방 간의 욕망이 빚어낸 결과이다. 프랑스 국립인구문제연구소는 대규모 표본을 대상으로 배우자 선택에 관해 질의응답을 진행했다. 그 결과 나이에 의한 남자의 우위는 여자가 더 바랐다. 젊은 여자들이 연상의 능력 있는 남자를 선택함으로써 그렇지 않았으면 다른 여자의 짝이 되었을 남자를 차지하는 셈이다.

인류사 내내 남녀 관계에서 대개 남자가 연상이었다. 오늘날에도 남녀 관계에서 대개 여자가 더 어리고, 여자가 연상이더라도 젊은 외양을 하기 마련이다. 여성의 권리가 올라가고 성평등의 흐름이 생겨났다고 해서 여남의 관계가 확 변하진 않았다. 여성들은 상대 남자가 어리면 남자로 느껴지지 않는다고 털어놓는다. 여자들이 때때로 어린 남자에게 끌리는 경우에도 그 남자가 아주 잘생겼거나 유명하거나 돈이 많은 경우에 한정된다. 여성이 나이 차가 심한 연하와 관계하는 경우는 드물지만 남성이 나이 차가 큰 연하와 관계하는 경우는 드물지 않다. 찰리 채플린은 자신보다 한참 어린 여자들과 한평생 결혼하고 이혼하는 일을 반복했다. 그의 영화에 나오는 여성은 하나같이 소녀 복장을 하고 있다. 아벨라르는 열일곱 살 어린 엘로이즈와 사랑에 빠졌고, 마르틴 하이데거 역시 열여덟 살 어린 한나 아렌트와 사랑에 빠졌다. 사랑은 국경도 나이도 인종도 넘어선다지만, 너무나 큰 나이 차는 여남이 서로에게 무엇을 원하는지 드러낸다. 과연 남자에게 그 조건이 없었고 여자가 젊고 예쁘지 않았다면 둘이 만났을지 미심쩍다.

여자는 안정된 남자를 원하고, 남자는 연륜에 따라 안정도가 높아지는 경향이 있다. 아무래도 어린 남자보다 성숙한 남자가 사회 지위도 높을 테고, 여성과 아이에게 투자할 자원도 많고 마음가짐도 더 갖춰져 있다. 여자들이 연상의 남자를 욕망하는 이유이고, 연륜의 안정성에 끌리는 이유다. 남자가 자기보다 더 강하고 나이가 많아야 한다는 여자들의 믿음은 아무리 과장해도 지나치지 않다고 오스트레일리아의 페미니스트 저메인 그리어는 털어놓았다.

남자와 여자가 서로에게 원하는 것이 다르므로 노화에 대한 반응에서 성별에 따른 온도차가 발생한다. 남자들은 나이 든 여성에게 끌리지 않고 냉혹하게 애정을 철회하기 때문에 여자들은 노화를 두려워한다. 오스트리아의 작가 엘프리데 옐리네크는 『인형의 집』의 주인공 노라가 자유를 찾아 집을 나가면 어떻게 될지 자신의 작품을 통해 그려낸다. 노라를 챙겨주고 사랑해주던 남자는 차츰차츰 소홀해진다. 급기야 그 남자는 노라의 피부가 귤껍질처럼 꺼칠꺼칠해지고, 음부는 곰팡이가 슬기 시작했다며 노라를 외면해버린다. 여성에게 나이를 묻는 일이 왜 실례이고, 어려 보인다는 말에 성숙한 여자들이 왜 좋아하는지 미루어 짐작할 수 있다.

여자들은 남성의 노화에 좀 더 관대한 편이다. 이성의 노화에 남녀가 다르게 반응하는 까닭은 번식력이 성별에서 다르게 감퇴하기 때문이다. 남자도 나이 들면 번식력이 떨어지지만 그래도 아이를 얻을 수 있다. 미국의 소설가 솔 벨로는 84세에 딸을 얻었다. 반면에 여성은 일정 나이가 지나면 아예 번식하는 일이 불가능해진다. 생식할 때 여성의 젊음이 남성의 젊음보다 중요했고, 그에 따라 여성의 외모에 집착하는 문화가 널리 형성되어 있다.

남자의 질투는
본능

일부일처를 한다고 알려진 기러기나 원앙의 모형을 결혼 선물로 주는 풍습이 곳곳에 있는데, 실상은 딴판이다. 새들은 철저히 자신의 유전 이익을 추구한다. DNA 지문을 조사했더니 조류, 어류, 양서류, 파충류, 유대류, 포유류 등등 거의 모든 동물이 다양한 부계 혈통을 지녔다. 암컷은 배우자 수컷 몰래 통정하고, 수컷도 기회가 닿는 대로 유전자를 퍼뜨린다. 인간 역시 비슷하다. 남녀는 인류사 내내 바람을 피웠는데, 그 바람의 강도나 양상에서 성차가 있다.

남녀의 근본적인 차이는 배관 구조나 염색체뿐만 아니라 부모가 되었을 때 최저 투자 한도가 다르다는 데서도 기인한다. 포유류가 새끼를 낳고 키울 때 부모의 투자량은 현저하게 차이난다. 양육에 별 신경을 쓰지 않는 여느 동물들과 달리 인간 남성은 자식에게 큰 투자를 해도 여성만큼 투자하지는 못한다. 투자량의 차이에 따라 서로 다른 심리를 갖고 행동할 수밖에 없는 여남은 배우자의 바람에 약간 다르게 반응한다.

데이비드 버스는 여성과 남성의 신체에 전극을 연결하고 배우자의 성적 부정행위를 상상하게 했다. 남자들은 심장박동수가 세 잔의 커피를 잇달아 들이켠 경우만큼 치솟았다. 남자들의 얼굴은 험상궂게 구겨졌다. 이와 달리 배우자가 다른 남자에게 애정을 품은 경우를 상상하도록 하자 남자들은 흥분하더라도 상당히 안정된 모습을 보였다. 여성은 배우자가 다른 여자에게 애정을 갖는 경우를 상상하자 몸의 평형상태가 깨지면서 큰 고통이 발생했다. 남자들은 배우자의 애착이나 관심을 잃게 되는 데엔 크게 개의치 않았지만 자신의 짝이 다른 남자와 성관계를 한다는 상상에 격앙됐고, 아내와 유대를 지속하기 어려워했다. 여자들은 남편이 누군가에게 애정을 보내면서 돈과 시간을 쏟을 경우 배우자에 대한 신뢰를 철회하지만 애정이 동반되지 않은 부정행위일 경우 충격을 받고 엄정하게 대응하는 가운데 운동하고 살을 빼면서 남편을 다시 자신의 것으로 만드는 전략을 택했다. 여자는 자기 이익에 진정으로 위협이 되는지 예의 주시하며 질투를 섬세하게 작동시켰다면 남자는 빠르게 그리고 사납게 질투심을 촉발시켰다.

사랑하는 사람이 자신과 성관계를 맺을 때 다른 누군가를 생각하는 일과 다른 사람과 동침하며 자신을 생각하는 일 중에 어느 쪽이 더 좋으냐는 질문을 던졌더니, 여성 대다수는 다른 여자와 밤을 보내는 가운데 자신을 생각하는 쪽이 낫다고 말했고 남자들은 자신과 성행위하면서 다른 남자를 생각하는 쪽이 낫다고 대답했다. 위 실험은 미국뿐 아니라 독일, 네덜란드, 일본 그리고 한국에서도 실시되었는데, 결과는 같았다. 남자들은 여자가 다른 남자와 육체가 내밀해질 때 격노하지만 여자들은 남자가 다른 여자와 마음이 친밀해지는 데 분개한다. 남성은 상대의 몸을 소유하려고 한다면 여성은 사랑을 차지하고 싶어 한다.

물론 짝이 육체든 마음이든 부정행위를 저지르는 건 남녀 모두에게 고통스러운 일이다. 아내가 다른 남자에게 관심을 쏟으면 애정이 성행위로 비화할 공산이 크고, 남편이 다른 여자와 성관계한다면 애정으로 전환될 수 있기 때문이다. 그럼에도 남녀의 공포 유발 요인은 달랐다. 인류사 내내 여성은 배우자가 자신과 아이를 버리는 것이 가장 큰 공포였다. 남성에게 가장 두려운 건 자신의 아내가 바람을 피워 자신이 다른 남자의 아이를 키우는 일이었다. 인류 사회에서 여자들이 남편을 공유하는 경우는 많았지만 남자들이 아내를 공유하는 경우는 특수한 몇 사례밖에 없었다. 남자들은 아내가 다른 남자와 성관계하면 곧장 유전적으로 막대한 피해를 받았다. 반면에 남편이 다른 여자와 성관계한다고 해도 여자가 유전적으로 막대한 피해를 받지는 않았다. 사생아는 그 여자의 문제일 뿐이기 때문이다. 다만 남편의 자원이 그 여자에게로 갈 경우엔 자신에게도 큰 피해이므로 여기에 여자는 단호하게 대처한다. 적응도를 높이려는 본능은 성별에 따라 다른 전략을 갖게 했고, 짝의 부정행위에도 다른 반응을 보이게 만들었다. 남자는 잘못된 투자가, 여자는 투자의 철회가 두려운 일이다.

남녀는 적응도를 높이고자 협력하는 와중에 성차 때문에 자주 충돌해왔다. 자연에서 수컷과 암컷이 부딪치면 수컷의 완력이 더 세기 때문에 수컷의 의사가 관철되는 경우가 많다. 이에 맞서서 암컷은 친부의 불확실성으로 대응한다. 인간 세상도 비슷하다. 여성은 아비가 자신이 아닐 수도 있다는 수컷의 불안을 최대한 이용하여 다양한 전략을 진화시켰다. 언제나 성관계가 가능한 성적 수용능력, 배란의 은폐, 성애를 통한 애착 관계 형성 등등을 이용해 여성은 자식을 키우는 데 필요한 투자와 헌신을 얻어냈다. 언제 배란되고 임신되는지 알 수 없었던 남자들은 한 여자 곁에 머물면서 잦은 성관계를 통해 친부 불확실성을 줄이려 했다.

여자는 자신이 낳은 아이가 자신의 핏줄임이 확실하다. 정자 제공자가 누가 되었든 남자에게 도움을 받으면서 아이를 낳고 키우는 것이 자신의 적응도를 높이는 방법이다. 반면에 남자로서는 태어난 아이가 자신의 핏줄인지 확신할 수 없다. 억겁의 시간 속에서 수컷들은 오쟁이를 질까 끙끙댔다. 오쟁이란 다른 남자의 아이를 키우는 걸 가리킨다. 타인의 유전자를 갖고 있는 아이를 자신의 자식으로 알고 키우는 남자들이 전 세계에 적지 않다는 연구 결과가 있다.

남자의 입장에선 자신의 여자가 다른 남자와 관계하지 못하도록 통제하되 자신은 몰래 바람을 피우는 것이 적응도를 높이는 하나의 전략이었다. 여자의 입장에선 수많은 여자를 매혹시키지만 한 여자에게 정착할 생각이 없는 남자와 관계한 뒤 인기는 없지만 한 여자에게 충실한 남자의 지원을 받으며 아이를 키우는 것도 적응도를 높이는 하나의 전략이었다. 여성과 남성은 서로 다른 전략을 갖고 상대의 전략에 맞대응하면서 함께 변이하는 공진화 과정을 겪었고, 그 결과 남녀의 마음은 비슷하면서도 약간 다르게 작동한다.

여성의 질투심이 남자가 다른 여자에게 투자하는 걸 막으면서 자신에게로 애정을 돌리기 위한 방법이라면, 남자의 질투심은 자신의 여자가 다른 남자의 아이를 갖지 못하게 하기 위한 방책이다. 애인과 연락이 닿지 않으면 남자의 머릿속에선 애인이 다른 남자를 만나 성관계하는 공상이 떠오른다. 여러 연구를 보면, 배우자의 간통을 적발하는 능력이 남자가 더 우수하며, 배우자의 간통을 의심할 확률도 더 높다. 바람을 늘 피우던 남자도 배우자가 맞바람을 피우면 용인하지 못한다. 자신의 유전자를 영속시키고자 질투가 작동한다. 질투의 밑바탕엔 여자가 자유로운 존재이기 때문에 자신의 핏줄이 위조될 수 있다는 불안과 공포가 자리하고 있다.

수컷은 부성의 불확실성을 줄이고자 암컷을 모지락스레 통제하려 든다. 수컷 잠자리는 짝짓기가 끝나도 교미 자세 그대로 꼬리를 맞붙인 채 날아다니면서 암컷이 다른 수컷을 만나지 못하게 한다. 설치류 수컷은 점성의 정액을 이용해 암컷의 생식기를 틀어막는다. 인간 남자들 역시 여성을 통제하고자 여성의 행동을 감시했고, 여성의 순종을 강요하는 도덕과 종교를 발달시켰으며, 순결과 정조를 세뇌했다. 한 남자만 지고지순하게 바라보는 여자는 예찬되었고, 자유분방한 여자는 처벌받았다. 비명과 피로 얼룩진 탄압의 시간 속에서 여자는 성관계를 다양하게 맺을 생각을 예전만큼 쉽사리 하지 못하게 되었다.

대부분의 문명에서 여자들은 협소한 세계에 갇혀 있었다. 혹시나 외간 남자와 통정할까 두려운 남자들은 여자들이 밖으로 돌아다니지 않도록 차단하느라 분주했다. 유럽에선 정조대를 채워놓기도 했고, 지금도 여자의 머리에 헝겊을 뒤집어씌워놓는 사회가 많다. 여자들은 집 안에 갇혀 지냈고, 자유롭지 못한 사람에게 발생하는 우울과 권태는 여성의 특징처럼 내면화되었다. 오랜 세월 억압당하다 보니 여자들 안에서도 소유당하고 싶은 욕망이 생겨났다. 남자에게 통제와 동시에 보호를 받을 때 안정과 환희를 느꼈고, 남자의 것이라고 불릴 때 사랑을 느꼈던 여자들도 부지기수였다.

남녀 관계에서 친밀감과 통제는 혼동되곤 한다. 관심이라는 명목으로 집요하게 여성을 점검하는 남자들이 흔하다. 상대의 일상을 묻는 일이 조금이라도 꼬투리를 잡아내려는 취조로 비화하기 일쑤이다. 대만의 영화감독 허우샤오셴의 〈밀레니엄 맘보〉를 보면 주인공(서기)을 남자친구가 단속한다. 남자친구는 주인공의 가방을 뒤지고 전화 통화 시간을 조사해 오래 통화한 기록이 있으면 누구냐며 질책한다.

과거엔 별 문제의식 없이 공공연하게 벌어졌던 스토킹이 지금은 범죄이자 사회문제로 떠올랐다. 스토킹 피해자는 10대 후반부터 40세까지의 가임기 여성이 대다수고, 범인은 대개 남편이나 전 배우자, 남자친구다. 남자들은 자신에게서 돌아선 연인에게 전화 연락과 꽃과 선물로 공격한다. 스토킹하는 남자들은 자신의 사랑을 받아주지 않으면 견딜 수 없는 모욕이라 여긴다. 스토킹하는 남자들은 대개 공감 능력이 저조해 자신의 행동이 타인에게 어떻게 비칠지 역지사지하지 못한다. 그저 사랑을 표현하는데 왜 자신을 무서워하는지 이해하지 못하다가 자신의 사랑을 받아주지 않는 상대에게 분노를 터뜨리며 공격한다.

스토킹뿐 아니라 애인을 학대하거나 살해하는 가장 큰 원인은 성적 질투심이고, 범인의 성별은 거의 언제나 남성이다. 워낙 남자들의 질투심이 흔한 데다 사건을 다루는 법조인들도 남자들이었으므로 영미법의 판례를 보면 남편이 질투심 때문에 홧김에 저지른 폭력을 동정하면서 가볍게 처벌하는 경향이 나타난다. 심지어 미국 텍사스 형법엔 1974년까지 간통한 아내와 정부가 분리되기 전에 남편이 죽이면 어떤 처벌도 받지 않는다고 적혀 있었다.

남자의 질투심은 경쟁에서 패배하면 증폭되는 양상이 나타난다. 패배한 남자들은 자신의 여자가 다른 남자의 씨를 받았으리란 불안에 시달리면서 여성을 악랄하게 단속하려고 든다. 임진왜란과 병자호란을 겪고 난 조선 후기에 여성에 대한 통제가 대폭 강화된 이유이다. 이와 비슷한 일이 현대 이슬람권에서 벌어졌다. 과거 이슬람 문화는 자유분방함으로 유명했다. 『천일야화』뿐만 아니라 이슬람교의 창시자 무함마드는 부부 관계를 자랑하면서 기독교인들의 얼굴을 붉게 만들었다. 그러나 19세기부터 아랍 세계가 서구 세계에 크게 뒤처졌고, 서구 근대화의 충격에 아랍권은 보수 근본주의로 반응했다. 20세기 들어 서구의 침략을 겪으면서 극도로 여성을 제한하는 법률이 제정됐다. 무슬림 남자들은 여자들이 서구 남자들과 어울리지 못하도록 안간힘을 썼다. 이슬람 급진주의에 큰 영향을 미친 사상가 사이드 쿠틉은 타락한 서구에 맞서 이슬람 부흥을 외쳤는데, 그는 미국 유학 당시 여성의 지위 향상과 자유연애에 충격을 받아 서구 문명에 등을 돌렸다. 사이드 쿠틉은 욕구 충족을 위해 성관계를 즐기는 건 명백히 부도덕한 행동이라고 강변했다. 자유연애를 추구하는 서구 사회는 퇴보했다며 그는 이슬람만이 진정한 인간의 진보를 이룰 수 있다고 부르짖었다. 이슬람 근본주의자들의 여성에 대한 극심한 통제는 서구에 대한 열등감과 남성성의 회복을 위한 몸부림이다.

현대가 되면서 여성 스스로 몸과 삶을 통제하는 자유가 주어졌다. 여성의 자율성이 확대되는 데 따라 어떤 남자들은 자신의 권리가 상실되었다고 느끼며 분개한다. 자긍심이 낮고 자존감이 취약한 남자들은 여성을 지배하면서 자신의 무력감을 감추려고 한다. 나약하고 형편없는 남자들은 결코 여성의 자유를 용납하지 못한다.

청순이란
무엇인가

    대다수 사람들은 사랑 앞에서 판박이처럼 비슷하게 행동한다. 남자들이 어떻게든 관계의 진전을 모색하며 발을 동동 구르듯 여자들은 주춤하고 망설이다가는 사랑에 빠지면 상대의 허물조차 감싸려 든다.

    사랑엔 유전자의 번식이라는 근본적인 이해관계가 얽혀 있다. 현대에도 사랑 앞에서 초연할 수 없는 이유이고, 동서고금을 막론하고 남녀의 관계 양상이 흡사한 이유다. 아버지가 옛날에 쓴 일기장을 본 버트런드 러셀은 소스라쳤다. 아버지의 구애와 약혼이 자신이 했던 관계 방식과 세부 사항까지 거의 일치했기 때문이었다. 러셀은 단지 아버지처럼 행동했을 뿐만 아니라 남자들이 하는 행동의 전형을 수행했던 것이다. 남녀 관계만큼 보수성이 강한 영역이 없다. 연애할 때 대다수의 사람들이 바라는 상대는 너무 비슷하고, 연애는 정해진 각본처럼 틀에 박혀 진행된다. 소수의 사람들이 새로운 관계 방식을 추구하더라도 성역할극의 틀은 완강하다.

    성역할극에서 여자들에게 강하게 요구되는 덕목이 있다. 바로 청순함이다. 여자들이 자신에게는 다정하지만 외부에서 봤을 땐 강한 남자를 열망하듯 남자들은 자신에게는 요염하더라도 외부에서 봤을 땐 청순한 여자를 선망한다. 청순이란 무엇인가? 한마디로 젊고 순수하다는 뜻이다. 냉철하게 풀이하면 청순이란 성관계를 경험하지 않았으며 임신 가능한 외모라는 의미이다. 여성은 나이가 들수록 임신 가능성이 급격히 줄기 때문에 유전자 확산이란 목적을 무의식중에 수행하는 남자들은 젊은 여성에게 호감을 갖는다. 남자든 여자든 나이가 들면 이성의 선호도가 감퇴하는데, 그 감소의 폭이 성별에 따라 차이가 발생한다.

젊음과 순수함이 청순의 두 요소이고, 하나라도 부족하면 청순이 발생하지 않는다. 그런데 젊음은 어느 정도 쉽게 식별되지만 순수함을 규명하기가 쉽지 않다. 젊은 여성이더라도 얼마든지 다양한 남자 경험이 있을 수 있다. 남자들은 자신의 불안을 잠재우고자 낭만이란 환상에 도취된다. 자신이 사랑하는 여자는 특별하기 때문에 유혹을 물리치고 정숙하리라고 기대한다. 영국의 사회학자 폴 윌리스는 풍부한 사례를 통해 남자들이 낭만성에 빠져드는 상황을 설명한다. 남자들은 자신이 매력을 느낀 여자에게 다른 남자들도 끌리리란 불안에 시달리는 와중에 그녀는 보통 여자와 다르다고 믿는다. 남녀 관계에서 생겨나는 불안을 누그러뜨리고자 남자에게도 낭만이 필요한 것이다.

한국에서 구전되는 이야기다. 첫날밤에 새 신부가 잠깐 나갔다 들어오겠다고 한다. 새 신랑은 창밖에 아른거리는 그림자를 본다. 신랑은 신부가 예전부터 내통해온 간부가 찾아왔다고 지레짐작한다. 신랑은 신방을 박차고 나가서는 다른 여자와 결혼한다. 오랜 세월이 지난 뒤 남자는 예전 신방 근처를 지나가게 되었다. 호기심에 신방을 찾아가 문을 열었다. 족두리를 쓴 채 첫날밤 그대로 앉아 있던 옛날의 신부가 문을 열자 먼지가 되어 흩어졌다. 남자가 밤이면 자연스레 생겨나는 그림자를 자기 멋대로 상상해버리는 어리석음을 범한 것이다. 그만큼 남자들은 여자를 의심하는 질투가 본능처럼 작동한다. 비록 동일한 기준을 자신에게 적용하지 않더라도 남자들은 여성에게 엄격한 정조와 관계의 충실함을 요구한다.

젊음은 청순함의 구성요건이지만 충분조건이 될 수는 없다. 청순의 결정적인 요인은 순수함이다. 남자는 그녀를 차지하기까지 겪는 곤란함으로 여자의 청순함을 측정한다. 쉽게 마음을 주지 않는 태도를 통해서 청순함이 구성된다. 여자들은 기본적으로 남자의 접근에 방어하는 자세를 보이면서 자신은 쉬운 여자가 아니라는 신호를 보내고, 여기에 남자들은 끌린다. 일본의 정신분석가 기시다 슈는 요구하기만 하면 언제든지 잘 수 있는 착한 여자보다는 동침하자고 설득하는 데 너무나 수고스러워 좀처럼 함락되지 않는 여자에게 매력을 느낀다고 이야기한다. 간단히 잘 수 있는 여자의 정성을 다한 애정 표현보다 청순한 여자가 손 한 번 잡아줄 때 남자들이 더 기뻐서 어쩔 줄 몰라 한다고 기시다 슈는 언급한다. 남자들은 아무리 젊고 예쁜 여성과 사랑을 나누었더라도 그 여자가 헤프다는 걸 알았을 때는 기분이 곤두박질친다.

쉽게 얻어지는 것에 인간은 금세 물리게 된다. 어렵게 얻는다고 해서 그것의 가치가 영원하지는 않겠지만 투자한 노력만큼 더 아끼게 되는 법이다. 남자들이 청순함을 욕망한다는 걸 알기에 여자들은 남자의 빠른 접근에 일단 부담을 느끼면서 지연시키려는 태도가 탑재되어 있다. 고고하고 도도한 여자의 태도엔 자신을 쉽게 보지 말라고, 나의 마음을 얻어서 함께 밤을 보내고 싶다면 진심으로 나를 대하라는 암묵의 요구가 들어 있는 셈이다.

남자들의 청순함에 대한 찬양 자체는 남자의 불안을 보여주는 동시에 여자들이 별로 순결하지 않다는 증거이기도 하다. 남자든 여자든 순결하지 않기에 인간은 애인의 성생활을 감시하며 통제하려 드는 것이다. 대부분 사회에서 남성의 권력이 더 세므로 여성의 성생활이 더 억압된다. 여성의 청순에 대한 찬양은 여성을 그렇게 만들겠다는 권력의 작용이다.

서아시아에선 간통한 여인은 돌팔매질을 당해왔는데, 최근까지도 근절되지 않았다. 간통하지 않았어도 누명을 씌워 아내를 처형한 경우도 드물지 않았다. 한국도 그리 다르지 않다. 고려시대에 몽고의 침공이나 병자호란 때

끌려갔다가 고향에 돌아온 여자를 뜻하는 환향녀還鄕女가 부정하다며 거기에서 화냥년이란 말이 생겨났다고 전해진다. 그런데 국립국어원에 따르면 이미 중국 송나라 때부터 창부를 화낭花娘이라고 일컬었다. 한국에선 화낭을 중국어 발음을 차용하여 화냥이라고 읽었고, 여자가 남자와 눈이 맞아 혼외정사한다는 중국어 양한養漢이란 말을 화냥년이라고 풀어썼다. 화냥년의 기원이 어디서 비롯되었든 정조를 잃었다는 이유만으로 또는 다른 남자와 동침했다는 사실만으로 여자의 지위가 추락했음을 알 수 있다. 지금도 여자의 성생활을 협박의 무기로 쓰는 무뢰한들이 있고, 여자들도 마음에 들지 않는 여자가 있으면 성과 연관된 추문을 퍼뜨려 평판을 깎아내린다.

성녀와 창녀

인간은 더 나은 상대를 만나려 한다. 더 낫다는 건 여러 의미가 있지만 대부분의 경우 사람들이 선호하는 더 나은 상대란 번식과 생존에 도움을 주는 조건을 더 갖고 있기 마련이다.

남자들은 자신의 핏줄을 번성시키고자 두 가지 전략을 짠다. 하나는 여러 여자를 수태시키는 것이고, 다른 하나는 자식을 여성과 같이 공들여 양육하는 것이다. 단 한 가지 전략만 있는 남자보다는 두 가지 전략을 병행할 줄 아는 남자들의 유전자가 더 퍼져 나갔고, 지금도 이어지고 있다. 여자가 남자를 간별하듯 남자는 여자를 차별한다.

이른바 성녀와 창녀라는 남자들의 여성관은 아주 오래된 속성으로서 남자들의 무의식 속에서 작동한다. 인도, 사모아, 아시아, 유럽, 심지어 콜럼버스가 도착하기 전 아메리카 대륙의 민속설화에서도 여성은 좋은 여자와 나쁜 여자로 나뉜다. 어머니 빼고 모든 여자는 창녀라는 이탈리아 속담도 있을 정도다.

남자들은 여자를 성적으로 욕망하지만 성과 연결된 여자는 사랑하지 않는 심리를 갖고 있다. 사랑과 성은 남성에게서는 분리되는 경향이 있고, 성녀와 창녀는 그 분열의 결과이다. 성녀는 사랑의 대상이고 창녀는 정욕의 대상이다. 남자들은 결혼 후보자이거나 핏줄로 연결된 여성은 보호하고 아끼려 한다. 반면에 문란하다는 평판을 받는 여자는 하룻밤은 관심을 갖겠으나 아이가 생겨도 자신의 핏줄이 아닐 확률이 높으니 배우자로서는 부적합하다고 여긴다. 남자들은 특별하다고 평가한 여자들을 숭고하게 대접하되 다른 여자들은 경멸해도 좋을 범주에 넣고선 무지막지하게 착취하는 행태를 보인다.

성녀와 창녀의 분리는 친족 여인들과 타 부족 여인을 구분하던 풍습과 연결된다. 타 부족 여인은 욕망하고 강탈하는 대상이라면 친족 여성은 보호하고 존중하는 대상이다. 아내는 타 부족 출신이더라도 시간이 지남에 따라 친족으로 편성된다. 여성에 대한 이분법이 극단화된 남자는 자신의 아내도 누이나 어머니 같은 여자라고 인식하면서 부부 관계를 갖지 못하는 지경에 이르기도 한다. 남자들은 친족 여성에게 사근사근하게 굴고, 성적인 언어나 인상으로 오염되지 않도록 각별히 신경을 쓴다. 과거에 보호하려 했던 친족 여성을 대하는 태도는 동료 여성에게까지 확대되기도 한다. 미국 서해안 조선소에서 이뤄진 연구를 보면, 남자 노동자들은 정중하고 점잖게 여자 노동자들을 대했다. 여성이 선실이나 숙소에 찾아온다는 소식을 들으면 면도하고서 옷을 잘 차려입었고, 벽에 붙인 야한 화보를 떼어내 감췄으며, 평소엔 흔히 주고받는 단어조차 금기시하면서 목소리를 낮추었다. 그들은 어머니와 아내, 누이와 딸을 대하듯 세심하게 존중하면서 우애를 나누는 태도를 취했다.

좋은 여자의 대표라 할 수 있는 인물은 어머니다. 많은 남자들이 어머니의 희생을 생각하면 부채감에 몸 둘 바를 몰라 한다. 남자들 가슴속 한편에는 어머니에 대한 고마움과 사랑과 죄의식과 연민이 뒤엉킨 감정 응어리가 숨어 있다. 어머니는 많은 경우 이상화된 여성으로서 여성을 판단하는 기준점으로 작용하는데, 그러나 사실 어머니도 권력의지가 엄청나다. 남자들은 자신을 압도하고 통제하는 어머니에게 훈육되면서 불만이 생길 수밖에 없다. 남자들의 어머니에 대한 애정엔 억압된 분노가 도사리고 있다. 더구나 어머니 역시 성의 주체로서 자신을 낳았다. 그저 순수하고 정결한 천상의 존재가 아니라 똑같은 인간이다. 이를 인정하지 못하는 남자들은 어머니를 이상화하는 만큼 이상해진다. 여성의 욕정을 경멸하면서도 이용하려는 모순덩어리가 된다. 이상우 감독은 영화 〈엄마는 창녀다〉에서 남자들이 우러르는 엄마가 사실은 남자들에게 가장 철저히 이용당하는 창녀 중 창녀 아니냐고 반문한다.

관계 맺을 때 돈과 성을 교환하는 성판매 여성은 나쁜 여성의 대표이다. 그들은 관음의 대상이자 가장 낮은 사회계층으로 모욕받았다. 모파상의 『비곗덩어리』에 나오는 인물, 알렉상드르 뒤마의 『춘희』 주인공 마르그리트, 빅토르 위고의 『레 미제라블』의 판틴, 에밀 졸라의 『나나』의 나나, 도스토옙스키의 『죄와 벌』의 소냐 등등 고전문학 속의 성판매 여자들은 질곡으로 점철된 인생으로 서술됐다. 성매매 여자가 행복하게 살기 어려운 현실의 반영이겠지만 사람들이 성매매 여성의 비참한 결말을 원하기 때문이기도 하다. 남자들은 창녀를 통해 성욕을 해소하는 동시에 도덕적 우월감을 확인한다. 성판매 여자들의 증언에 따르면, 성매수 남자들은 여자에게 왜 이런 일을 하느냐고 훈계하면서도 할 건 다 한다. 학력과 지위가 높은 남자들 가운데는 자신이 얼마나 고귀한 영혼인데 너 같은 여자를 상대하느냐며 욕설하는 이들도 있다. 욕정을 제어하지 못하는 자신이 한심한 만큼 자신을 이렇게 만드는 여성에 대한 증오로 전환하는 것이다. 한자만 보더라도 姦淫(간음), 嫉妬(질투), 奸邪(간사) 등등에 女가 들어간다. 여성에 대한 비하는 남자 자신에 대한 혐오의 투사에 지나지 않을 때가 많다. 자신의 성욕과 욕망을 견딜 수 없기에 여성을 공격하는 것이다.

남자에게 작동되는 성녀와 창녀 이분법이 여성과 무관할 리가 없다. 창녀와 성녀라는 이분법은 여성에게 내면화되었고, 무의식중에 창녀 낙인으로부터 부정적인 영향을 받는다. 창녀로 낙인찍힐까 하는 두려움은 조신해야 한다는 압박이 된다. 여자는 성과 관련해 무지하면서 아무것도 모르는 표정을 짓고 자신의 욕망을 스스로 과도하게 억압하고, 자신이 억압당하면서 생겨나는 불만족은 자유로운 여자에 대한 과잉 증오로 변질되어 분출된다.

성녀와 마녀, 어머니와 매춘부, 처녀와 창녀로 가르는 이분법 안에서 여자들은 원치 않는 한 가지 모습으로 단정된다. 쾌락과 동떨어진 순결한 존재가 되거나 음탕에 함몰되어 남자들을 위한 성적 수단이 되거나.

왜 젊은 남자들은
썸만 탈까

현대사회의 데이트는 자유주의의 발달과 연계되어 있다. 과거에 남자가 여자와 교제하려면 여자의 집을 방문했다. 양갓집 규수들은 남자와 밖을 돌아다닐 수 없었다. 여성에 대한 통제가 줄어들고 여성의 자유가 더 확산되면서 데이트는 차츰차츰 퍼져 나갔다.

데이트는 자본주의의 발달과도 깊은 관련성이 있다. 데이트란 시장이 제공하는 재화와 용역을 소비하는 행태를 가리킨다. 관습상 제약받았던 데다 경제력이 없었던 여자들에게 데이트란 자유와 낭만을 맛보는 기회였다. 여자는 남자와 데이트하면서 남자의 경제력을 가늠했고, 상대의 됨됨이를 파악할 수 있었다.

돈이 데이트에서 핵심이었다는 점은 의미심장하다. 예부터 결혼과 재력은 밀접한 연관관계를 가졌는데 데이트를 통해 가벼운 만남에도 돈이 강하게 개입했다. 데이트할 때 남자가 비용을 감당했기 때문에 통제권과 주도권도 남자에게 부여되었고, 돈을 통해 데이트가 이뤄지니 남녀 관계가 무엇을 거래하는지가 두드러졌다. 결혼도 거래의 양상이 있지만, 결혼은 영속화된 관계이므로 꼭 돈으로 환산되지는 않았다. 반면에 데이트는 상대에 대한 책임이 법률로 부과되지 않은 채 서로의 쾌락을 위해 하는 일이었고, 거래 방식이 분명했다.

처음부터 데이트는 성매매의 의미였다. 미국에서 소비 자본주의가 발달하며 파생된 남녀의 거래 관계를 가리키는 단어가 데이트였다. 남성이 돈을 쓰면 여성은 그에 따른 만족감을 선사했다. 물론 성매매가 돈과 성의 직접

교환이라면, 데이트는 남자가 돈을 쓰면서 무엇을 얻는지 불명료한 편이다. 데이트한다고 여자들이 남자의 요구를 꼭 들어줘야 한다는 의무가 있진 않았지만 남자가 낸 돈의 혜택을 누린 만큼 빚을 지고 있다는 느낌을 갖지 않을 수 없었다. 남성은 여성에게 무작정 호의를 베풀지 않는다.

꼭 성적 행위를 하지 않더라도 남자는 어떤 이득을 취했다. 여자는 자신이 성적 행위를 해주지 않더라도 예쁘게 꾸미고 나가 남자에게 즐거움을 제공한다고 생각했으나 실상 여자가 제공한 건 권력이었다. 남자는 처음에야 애정과 관심을 보이지만 데이트가 진행될수록 감정노동에 소홀해지는데, 자신이 금전 비용을 치르니 괜찮다는 자기합리화 심리가 작동된다. 남자는 데이트에서 권력을 구매한다.

남자의 돈을 통해서만 데이트가 성사되었는데, 이건 단지 여자들에게 경제력이 없었다는 방증만은 아니다. 오늘날 여자들의 경제력이 향상되어도 남자들이 더 많이 비용을 치른다. 그만큼 남자의 가치가 낮다는 반증이다. 예부터 남자들은 돈을 내서라도 여자와 만날 의사가 있었지만, 여자들은 그럴 필요가 별로 없었다. 남자 구애자들은 노상 넘쳐났다. 여자와 만나고자 남자들은 돈을 지불할 의사가 강했고, 남자의 가치는 지갑의 두께로 측정되고 환산되었다. 데이트에서 여자들이 교환 가능한 상품이었듯 남자들 역시 교환 가능한 대상으로 취급되었다. 시장의 쾌락을 충분히 주지 못하면 다음번 만남의 기회는 주어지지 않았다. 남자들은 여자 앞에선 이 정도는 거뜬하다면서 웃지만 속으론 울며 겨자 먹듯 데이트 비용을 냈다.

데이트가 발달한 초창기부터 남자들은 불공정함을 토로했다. 한 남자는 자신이 5년 동안 데이트하면서 쓴 액수를 거론하며 이성 교제라는 즐거운 상품이 실제 값어치보다 가격이 더 높아졌다고 언론에 기고하기도 했다. 인내심이 한계에 다다른 그 남자는 지불한 돈만큼 되돌려받지 못했다는 느낌에 분개하면서 데이트 중단 선언을 했다.

데이트가 심하게 밑지는 장사이고 남자들에게 손해인 부등가교환이라는 생각은 요즘 들어 심화되었다. 연애의 영역이 시장 논리에 침윤되었기 때문에 관계가 진전되지 못하면 여자에게 제공한 고가의 선물이나 들인 시간 등이 너무나 아까워진다. 호주머니가 얇디얇은 남자들은 데이트 비용에 부담을 느끼면서 공평함을 호소한다. 음식값부터 모텔 이용비까지 반반은 아니더라도 여자들이 어느 정도 분담하기를 원한다. 시장 논리가 내면화된 건 여자들도 마찬가지다. 많은 여자들이 남자가 치르는 액수와 선물의 가격만큼 사랑받는다고 느낀다. 여자의 입장에선 데이트 비용을 공정하게 분담하자는 남자보다는 홀로 감당하는 남자가 더 남자답다고 느낀다. 주머니 사정이 여의치 않은 젊은 남자들은 하릴없이 '썸'만 탄다.

썸이라는 낱말은 something의 앞 글자 some만 축약된 형태다. 둘 사이에 뭔가 연애의 낌새가 있을 때 또는 아직 사귀지는 않지만 서로에게 관심을 보내는 시기를 썸이라고 일컫는다. 남녀가 만나면 어느 정도 밀고 당기며 조바심 내면서도 의뭉과 내숭을 떠는 시기가 있는데, 이 기간에 썸이라는 이름이 부여된 것이다. 그런데 썸을 탄다고 꼭 연애가 이뤄지지는 않는다. 외려 호감이 흐드러지게 피어오르지 못하고 흐지부지 흐트러지는 경우가 많다. 처음에야 설레더라도 썸 타는 기간이 길어지면 이도 저도 아닌 불분명한 관계에서 오는 답답함에 속이 탄다. 남성도 여성의 망설임에 어장 관리하느냐고 분개하겠지만 요새는 여자들이 남자들의 어정쩡함에 갑갑해하면서 불만을 쏟아낸다. 여자는 소심한 남자에겐 있는 정마저 뚝 떨어진다.

인류사 내내 먼저 구애하고 저돌적으로 밀어붙이던 남자들이 생존에 집중하고 있다. 살아남기 버거운 시대가 들이닥치자 큰돈을 치르면서 유지해야 하는 관계는 매우 큰 부담이다. 자기 자신도 건사하기 쉽지 않은 각박해진 현대사회에서 누군가를 챙기는 노력은 손해처럼 느껴진다. 서로 호감을 갖고, 만나서 술 마시고 애정 행각을 벌이더라도 공식으로 사귀진 않는 젊은이들이 늘어난다. 도전과 책임은 이 시대에 가장 무섭고 무거운 개념이 되었다. 거리에서 수줍어하며 처음 보는 여인에게 차 한잔하자고 말을 거는 남자들이 없어졌다. 있다면 그는 속성 연애 기술을 돈 내고 배운 얄팍한 남자일 것이다.

헤어진 연인을 다시 만나도록 상담해주고 도와주는 업체도 우후죽순 등장했다. 어려서부터 결과에 집착하는 자기 계발 세대는 연애도 스펙으로 간주한다. 이별을 성장통으로 여기기보다 실패로 간주하고는 만회하려 든다. 또한 연애를 새로 시작하려면 치러야 하는 감정노동과 감당해야 하는 비용이 크게 느껴지므로 그럴 바엔 예전 관계를 회복하는 게 합리적이라고 여긴다. 미래가 암울하면 인간은 과거로 고개를 돌리면서 복고 향수에 빠진다.

썸 현상을 보면 이성 교제에 좀 더 신중하려는 태도가 정착된 것처럼 느껴질 수도 있지만, 인터넷에 들끓는 여성혐오 현상을 보면 남자들이 신중해졌다고 판단할 수만은 없다. 되레 연애를 못 하는 데서 오는 분노와 울화가 여성혐오로 폭발하고 있다는 게 더 적절한 분석이다. 한국에서 여성혐오가 거세게 불거진 시기와 썸이라는 말이 널리 파급된 때는 겹친다.

한국은 청년 실업률이 무시무시하고, 연애하는 데 비용이 지나치게 많이 든다. 대중문화의 세례 속에서 연애=소비라는 등식을 보고 들은 젊은이들은 돈 없이 연애하는 걸 상상조차 못 한 채 가상 사회 관계망에 올라온 타인의 연애를 구경하면서 열패감에 시달린다. 김밥천국도 한두 번이야 낭만의 추억이지 나날이 이어지면 낭패 지옥이 된다.

데이트 비용은 남성의 몫이었으므로 화려한 데이트를 제공하지 못하는 남자는 남자다움에 미달되었다는 수치심에 시달리고, 빈약한 주머니 사정에 따른 좌절감을 여성에 대한 원망으로 전환시킨다. 요즘 남자들은 자신의 여성혐오를 정당화하고자 데이트 비용을 왜 반씩 분담하지 않는지, 결혼할 때 집을 왜 남자가 장만해야 하는지 등등 돈 문제를 자주 거론한다. 젊은 남자들은 젊은 여자들도 궁지에 있음을 헤아리지 못한 채 자신이 겪는 고통을 여자에게 전가하려 든다. 자신의 비열함과 속물성은 들여다보지 못한 채 여자의 속물성에만 분개하며 가상 세계에서 조리돌림을 행한다. 그렇게 혐오하고 공격할수록 여자들과 건강하게 어울리기가 어려워지고, 세상과 여성에 대한 악감정이 끔찍해지면서 심각한 범죄에 이르는 상황이 된다.

여성혐오와 썸만 타는 비극은 정치 경제를 쥐락펴락한 세력들의 의도는 아니었지만 그들이 펼친 정책의 부수적 피해이다. 젊은이들은 괴롭게 간질이는 썸의 고문을 받고 있다.

3

성욕과
음란

내면의
짐승 같은 욕구

성을 통해 생명이 만들어진다. 생명을 영속하려는 본능으로 말미암아 암수가 성행위하는 건 자연스럽다. 이성을 그리워하며 성욕을 느끼는 건 인간의 기본욕구이다.

성욕은 사람마다 약간의 편차가 있지만 대개 남자의 성욕이 더 세다. 여자는 교육 수준과 문화 그리고 사회 지위에 따라 성적 취향이 판이하다. 고등교육을 받은 여자들은 다양한 성애를 실험하고 즐기는 경향이 나타나는 반면에 남자는 교육의 양에 별로 영향 받지 않는다. 신앙심이 투철한 여자는 성애를 꺼리는 경향이 강한 것과 달리 신앙이 돈독해도 남자는 성적 모험심이 왕성하다는 연구 결과가 있다.

라이너 마리아 릴케는 완전히 성숙하고 순수한 성의 세계는 존재하지 않고 오로지 남성적인 성의 세계만이 있을 뿐이라고 말했다. 남성적인 성의 세계란 발정과 도취와 흥분의 세계로서 오랜 편견과 오만함으로 가득 차 있고, 성을 대하는 남자의 감정 속에는 편협하고 거칠고 악의에 찬 무언가가 자리 잡고 있다고 릴케는 생각했다. 프로이트는 성적 기운을 가리키는 리비도를 남성적이라고 단정하기까지 했다.

2차 성징이 일어나는 10대 시절을 보더라도 성차는 도드라진다. 성욕과 경쟁심에 관여하는 테스토스테론이 대량 분비되면서 남녀 모두 성적 관심이 상승하는데, 분비량에서 차이가 크다. 8~14세 여자의 몸에선 에스트로겐이 10~20배 증가하는 반면 테스토스테론은 5배 정도 늘어난다. 9~15세 남자의 몸에선 테스토스테론 수치가 25배 급등한다. 남자의 내분비물 농도가 10대 시절 이후에도 일정 수준을 유지한다면 여자의 생화학 물질은 밀물과 썰물처럼 주기적으로 크게 요동친다.

성욕의 차이는 자신의 유전적 이익을 도모하고 자손을 극대화하는 전략의 성차와 연결되어 있다. 남자는 생식력이 있는 연령의 여성을 잠재적인 성적 대상으로 본다. 물론 그걸 내색하거나 드러내는 남자는 많지 않지만 이건 무의식중에 작동하는 본능이다. 진화심리학자 도널드 시먼스는 위험부담이 거의 없다면 번식 측면에서 생식력이 있는 어떠한 여자와도 교접하는 것이 남자에겐 이익이 되리라고 이야기한다. 남자들은 짧게 만나고 헤어지는 상대더라도 관계하길 원하며, 성애에 대한 환상에 많은 시간을 소모한다. 자식을 돌보는 데 헌신하는 아버지라도, 결혼해서 사랑하는 아내를 둔 남편이라도 야한 상상이 자주 출몰한다. 남자들은 기회가 되면 성에 대한 이야기를 꺼내고 나누려고 하는데 여자는 허물없이 절친한 친구끼리 가끔 속닥거릴지라도 대부분 별로 얘기를 나누려 하지 않는다. 남자는 굶어 죽어가는 상황이 아니라면 음식 섭취보다 여자들과 성관계하는 일이 훨씬 유전적 이익이다. 반면에 여자가 여러 남자와 관계를 갖는 게 이득이 되는 때도 있지만, 성관계를 더 가져봤자 여성에게 유전적 이익이 되지 않는 시점이 있을 수밖에 없다. 그때는 낮잠을 자거나 먹거리를 구하는 게 더 이득이다. 어차피 임신의 횟수는 유한해서 여자는 여러 남자와 관계하기보다는 뛰어난 남자와 관계를 갖고 싶어 하는 동기가 강하다. 여성은 자신이 원하는 만큼 성관계를 가질 수 있으나 남성은 그렇지 않다고 미국의 심리학자 로이 바우마이스터는 이야기한다. 여성은 원하면 언제든지 하룻밤 보낼 남자를 구할 수 있으나 그러기를 원치 않을 뿐이다. 여성은 차별해서 관계를 가지려고 한다면 남성은 보다 무차별하게 관계를 가지려 한다. 남자가 양을 추구한다면 여자는 질을 추구한다.

신체 구조와 작동 원리도 남자에게 성애에 대한 집착을 강제한다. 남자들은 오랫동안 사정하지 않으면 몸과 마음의 평화가 깨진다. 크리스토퍼 히친스는 가정을 이루는 데 필요한 양보다 훨씬 더 많은 정액을 생산하는 남자들이 액체를 어떻게든 없애버려야 한다는 절박한 욕구 때문에 고통에 시달린다고 언급한다. 사정되지 않으면 신체에 재흡수된다지만 정액이 고환에 쌓여 있으면 불편한 통증이 발생하고 전립선에 이상이 생기기 일쑤다. 여자도 성애를 나누지 않고 절정에 이르지 못하면 욕구불만이 생기지만 성기에 통증이 있지는 않다. 성에 대해 강박을 지닐 수밖에 없는 신체를 지닌 남자들은 감옥이나 기숙학교 또는 오랜 선박 생활 같은 환경에 처할 때 여성의 육체와 비슷한 것을 이용해서라도 대리 만족하려고 한다.

성적 상상에 대한 자기통제에서도 성차가 뚜렷하다. 의지력이 생생할 때는 여성과 남성 모두 일탈하는 상황에 저항한다. 그러나 피곤한 일이 있고 의지력이 약해지면 남자는 상상의 불장난에 홀라당 넘어가는 비율이 여자보다 훨씬 높다. 자기통제가 약한 남자들에게 유혹의 상황이 찾아오면 자신의 애인을 속일 가능성이 높다고 보고된다.

여자가 남자의 성욕을 이해하고자 할 때, 성욕을 식욕과 비교하는 건 나름 쓸모가 있다. 여자들은 황체기에 머릿속이 온통 음식으로 가득하고 먹으면 안 된다고 생각하면서도 먹을 수밖에 없었던 경험이 있다. 이와 비슷할 만큼 남자들도 성욕이 치밀어 오르면 주체하기 어려워한다. 여자의 식욕과 남자의 성욕이 똑같다는 뜻이 아니라 이성의 신체에서 발생하는 욕구를 온전히 이해하기 힘드니 이렇게 견주면 좀 더 쉽게 헤아릴 수 있다는 뜻이다.

성욕과 문명사회에서의 남자 역할은 자주 충돌하고, 어떤 누구도 자신의 성욕과의 전투로부터 완벽한 승리를 거두지 못한다. 여자들이 그토록 좋아하는 영화 〈노트북〉의 남주인공(라이언 고슬링)은 평생 한 여자를 사랑하지만 그도 밤의 외로움을 달래고자 사랑하지 않는 전쟁미망인과 성관계를 갖는다. 많은 남자들이 이와 비슷하다. 사회 지위가 높아 남들의 시선을 강하게 의식하는 남자일수록 타인에게 비치는 모습과 실제 생활의 괴리가 클 가능성이 높다.

교육 잘 받고 정의를 추구하는 남자들조차 성적 목표를 달성하기 위해 강제적인 방법을 사용할 때가 있다. 부적절한 상대에게 부적절하게 접근했다든지 성행위를 목적으로 사랑하는 척했다든지 성욕을 해소하려고 부도덕한 방법을 사용했다든지 등등 혁명가든 종교인이든 남자라면 창피한 일화를 가슴속 한편에 쌓아놓기 마련이다. 지위가 높고 존경받는 남자들조차 민망한 행동을 하거나 성추문에 휩싸이는데, 이들은 유명하기 때문에 사생활이 폭로되었을 뿐이다. 평범한 남자들의 사생활을 들추면 더 가관이다.

경제학자 댄 애리얼리가 실험했더니, 똑똑하고 합리성으로 중무장했다는 대학생들도 격한 감정이나 성적 흥분에 사로잡히자 자기도 잘 모르는 모습을 드러냈다. 욕정에 눈이 먼 채 옳고 그름의 경계는 흐려졌고 평소에는 상상조차 하지 않는 행동을 했다. 자신이 얼마나 신중하고 착실하냐와 상관없이 성욕이 자신의 행동에 어떤 영향을 미칠지 제대로 아는 사람이 없었다. 성적충동은 흔한 경험인데 자신이 어떻게 변하리라는 걸 알고 있는 사람은 드물다.

인간은 자기 안의 천사와 야수를 함께 키우는 존재다. 파스칼은 인간 안의 위대함과 아울러 야수성을 직면하라고 말했다. 자기 안의 상스러움을 알지 못한 채 성스러움만 추구하면서 천사가 되려는 자는 짐승이 된다고 파스칼은 썼다. 우리는 인간의 신성함과 아울러 동물성도 함께 알아야 한다. 인간은 외부의 고난과도 싸워야 하지만 내부의 충동도 견디고 다스리면서 살아가야 하는 것이다.

횟수에
집착하는 남자

　밀란 쿤데라의 『참을 수 없는 존재의 가벼움』엔 여자를 사냥하는 남주인 공이 나온다. 반세기 전만 해도 여자와 동침하려면 몇 주에서 몇 년까지 걸 렸고 성행위의 가치는 쏟아부은 시간으로 측정되었다. 성행위하기까지 걸 리는 시간이 급속히 단축된 오늘날에도 성관계는 여성적 자아의 신비가 숨 어 있는 금고를 여는 일 같아서 남주인공은 세계 정복의 욕망으로 여자들 을 만나고 다닌다. 단지 쾌락을 위해서가 아니라 남자로서 세계를 정복하고 자신의 존재가치를 알리고자 여자들을 사냥한다고 밀란 쿤데라는 남주인 공을 설명한다.

　스페인의 철학자 호세 오르테가 이 가세트에 따르면, 모든 남자들은 세 가지 부류로 나눌 수 있다. 자기가 돈 후안이라고 믿는 남자, 자기가 돈 후 안이었다고 믿는 남자, 마지막으로 돈 후안이 될 수 있었으나 원하지 않았 을 뿐이라고 말하는 남자가 있는데 마지막 유형은 적개심을 가지고 바람둥 이 남자들에게 표창을 던지면서 공격한다.

　남자들에게 성관계는 궁극적 성취다. 얼마나 많은 여자와 잤는지 부풀 릴지언정 축소하는 남자는 없다. 남자들 사이에선 여자와의 관계를 수치로 측정하는 것이 수치스러운 일로 평가되기보다는 수지맞은 일로 여겨진다. 남자는 성이라는 목적에 집착하는 뇌를 갖고 있고, 성행위를 목표로 관계 를 추동한다. 여자가 더 깊은 관계로 나아가는 방편으로 성관계한다면 남 자는 성행위를 하기 위해 더 깊은 관계로 나아간다.

　남자에게 성관계란 쾌거이다. 성행위하는 건 여자가 거절한 다른 남자들을 자신이 제쳤다는 뜻이다. 많은 여자와 관계한다는 건 자신의 능력을 여러 여자에게 인정받는 일이므로 한껏 우쭐해진다. 성은 능력의 표현이자 지위의 전리품으로 인식되고 있다. 흔히 남자들이 여자와의 관계를 '작업'이라 일컫고 얼마나 진도가 나갔는지를 측정하는 관행 자체가 성이 능력의 영역과 맞물려 작동한다는 걸 보여준다. 남자들은 성행위 경연대회에 나간 선수처럼 얼마나 많이 하는지 각자 자신을 채근하며 조바심 낸다.

세계 모든 곳의 권력자들이 여자의 숫자에 집착했다. 아즈텍, 중국, 바빌로니아, 잉카, 이집트, 로마, 인도의 황제들은 수많은 젊은 여자들을 거느리며 철저히 관리했다. 당나라 시절에는 황제 규방에 있던 여자들의 생리 주기, 배란 시기, 성교한 날짜, 임신 여부를 낱낱이 측정해 기록했다. 막강한 권력을 지녔던 남자는 수십에서 수백 명의 자식을 두었고, 그렇게 훗날 자식들 사이의 분쟁을 자초했다. 유일한 예외가 마케도니아의 알렉산더인데, 그는 영토 정복에 너무 치중한 나머지 32세에 죽을 때 자식이 단 한 명밖에 없었다.

현대 들어서도 국가기관이 유흥과 향락을 위해 동원되어 독재자는 엽색 행각을 벌여왔다. 힘의 목적이 결국 성과 직결되므로 남자들은 수많은 여자와 관계하면 권력을 가진 것이나 진배없다고 느끼게 된다. 카사노바는 자신이 평생 130명의 여성과 잠자리를 했다고 회고록에 적었다. 《플레이보이》를 창간한 휴 헤프너는 헤프게도 애인이 2000명에 달했다고 회고했다. 빌 클린턴은 르윈스키에게 자신이 500명이 넘는 여자들과 잠자리했다고 말했다. 영화배우 워렌 비티나 농구선수 윌트 체임벌린은 수천 명의 여자와 성행위를 했다고 알려져 있다. 당대를 호령한 연예인들은 한술 더 뜬다. 롤링 스톤스의 믹 재거는 4000명이 넘는 여자들과 성관계를 가졌다고 했으며, 롤링 스톤스의 빌 와이먼 역시 1000명이 넘는 여성과 성행위를 했다. 심플리 레드의 가수 믹 헉널은 잘나가던 3년 동안 날마다 세 명씩 여자를 갈아치우며 성행위를 했다고 시인하고는 공개 사과했다. 지미 헨드릭스는 약물 과용으로 27세에 사망하기 전까지 수백 명의 10대 소녀들과 성관계를 가졌으며, 적어도 미국과 독일 그리고 스웨덴에 있는 세 아이의 아버지로 판명되었다. 여기서 언급되는 연예인들은 모조리 남성이다. 남성 유명인은 자신을 따라다니는 여성과 관계를 갖는 일이 드물지 않으나, 여성 유명인 가운데 자신을 쫓아다니는 남성과 관계를 갖는 일은 거의 없다. 여성이 같이 밤을 보내자고 유명 연예인에게 다가갈 경우 그리 큰 문제가 되지 않을 확률이 높지만, 평범한 남자가 유명 연예인에게 자자고 제안할 경우 수갑 찰 공산이 크다.

성은 남자들에게 도덕의 영역인 동시에 능력의 영역으로 작용해왔다. 도덕의 규제를 받는 가운데 성은 승리의 결과였다. 왕성한 혼외정사는 다른 남자들을 물리친 짜릿한 성취감을 누리게 해준다고 사회학자 에바 일루즈는 설명한다. 남자들이 더 많은 성관계 횟수를 통해 다른 남자들보다 우위에 있음을 확인한다. 성행위가 능력의 발산이므로 남자들은 상대 여자와 감정을 섞지 않으려 든다. 성행위를 즐기되 관계에 종속되지 않고 자신의 독립성을 유지하려는 의도이다. 유부남들이 밤 문화를 즐길 수 있는 심리적 배경이다. 그들은 성생활과 부부 관계를 분리하고, 성은 자신의 성과에 대한 보상으로 인식한다. 남자 세계에서 여성은 성적 대상으로 뿌리 깊게 고착화되어 있다. 유흥가가 오늘도 불야성을 이루는 까닭이다.

성의 영역은 경제력과 지위에 영향 받지만 그렇다고 결정적이지는 않다. 성의 영역은 자신만의 고유한 논리를 갖고 작동한다. 사회 지위나 경제력이 낮다고 해서 성경험이 적으리라고 단정할 수는 없다. 자산이 적은 남자일수록 많은 수의 여성과 관계를 갖는다는 미국의 연구도 있다. 대졸 남성은 평균 5명, 고졸 남성은 7.4명, 22세의 고등학교 중퇴자들은 8~9명의 여성과 잠자리를 가졌다고 답했다. 남자들이 허풍 떨며 숫자를 과장했을 수도 있으나 성의 영역이 자유화되었음을 알려주는 지표이기도 하다. 중하류층의 남자들은 상대 여자가 쉽게 떠나기 때문에 다른 여자를 자주 찾으면서 많은 여자를 만나게 되고, 이건 현대에 이르러서는 성관계를 맺기 위한 노력과 비용이 대폭 감소한 사회환경을 반영한다.

젊은 남자들은 실제로 자신이 할 수 있는 성행위보다 더 많은 횟수와 상대방을 원하고, 번번이 거부당하더라도 개의치 않고 다시 시도하며 청춘을 보낸다. 남자들 세계에서 성경험이 없거나 부족하다는 건 고백하기 어려운 치명적 약점처럼 작동한다. 남자들 세계에선 성관계할 기회를 놓치거나 성행위를 적극 성취하지 않으면 남자답지 못하다는 인식이 강하다. 수절한 여성에게는 열녀문을 세워주지만 금욕을 지키는 남성은 희화화되거나 신비화된다. 남자들은 남들에게 무시당하지 않고자 성경험을 과장하고 횟수에 집착한다. 영화 〈졸업〉에서 남주인공(더스틴 호프만)은 우수한 학업 성적으로 대학을 졸업한 뒤 귀향한다. 축하연에서 중년 여성이 유혹하고, 흔들린 남주인공은 호텔에 가서 전화한다. 그렇게 여인과 방에 들어가는데, 도저히 할 수가 없다. 부모님의 친구이고 자신을 어릴 때부터 봐온 분이다. 잔뜩 긴장한 채 그냥 나가려고 하자 여인은 남주인공에게 처음이냐고 정곡을 찌른다. 자신을 뭘로 보는 거냐고 주인공은 격앙해서는 거사를 치른다. 도덕규범보다 수치심이 더 강하게 작동한 것이다.

남자의 세계는 잠자리 횟수를 통해 남자로서의 가치를 입증하라며 남자를 조르고 조인다. 남자들은 자존감을 지키기 위해서라도 가능한 모든 방법을 동원해 성관계를 모색한다. 여성이 재산처럼 인식되고 취급된 역사 속에서 여성의 성경험은 낙인이 되고 남성의 성경험은 훈장이 된다. 남성은 성경험이 많을수록 매력 있고 능력 있다고 평가된다.

여자에게
남자답다고 인정받기

여자와 남자가 함께 보내는 밤엔 기이한 기운과 야릇한 불안이 꿈틀댄다. 술이라도 더해지면 스스럼없이 예의와 가식이 흐트러진다. 땅거미가 지면 욕망이 회오리치면서 남자와 여자는 이전과는 다른 행동을 할 태세가 된다. 사랑을 나누는 시간이 도래하는 것이다.

영어에서 'making love'는 균형 있고 부드럽게 남녀가 사랑을 나누는 행위를 가리킨다면 'fucking'이라고 일컫는 행위에는 남자가 자신의 힘을 과시하는 단계가 포함된다. 미국의 철학자 로버트 노직은 야수 같은 잔인한 성질을 드러내면서 으르렁거리고 깨무는 등 여성을 보호할 힘이 있다는 과시 행위를 통해 남자로 인정받을 수 있다고 말한다.

주도권과 우월성을 탐닉할 수 있기 때문에 남자는 성행위에 더욱 매력을 느낀다. 피에르 부르디외는 성교가 남성성과 능동성 그리고 여성성과 수동성 사이의 구분 원칙을 통해 구축되면서 지배의 사회관계처럼 나타난다고 분석한다. 성행위의 구분 원칙은 소유하고 지배하는 욕망을 남성의 욕망으로 구조화시킨다면 복종하고 구속되는 욕망을 여성의 욕망으로 조직하고 표현하고 이끈다.

남자들이 여성을 정복하려는 욕망도 패기라는 관점에서 설명할 수 있다고 정치철학자 프랜시스 후쿠야마는 주장한다. 여성과 관계하는 건 육체의 쾌락에만 국한되지 않고 자신의 남자다움을 상대방에게 인정받고 싶다는 욕구가 반영되어 있다는 설명이다. 자신의 가치를 인정받고 싶다는 절박한 마음이 여성을 향한 갈망에 담겨 있다고 후쿠야마는 이야기한다.

프란츠 파농은 영혼의 가장 검은 부분으로부터 단번에 백인이 되려는 욕망이 솟아오른다고 고백하고서는, 흑인으로 인정받고 싶지 않고 백인으로 인정받고 싶다고 했다. 그런데 백인으로 인정받으려면 백인 여성의 사랑을 받아야 한다. 백인 여성에게 인정받고 사랑받을 때 백인으로서 사랑받는 것이다. 두 손으로 마음껏 주무르는 흰 젖가슴은 내 것으로 삼고 싶은 백인 문명과 백인의 존엄함이라고 프란츠 파농은 기술했다.

여성에게 인정받는 건 남자의 자존감에 직결되는 문제이다. 남자는 여성에게 특히 밤일로 인정받고 싶어 한다. 남자들을 짐승과 같다고 얘기하지만 남자가 기대를 충족시키지 못하면 짐승보다 못하다는 얘기가 여기저기서 우스개처럼 회자된다. 젊은 날의 간디는 집창촌에 갔다가 창녀에게 쫓겨난다. 간디는 남성다움에 상처를 입었고, 너무 부끄러운 나머지 땅속으로 사라져버리길 빌었다.

성능력이 받쳐주지 않으면 남자의 자신감은 고꾸라진다. 이상화된 남성다움과 자기 모습 사이의 간극을 줄이고자 수많은 남자들이 뭉칫돈을 들여서 약을 사먹거나 성기 확대 수술을 한다. 남자들은 발기부전제를 비롯해 온갖 성의약품을 먹는 것도 모자라 정력에 좋다는 소문이 난 동물을 멸종위기로 몰아넣는다. 뱀이 정력에 좋다고 하자 한반도의 산천에서 씨가 말랐다. 해달의 성기인 해구신이나 곰의 웅담까지 빨아먹으면서 빈축을 사기도 했다. 정력에 대한 과도한 집착은 여성에게 인정받는 일이 얼마나 중요했는지의 방증이다.

여자를 만족시키지 못한다는 평가만큼 남자의 자존감에 생채기를 내는 것이 없는데, 자존심에 약간이라도 흠집이 없는 남자는 없다. 남자들은 젊어서는 흥분을 제어하는 경험이 부족하고 나이가 들어서는 정력이 부족해 말 못 할 고충에 시달린다. 한창 건강하더라도 여러 상황이나 심리 때문에 뜻하는 바대로 성관계가 이뤄지지 않을 때도 생긴다. 남자들은 성관계를 잘해야 한다는 중압감에 시달린다. 남자들도 밤이 무섭다.

왜 남성은 성애에 긴장하며 압박을 받을까? 성행위 자체가 구애하는 과정이다. 달콤한 구애를 통해 여자를 아늑한 침대까지 데려갔다고 해서 끝이 아니다. 잠자리야말로 본격 구애의 현장이다. 여성은 정력을 통해 남자의 우수성을 판별한다. 성관계가 단지 정자를 송출하는 행위라면 남자가 음경을 밀어 넣고는 잽싸게 사정하는 게 효율적이다. 그런데 남자들은 코피 터져라 안간힘을 쓰며 사정을 지연시킨다. 성행위는 여자에게 자신의 남성성을 과시하면서 여심을 얻으려는 구애 행위이기 때문이다. 이원석 감독의 〈남자사용설명서〉를 보면 여주인공(이시영)이 자고 난 뒤 나쁘지 않았으나 기대보다는 별로였다고 말하자 남주인공(오정세)은 급격하게 당황하면서 자존심 회복을 절실히 원하게 된다. 성행위 능력이 떨어진다는 것만큼 남자의 자존심을 붕괴시키는 일이 없다.

여자들은 침대에서도 남성을 심사한다. 진부하고 무성의하고 지루하고 짧고 엉성한 성행위였다면 남자는 다음 기회를 얻기 어렵다. 수렵채집부족의 여자들은 서로의 애인이 어젯밤에 얼마나 어떻게 했는지 평가하면서 공유했다. 거사를 잘 치르지 못하는 남자의 곁에 머무를 여자는 없었을 테고, 소문은 돌고 돌아 밤일을 잘한다고 소문난 남자에게는 잠재적인 애인이 많아지면서 핏줄이 확산되었을 것이다. 성행위의 다양성과 지속 시간은 남성이 여성의 만족감을 높이기 위해 얼마나 몸부림쳤는지 알려주는 증거이다.

절정을 맛본 여자는 자신에게 황홀경을 선사한 남자를 더 원하게 된다. 남자가 여자에게 오르가슴을 느끼게 했다면 둘의 관계가 한층 더 농밀해질 테니 남자의 유전자가 영속화될 확률이 높아진다. 더구나 여성이 오르가슴을 경험하면 정액이 안으로 빨아들여져 수태 가능성을 높인다고 알려져 있다. 더군다나 남성은 자신을 통해 절정을 경험했다고 간주되는 여성에게 애착을 갖는 본성이 있다. 오르가슴을 느꼈다는 건 임신해서 자기 아이를 낳을 확률이 높다는 뜻인데, 이를 의식하지 못한 채 남자는 황홀경에 이른 여자에게 더 큰 애착과 책임감을 갖는다. 이런 남자들의 속성을 꿰뚫어 보고 여자들은 황홀하기는커녕 황당하고 황량한 상황인데도 당황스럽게도 신음을 당당하게 내지르는 방식으로 대응했다. 여자들은 오르가슴 연기를 통해 남자의 자존심을 추켜세우는데, 몰래 다른 남자를 만나는 여자가 배우자와 관계할 때 오르가슴 연기를 더 많이 한다는 연구 결과도 있다. 여자의 오르가슴 연기란 남자에게 책임감을 부과하면서 원치 않는 성행위를 얼른 마무리하려는 고도의 전략일 수도 있는 것이다. 남자로선 여성의 감창소리가 정말 자연스러운지 의문에 사로잡힐 법한데, 대부분 남자들은 자신의 성능력이 뛰어나다고 착각하면서 여성의 오르가슴 연기를 좀처럼 간파하지 못한다.

사정하면
허무하다

인간은 모든 걸 타인과 비교하며 경쟁한다. 성애도 예외가 아니다. 설문조사에서 많은 수의 남녀가 성관계를 잘 못한다는 두려움을 느꼈고, 어디에나 널린 성애 장면에 압박받는다고 답했다. 허리가 꺾이고 자지러지는 여자들의 황홀경이 대중매체에서 공공연하게 유통되면서 여자들은 자신이 남들만큼 즐기지 못하는 건 아닌지 걱정한다.

　남자들은 포르노 배우와 경쟁하는 지경이다. 남자들은 마음속으로 애국가를 부르고는 섹스 올림픽에 나간 선수처럼 더 오래 더 세게 더 빨리, 구호를 되뇌며 관계한다. 정력 경쟁을 벌이는 남자들은 타인의 정력이 절륜하면 자존감이 손상된다. 소설가 이기호의 『차남들의 세계사』를 보면 한 남자가 집창촌을 자주 찾는다. 그는 성관계 시 말 없을 때보다 끊임없이 말할 때 최소 세 배는 더 길게 한다고 믿으며 시종 떠들어댄다. 비법을 전수하면서 술도 얻어 마신다. 그런데 어느 날, 옆방에서 벌써 일이 끝나고 잠잠해야 할 때인데도 신음 소리가 더 커질 뿐 끝날 기미가 보이지 않는다. 벽을 두드리면서 말을 걸어도 대꾸도 없다. 옆방에 미군이 들어간 것이다. 그때 이후로 남자는 반미주의자가 된다.

　남자들은 자신에게 주어진 요구에 부응하면 자존심이 세워지나 그렇지 않으면 자신감이 박살 난다. 성애의 형태가 다양해져 남자의 사정이 성관계의 핵심에서 내려왔더라도 여전히 중요한 위상을 차지하고 있다. 남자는 성관계를 훌륭하게 완수해야 할 책임감을 갖고 있다. 남자들은 처음엔 사정 능력을 뜻대로 조절하지 못한다. 조루는 많은 남자들이 겪는 문제이다. 여자의 신체가 뚝배기처럼 오랜 시간과 열을 들여야 뜨거워진다면, 남자의 신체는 양은 냄비처럼 쉽사리 흥분한다. 빨리 달궈진 남자들은 금세 사정해버리면서 여자에게 실망을 안긴다.

　남자들에게 성행위가 정말 즐거운지 의문을 던져볼 법하다. 남자들은 수험생처럼 긴장한 채 육체노동하며 무던히 수고한다. 성이란 그저 유희나 놀이만이 아니라 노동이고 과제이고 부담이고 시험이고 시련이고 작업이다. 남자들이 성을 즐기는 듯 보이지만 막상 성애의 아찔함과 만족감을 말하는 남자가 그리 많지 않다. 여자를 몇 번 느끼게 했다며 기교를 뽐내거나 얼마나 오래 하는지 정력을 뽐내거나 얼마나 예쁜 여자들과 많이 했는지 뻐길 뿐이다. 남자들은 성관계 도중이나 끝나고 난 뒤 마치 짜기라도 한 것처럼 좋았느냐고 묻는데, 대개의 남자들은 상대가 만족하면 자신도 만족스럽다. 많은 남자들이 성관계를 잘 이뤄냈다는 만족감을 가질 뿐 성행위 과정 자체에서 그리 큰 즐거움을 얻지 못하기 일쑤다. 그런데 쾌감의 강도나 성관계를 하기 전과 후의 감정 변화를 응시하는 남자는 별로 없다. 남자들은 그저 성행위라는 목적에만 집착할 따름이다.

일본의 철학자 모리오카 마사히로는 사정하고 나면 소외감에 시달린다고 고백한다. 사정하면 남자들이 만족한다고 알려졌는데, 실상은 사정할 때 반짝하는 쾌감이 사라지고 나면 공허감이 들이닥친다고 얘기한다. 남자들은 자아를 놓아버리고 감각의 쾌락을 향유하기보다는 강박 증세를 띠면서 다음 자세는 어떻게 할지 계획하다가 사정하고 나서는 홀로 내던져진 것 같은 막막함이나 나락으로 추락한 듯 수치심에 시달리기도 한다.

남자에게 사정이 곧 절정은 아니다. 정액이 요도를 통해 방출되면서 생겨나는 신체 물리적 감각이 짜릿하기는 하지만 여자들이 맛보는 황홀경에 비하면 턱없이 얕고 짧은 수준이다. 남자가 절정에 이르려면 몸과 마음이 혼융되면서 전율이 일어나는 가운데 사정해야 하는데, 많은 경우 남자들은 전율 없이 사정한다. 이건 남자들의 성관계 기술이 미숙해서 발생하는 일일 수 있으나 경험이 쌓인다고 해결되는 것은 아니다. 남자답게 성애를 주도해야 한다는 고집에서 발생하는 문제이기도 하기 때문이다. 상대와 함께 공들여 즐기는 가운데 자신을 자유로이 해방한다면 전율과 함께 사정하게 되고, 다정하게 후희도 나누면 허탈함이 덜어질 텐데 많은 남자들이 그저 잘해야 한다는 강박에만 사로잡혀 성행위하다 소외감에 빠진다.

사랑하지 않으면서 성행위하는 것도 남자의 허무함을 증폭시키는 요인으로 보인다. 여자들은 젊은 날에 여러 번 시도해보더라도 허무함 때문에 사랑 없는 성행위에 덜 끌리지만, 남자들은 성에 대한 집착과 강박으로 사랑 없는 성행위에 인생을 소모하곤 한다. 영화 〈애니 홀〉에서 여주인공(다이앤 키튼)이 사랑 없는 성관계는 무의미한 경험이라면서 손사래 치자 남주인공(우디 앨런)은 그래도 무의미한 경험들 중에서 최고라며 사랑 없는 성관계에 호감을 드러낸다. 많은 남자들이 자신은 여러 여자와 잤으니 괜찮다고 스스로 최면을 걸면서 성관계의 허무함을 응시하려 하지 않는다. 그러나 자신을 완벽히 속일 수는 없다.

프랑스의 사상가 조르주 바타유는 교접에 이르면 서로 분리된 두 개체가 잠깐이라도 결합되어 연속성을 맛보지만 이건 성적 발작에 따른 환상일 뿐이라고 설파했다. 합궁하면서 두 존재는 연속성을 향해 열리지만 성행위는 그리 길지 않고, 발작이 끝난 뒤 남는 것은 없다고 조르주 바타유는 말했다. 매음굴에서 체험한 바타유의 통찰처럼 많은 남자들이 성행위가 끝난 뒤 비슷한 감정을 느낄 것이다.

오스트리아 출신의 성사상가 빌헬름 라이히는 10여 년 동안 환자들을 치료하고 연구한 뒤 남자들이 사정 장애를 앓고 있다고 진단했다. 특히 하룻밤에 여러 번 할 수 있다고 떠벌리거나 많은 여자를 가지려는 남자들일수록 오르가슴을 느끼지 못했다고 발표했다. 그런 남자들은 발기가 오래 지속되더라도 사정하는 순간에 쾌감을 얻기는커녕 불쾌감이나 혐오감을 얻었다. 그들은 여성과 조화로이 합일해서 자아를 개방하며 쾌락을 만끽하는 성교가 아니라 여성을 압도하고 정복하는 방식에만 집착했고, 여성과 소통하는 것이 아니라 방중술과 발기력을 뽐내는 데 급급했다. 많은 남자들이 야하면서도 다정한 성행위를 상상하지 못했다.

세상살이에서 사랑과 성이 늘 함께 연결되어 이뤄지지는 않는다. 때때로 사랑 없이 치러지는 정사가 만족스러울 수도 있겠지만 남자 역시 단순히 성적 긴장을 풀어주는 행위만이 아니라 몸과 마음이 해방되는 성행위를 원한다. 서로가 서로를 원하고 함께 농염한 밤을 채색할 때 남자도 진정으로 행복하고, 사정 후의 허무함에도 덜 시달릴 것이다.

성은 커다란 즐거움이기도 하지만 끈덕진 괴로움이기도 하다. 성은 우리를 신선하게 보듬는 숲이기도 하지만 우리의 생명을 빨아들이는 무시무시한 늪이기도 하다. 그 늪과 숲 사이를 위태로이 흔들리면서 남자들이 살아가고 있다.

거절당하면
분노한다

남자들은 여성이 원하는 것보다 더 일찍 더 자주 더 끈질기게 성관계를 갈구하다가 거절당하지만 단념하지 않는다. 여자가 아예 질색하면서 만나주지 않으면 잠깐 시무룩해졌다가 이내 또 다른 여성을 향해 애정의 더듬이를 뻗는다. 그러나 어떤 남자들은 거절을 좀처럼 차분하게 수용하지 못한다.

여성은 상대가 시들시들하게 반응하면 자신의 매력을 한탄하기 십상이다. 외로운 여자들은 음식을 흡입하면서 자신을 위로하다 살이 너무 찐 거 같아 흠칫하며 운동을 계획한다. 반면에 적잖은 남자들은 자신을 받아주지 않는 상대에게 분노를 표출한다. 남자들은 자기가 투자한 시간과 돈만큼 여성에게 화낼 자격을 얻게 된다고 착각한다. 성관계 제안을 거부한 여자에게 미안해하면서 매끄럽게 물러나는 남자는 흔치 않다. 남자들은 제발제발 한 번만 하자면서 못살게 굴거나 여자들에게 미안함과 죄책감을 유발하거나 강제력까지 동원한다.

애걸복걸해도 성행위하지 못하면 자존심이 구겨진다. 자존심에 흠집이 생겨 앙심을 품은 남자는 헛소문을 퍼뜨리면서 여성의 명예를 훼손한다. 식사 자리를 마련해서는 어떻게 신체 접촉을 해보려는 남자들이 숱하고, 이런 남자들은 자신의 의도대로 되지 않으면 업무상 불이익을 준다. 그리스 신화에서도 아폴론은 자신의 성관계 제안을 거절한 카산드라에게 저주를 건다. 아무도 그녀의 말을 믿지 않아 그녀는 고통받는 신세가 된다.

과거에도 여자의 거절에 남자는 내상을 입었겠으나 현대사회에 들어서 좀 더 치명상이 되고 있다. 순결을 중시했던 과거엔 여성의 거부를 남자들도 감내했다. 남자들도 성행위하고 치러야 하는 대가가 부담스러웠다. 그런데 현대는 자유롭다. 임신이 두렵다거나 순결을 지켜야 한다는 명목으로 여자들이 남자의 유혹을 거절하지 않는다. 지금의 거부는 당신이 남자로 느껴지지 않는다는 뜻일 뿐이다. 여자들의 거부에 따른 좌절감이 과거보다 훨씬 매섭게 남자의 마음을 강타한다.

남자는 떡 줄 사람은 생각도 없는데 김칫국부터 마시면서 스스로 내상을 자초하는 경향이 있다. 남자들은 여성의 태도나 언어를 자주 착각한다. 여성의 웃음 하나 말투 하나 행동 하나도 무의식중에 유혹의 의미로 해석한다. 혹여나 실제로 여성이 선보이는 관심을 놓치기보다는 적극 과장해서 해석하는 것이 적응도 향상에 기여했으므로 남자들은 여자의 행동을 성적으로 인식한다. 남자들은 여자의 애교를 성적 접근에 대한 허락의 암시로 받아들인다.

성차로 말미암아 남자는 어느 정도 욕구불만에 시달릴 수밖에 없다. 부부 사이에서도 거절은 빈번하다. 아내는 남편과의 친밀감을 원하면서도 남자의 성욕에 깜짝 놀라는 경우가 많다. 결혼 전에도 얼핏 알았을 테지만 남자들에게 성이 이토록 중요한 영역인지 결혼하고 난 뒤에야 실감하는 것이다. 남자들은 살면서 생기는 갈등이나 불안 따위의 감정을 성행위하면서 풀어낸다. 그래서 부부 싸움한 뒤 아내가 전혀 사랑을 나눌 기분이 아닌데도 남편은 성관계를 시도해 아내를 진저리 나게 하는 일이 벌어진다. 물론 부부 싸움은 칼로 물 베기라는 말처럼 남편이 밤일을 잘하면 괜찮은 남자로 대접받는 경우도 있긴 있었다.

성별에 따라 시간이 지날수록 배우자에게 요구하는 바가 다르다. 여성의 대다수는 배우자와 함께 지낸 시간과 상관없이 살가운 태도가 부부 생활에서 아주 중요하다고 한목소리로 말한 반면에 배우자와 10년 넘게 함께한 남성 가운데 소수만이 상냥함의 중요성을 이야기했다. 독일에서 남녀 530명을 조사했더니 대다수 여자들은 초기엔 자주 성관계를 원했지만 4년이 지나면 성관계를 원하는 욕망이 절반 이하로 하락했고, 20년이 지나자 다섯 명 가운데 한 명만이 정기적인 성관계를 바랐던 반면에 남자는 성에 대한 관심이 급락하지 않았다. 다수의 남자들은 시간이 지나도 정기적으로 성관계를 원했다. 아내는 성관계에 흥미를 잃었는데 남편은 여전히 갈망했다. 남자에게 부부 관계를 유지하기 위해 필요한 윤활유는 다정다감함이 아니라 성관계이다. 남자는 원만한 성관계에 자부심이 생기고 자신과 아내가 친밀하게 연결되어 있다고 느낀다. 이와 달리 여자는 남편이 자신에게 쏟는 애정과 정성, 대화와 관심에 자부심이 생기고 남편과 연결되어 있다고 느낀다. 여성의 결혼 만족도에서 남편과의 성관계는 그리 큰 비중을 차지하지 않지만, 아내들의 성욕이 아예 사라지는 건 아니다. 다만 남편과 성관계를 별로 하고 싶지 않아질 뿐이다.

물론 반대의 경우도 많다. 아내가 여러 제약에서 벗어나 실컷 성행위를 하고픈데, 여러 핑계를 대며 피하는 남편도 적지 않다. 사회가 여자들에게 참다가 결혼하면 성의 황홀한 쾌락을 얻으리라 기대하게 만들지만 결국에는 기대가 말살되기 때문에 결혼엔 기만이 숨겨져 있다고 보부아르는 통찰했다. 결혼을 위해 금욕하며 지낸 여자들 중에는 막상 결혼했으나 부부 관계의 불만족으로 속앓이하는 경우가 드물지 않다.

성을 두고 벌어지는 남녀의 오해라는 불길에 페미니즘이 기름을 부은 측면이 있다. 여성과 남성의 평등을 주장하는 과정에서 주류 페미니즘은 동일성을 강조했다. 단지 법률상 인간으로서 평등하니 서로 존중하자는 뜻이 아니라 실제 욕망과 행동에서도 똑같다고 주장했다. 여기서 한 발 더 나아가 여성의 성적 보수성은 가부장제 아래 억압되어 길러진 결과일 뿐 여성도 남성만큼 성욕이 강하고 즐길 수 있다는 발상이 득세하기도 했다. 여성은 수줍고 성적으로 수동적이라는 편견을 깨기 위해 여성운동의 일파는 여자들도 얼마든지 성애를 즐길 수 있음을 알리고자 애썼다. 성행위에서 남녀 차이가 없으니 남자처럼 능동성을 갖고 성관계를 맺지 않으면 억압에 길들여진 여자이거나 아직 미숙하다고 간주하는 분위기마저 조성되었다. 그동안 억압당해온 성욕을 여성 스스로 주체하도록 자유가 확산된 건 문명의 발달 덕이었지만 자유가 증가해도 성차가 소거되지는 않았다. 일부 여자들은 왕성한 성욕을 가졌더라도 대부분 여자는 그렇지 않다. 여러 연구를 보면, 페미니즘을 통해 해방되었다는 여자들조차 남자들만큼 자주 자위하지 않았고 많은 숫자의 상대들과 자유로이 성애하기를 원치 않았다. 2019년에 핀란드는 최연소 여성 총리가 선출되었으며, 주요 당의 대표가 여자들로 이뤄진 국가이다. 그런 핀란드에서조차 남자들은 여자들보다 두 배 넘게 자주 성관계하고 싶어 했다. 정념의 불꽃으로 후끈 달아올랐던 68혁명 때도 남녀는 성애의 자유를 다르게 해석했고, 여남은 서로를 간절히 원하면서도 얼마나 다른지 매번 체감했다.

남자의 애정 신경 회로는 강력한 도전을 받거나 곤경에 처하거나 고비를 맞아 스트레스를 받을 때 가장 활성화된다. 어떻게든 유전 물질을 후대로 전하려는 본능은 위험을 느낄 때 성욕을 분출시키는 방식으로 남자들 안에서 작동한다. 프란시스 코폴라 감독의 영화 〈대부〉를 보면 아버지를 죽이려 든 일당에게 복수한 뒤 도피 중인 주인공(알 파치노)은 한 여인에게 반해서 결혼을 신청한다. 추격자들에게 쫓기는 중에 욕구가 치미는 것인데, 주인공에게는 사랑하는 여인도 있었다. 여성 가운데 생명이 위협받는 상황에서 애인이 아닌 낯선 남자와 사랑을 나누고 싶은 욕구를 느끼는 사람이 얼마나 될까? 여자는 스트레스를 받으면 애정과 성욕이 감소한다. 안정된 환경에서 임신하고 출산할 수 있었던 여자에게 위험을 느낄 때 성행위 하는 건 번식 가능성을 낮추는 일이다. 여성은 다른 걱정이 있다면 성관계는 우선순위에서 밀리는데, 남자는 다른 걱정을 풀기 위해서라도 성관계하려 든다.

여성과 남성의 성에 대한 인식이나 태도가 사뭇 다르기에 여성과 남성은 성을 두고 티격태격할 수밖에 없다. 남성과 여성은 성을 대하는 전략이 달라 부딪치면서 서로에게 고통과 분노를 유발한다.

욕구불만에
시달리는 남자들

    침팬지와 보노보를 관찰하면 암컷들은 여러 상대와 관계를 맺고 성생활을 매우 즐기지만 수컷보다는 덜하다. 수컷은 성관계를 위해 온갖 곳을 돌아다니고, 생명의 위험을 무릅쓰고 지도자에게 도전한다. 그럼에도 수컷들은 욕구불만에 시달린다.

    인간의 사정도 비슷하다. 과거 인류 사회를 보면, 젊은 남자들은 성행위할 기회가 적었다. 안정된 성관계는 결혼 이후에나 얻어지기에 남자들은 아내를 갈망했다. 결혼하지 않으면 성관계를 맺을 수 없다는 방침은 여자들이 성이라는 자원을 두고 남자와 협상할 때 사용하는 유서 깊은 전략이었다. 봉건사회의 시대 제약에 따라 남자들은 결혼하지 않고서는 욕구 해결이 어려웠던 데다 결혼하더라도 피임 방법이 발달하지 않아 아내가 임신과 출산을 내리 하면서 성관계가 활달할 수 없었다. 남자들의 역사는 욕구불만으로 점철되어왔다.

    자유로운 현대사회는 성행위할 수 있는 기회가 열려 있다. 혼전 성관계가 자연스러워졌고, 위험부담도 적다. 남녀 교제의 기회도 많고, 무도회장은 밤마다 사람들로 북새통이며, 숙박업소는 쉬었다 가라고 쉴 새 없이 광고하고, 유흥가는 늘 호황이다. 그래도 남자들의 욕구불만은 이어진다. 과거엔 대다수 남자들이 욕구 결핍에 시달렸다면, 오늘날엔 성의 양극화가 일어났다. 과거의 왕이 부럽지 않은 남자들이 많아졌으나 여전히 노예 처지와 다를 바 없는 남자들도 많다. 과거의 욕구불만은 사회구조의 제약이었으나 현대사회의 욕구불만은 무능력의 증거이다.

욕구불만은 조장된다. 온갖 매체에서 성을 이용한다. 산에 들어가 도를 닦지 않는다면 시시각각 강력한 성적 자극이 전달된다. 오만 데에서 아슬아슬하게 입은 여성의 신체가 살포되고, 갈수록 더 강하고 더 야한 자극이 남자들의 감각을 파고든다. 흥분은 일어나는데 해소되지는 않는다. 성적 자극은 과잉되지만 막상 대부분 사람들의 성욕은 충족되지 않는다.

남자들은 성욕이 큰 만큼 욕구가 채워지지 않고 좌절될 때 상심 역시 크다. 모든 연령대의 남자들이 평소에 갖는 성관계보다 훨씬 많은 성관계를 원한다는 조사 연구 결과가 있다. 남자들은 욕구불만에 시달리는데, 이건 자신이 판 무덤에 갇힌 꼴이다. 남자들은 여성의 성을 억압해왔다. 성의 무지가 여자의 미덕처럼 조장되었고, 성을 향유하려는 여자는 타락했다며 처벌받았다. 남자들의 요구대로 여자들은 조신하게 굴면서 남자들이 원하는 걸 들어주지 않는다. 여자에게 정조 관념을 강요하며 정작 자신은 다양한 성경험을 추구한다는 건 자가당착이다.

문화 지체 현상도 욕구불만에 한몫한다. 혼전 순결은 여자의 성을 재산처럼 여기는 시대착오의 관념이 담겨 있지만, 한편으론 나름의 미덕도 있다. 결혼할 때 성관계를 처음으로 맺으면 결혼의 가치를 드높일 수 있었다. 더구나 과거엔 스무 살 안팎이면 중매를 통해 결혼시켰다. 결혼을 일찍 했던 만큼 성애를 갈망하는 시기가 짧았다. 그런데 현대엔 서른 살을 훌쩍 넘어도 결혼 전망이 없는 사람들이 무더기로 등장했다. 만혼과 비혼 현상이 심화되는데, 가정을 꾸릴 수 있을 때까지 금욕하는 남자는 극소수이다. 여자들도 수녀처럼 생활하고 싶어 하지 않는다. 그런데 인습주의자들은 준수되지도 않는 혼전 순결의 굴레를 사람들 머리에다 덧씌우려 끙끙댄다. 혼전 순결은 나름의 가치와 역사를 지닌 용어이나, 오늘날엔 위선자들을 만들어내는 고리타분한 관념이 되고 있다.

욕구불만에 시달리더라도 그 불만이 사회의 동력이 된다고 프로이트는 생각했다. 소모되지 않은 성욕은 문명을 일구는 힘이라면서 프로이트는 성욕의 승화를 주장했다. 원할 때마다 성욕을 해소해서 문화 발전이 없는 야만인과 달리 문명인은 성욕을 절제해서 문화를 창조한다는 이론이다. 그러나 성욕을 승화시켜 고상해진다는 프로이트의 주장은 원인과 결과가 뒤집혀 있다. 성욕에 대한 연구 결과를 보면 품위 있는 사람일수록 성욕이 왕성하다. 성욕을 승화시켜서 예술가가 되는 게 아니라 자신의 성욕을 충족시키고자 예술가는 엄청나게 노력했고, 성취를 이룬 뒤 욕망을 실현했다. 지식인이나 예술가들이 일반 사람들보다 체위나 성교 기술도 많이 알고 있는 데다 줄기차게 새로운 시도를 하고 성관계 상대와 횟수도 많았다.

가톨릭 사제 100명을 10년에 걸쳐서 연구했더니 금욕한 결과 새로운 창의성을 얻었다거나 활동력이 증가했다는 증거는 전혀 찾을 수 없었다. 가톨릭 신부들은 성생활의 단념이 과연 신앙생활에 기여하는지 의문을 품었고, 욕구불만은 성직자를 그만두는 가장 큰 동기였다. 홍상수 감독의 〈옥희의 영화〉를 보면, 학생(이선균)이 교수(문성근)에게 성욕을 어떻게 이겨내느냐고 묻자, 교수는 누가 성욕을 이기느냐, 성욕을 이긴 사람을 본 적이 있느냐, 그런 사람이 있다는 얘기나 들어본 적 있느냐고 반문하더니 안 된다고 단언한다.

만족되지 않은 성욕은 폭력을 잉태한다. 충족되지 않은 본능은 파괴 본능으로 변질된다면서 성의 과잉 억압을 마르쿠제는 우려했다. 프로이트 역시 성욕의 승화가 무한하게 이뤄지지는 않는다며 성욕이 어느 정도 만족되어야 한다고 말했다. 최소한의 성만족을 얻지 못하면 신체의 기능장애뿐 아니라 마음에도 병이 생겨 사리 분별 능력이 떨어진다. 욕구불만자는 폭력성을 분출하면서 사회질서에 위협을 가한다. 불만족스러운 상황이고 개선될 희망이 별로 없다면 남자들은 불길로 뛰어드는 나방처럼 행동한다.

이슬람 근본주의가 기승을 부릴 때도 욕구불만이 한몫 톡톡히 한다. 서구에 열등감을 갖고 있는 이슬람 근본주의자들은 성평등에 반대하면서 여자들의 자유를 억압하는 만큼 더욱더 성적 결핍에 시달린다. 테러 단체들은 자살 공격하면 낙원에서 여자들과 보내게 된다고 선전한다. 9.11테러 때도 순교하면 가장 아름다운 옷을 입은 여자들이 극락의 정원에서 기다리고 있다고 젊은 남자들을 현혹시켰다. 그런데 인류학자 스콧 애트런은 자살 공격자가 무지하고 가난하며 잘못된 믿음에 세뇌됐다는 세간의 오해와 달리 실제론 교육을 잘 받고 도덕심이 있을 때가 많다고 반박한다. 스콧 애트런은 임무에 실패했거나 향후 수행할 예정인 자살 테러리스트들과 면담하고는 그들이 혈연 이타성 때문에 자살 공격을 저지른다고 결론지었다. 자살 공격을 하면 가족에게 후한 보상이 돌아가는데 자살 공격을 철회하면 가족에게 피해가 생긴다. 가난해서 아내를 구하지 못하는 남자들은 자살 공격에 솔깃할 수 있다. 비록 자신의 육체는 자살 공격으로 끝장나더라도 자신의 희생으로 얻은 보상금은 형제의 결혼 자금이 된다. 일부다처제를 허용하는 서아시아에선 짝을 구하지 못하는 남자들이 굉장히 많다. 인류학자 애런 블랙웰과 로런스 스기야마의 조사에 따르면, 팔레스타인 자살 테러리스트의 99퍼센트가 남자고, 86퍼센트가 미혼이며, 81퍼센트가 여섯 명 이상의 형제를 갖고 있었다. 자살 공격자들은 자신의 몸을 파괴해서 형제를 번식시키는 방법으로 자신이 공유하는 유전자를 확산시키는 것이다.

선진국에서도 욕구불만에 따른 사건 사고가 끊이지 않는다. 원치 않지만 인기가 없어서 순결을 지키게 된 북미의 젊은 남자들은 여자들이 좋아해주지 않아 성관계를 못 했다는 이유로 총기를 난사하고 행인들을 차로 들이 받았다. 2011년에 노르웨이의 한 남자는 정부청사에 테러를 가한 뒤 집권 여당 청년 집회를 찾아가 총을 난사했다. 그가 폭력 사태를 벌인 까닭은 복잡한 요인이 있겠으나 덜 알려진 원인 가운데 그가 성적 결핍에 시달렸다는 사실이 있다. 여자들과 사귀지 못해 좌절했던 그는 미국에 가서 성형수술까지 받았으나 이성 관계는 개선되지 않았고, 거듭되는 좌절감에 증오와 분노가 축적되면서 그의 정신을 잠식했다. 이 남자는 한국과 일본을 보수주의와 민족주의가 강한 국가라며 선망했다.

일본에서도 성적 결핍에 시달리던 남자가 극단의 사고를 일으켰다. 2008년에 일본 아키하바라에서 무차별 살상을 저지른 범인은 인기가 없어서 칼부림했다고 진술했다. 범인은 용모 탓에 여자들이 자신을 안 좋아한다고 생각했다. 뿐만 아니라 자신이 여성을 대하는 태도를 투사해 여성을 그저 남자의 외관에 끌리는 동물로 간주했다. 욕구불만에 시달리던 주인공은 여성을 혐오하다 끝내 여성과 세상을 공격했다. 범인은 여자친구가 있었으면 성격이 삐뚤어지지 않았을 것이라는 글을 남기고 무차별 살인을 저지르기 위해 새벽 일찍 길을 나섰다. 그런데 일본의 많은 젊은 남자들이 살인범에게 공감을 표시했다. 여자들이 사회약자인 자신들을 만나주지 않아 성욕 해소가 안 되어 괴롭다는 성적 약자론마저 등장했다. 젊은 남자들은 성적 약자들을 여성이 구해야 한다면서 책임과 의무를 운운했다. 그런데 정작 이들은 성적 소외를 겪는 수많은 비인기녀를 구할 책임과 의무를 짊어지려 하지는 않았다. 많은 남자들이 자신의 욕구불만에만 분통을 터뜨렸을 뿐, 여성이 겪는 고독과 좌절엔 공감하지 못했다.

이성 교제에 어려움을 겪는 남자들이 한국에도 수두룩하다. 한국의 남자들은 허영에 차서 남자 등골을 쪽쪽 뽑아 먹는 한국 여자라며 '된장녀'나 '김치녀'라는 말을 만들어냈다. 그들은 여자들의 허영심에 과잉 분노하지만 남자들의 허영심엔 딱히 관심이 없다. 오직 자신을 받아주지 않는 여자만이 문제인 것이다. 남자들에게 가장 무서운 건 된장녀나 김치녀가 아니라 여자들의 성적 무관심이다.

초식남이란
무엇인가

고통은 공격성을 낳는다. 그런데 문명사회는 타인에게 피해를 끼치는 행위에 엄격한 징벌을 내린다. 그러자 남자들은 자신에게 고통을 유발한 욕망 자체를 공격한다. 자신의 욕망을 공격해 변형시킨 초식남이 대거 생겨나고 있다. 초식남이란 개념을 만든 일본에선 미혼 남자들 가운데 다수가 초식남이라는 조사 결과도 있었다.

초식남은 기존의 남자다움과 확연히 다르다. 초식남은 경쟁해서 이기며 성취하기보다는 소소하게 즐기며 평온하게 사는 방식을 택한다. 여자에 목매던 남정네들과 달리 여자들과도 살갑게 지내지만 애인 관계로는 발전하지 않은 채 자신의 취미에 골똘하며 시간을 보낸다.

초식남은 왜 생겨날까? 초식남은 몇몇의 남자들이 마음먹고 부드러워지기로 다짐한 일이 아니라 사회구조의 변화에 따라 파생한 문화현상이다. 예전엔 노력하면 성공해서 잘살 수 있다는 기대가 환상일지언정 있었다. 남자들은 희망을 갖고 가족을 부양하고자 새벽부터 구슬땀을 흘리면서 청춘을 바쳤다. 그러나 오늘날엔 복지제도가 발달해서 남성성을 발휘하지 않아도 먹고사는 데 큰 지장이 없을 만큼 풍족한 국가들이 많다. 그만큼 사회체제가 원숙해지고 단단해졌다. 부유해졌으나 계층이동의 가능성이 줄어든 사회에서 너무 열심히 사는 건 기운의 낭비이므로 남자들은 무의식중에 삶의 방식을 조정한다. 초식남은 좋아서 풀을 뜯어 먹는다기보다는 애써봤자 고기를 먹을 수 있는 가능성이 사라진 사회에 적응한 남성상이다. 개인이 어찌할 수 없는 거대한 구조 앞의 좌절감과 적응력이 초식남을 낳았다.

사회는 부유해졌는데 다수의 젊은 남자들은 결혼은커녕 연애조차 하기 버거워 한다. 연애와 결혼에 들어가는 비용이 너무 비싸다. 돈이 없어 기가 죽은 남자들이 여자들에게 매력이 있을 리가 없다. 결혼해서 아이를 낳고 키우는 건 서울에서 손수 돈을 벌어 집을 장만하는 것만큼이나 어려워졌다. 취업에 성공하고 안정을 얻은 남자는 주말이면 여자들을 만나러 다니지만, 그렇지 못한 남자들은 주말에 영어 문제집을 풀어야 한다.

산업 발전이 고도화된 사회는 안정되는 만큼 변화의 여지가 줄어든다. 젊은이들은 미래가 달라지리라는 기대가 별로 없다. 내일이 더 나으리라는 믿음이 없기에 젊은이들은 현실에 안주하며 나름 행복해지려고 노력한다. 희망이 없는 곳에서 살려면 약간의 위로와 만족은 필수이다. 세상으로 나와 맞서면서 괜히 기운을 소모하는 것보다 자신만의 세계에 고립되어 자신을 보호하는 일이 현명한 처사이다. 젊은 남자들은 기성세대를 밀어내고 자신이 그 자리를 차지하기보다는 어떻게든 인정받아 사회의 한 곳에 안착하고자 귀여운 표정과 나긋나긋 이야기하는 화술을 연습한다.

이성 관계가 원만하지 않은 젊은 남자들 중에는 자조하며 동성애에 대한 환상을 피워내는 이들도 드물지 않다. 자신이 현실에서 이성과 관계를 제대로 맺을 수 없기 때문에 스스로 동성애자로 진화했다는 식의 게시물이 자주 등장한다. 하지만 강제한다고 동성애자를 이성애자로 만들 수 없듯 이성애자가 노력한다고 동성애자가 될 수는 없다.

그렇다고 초식남이 암울한 현상만은 아니다. 초식남은 기존 남성성의 거침과 우격다짐을 덜어내면서 남자가 좀 더 부드러워지고 문명화되는 경향을 보여준다. 여자들 사이에서 남자들이 상처받기를 두려워하며 애송이가 되었다는 푸념이 아우성칠 만큼 어느 정도 실망감과 섭섭함은 있겠으나 더 멀리 보면 새로운 관계 방식이 사회에 깔릴 것이다. 과거에 어떤 남자들은 여성이 인간이라는 사실을 망각하고 비열한 술수까지 동원하면서 성관계한 뒤에 악랄하게 버렸다. 욕구 때문에 사소한 형태일지언정 여자에게 폐를 끼친 경우는 흔했다. 남자들이 초식남이 되어 여자에게 가하는 범죄나 폭력도 줄면, 남자에 대한 여자들의 불신과 조심성도 감소할 테고, 남녀 관계는 조금 더 평화로워지리라 예측된다. 거칠고 뜨거운 숨소리를 뱉어내면서 "너를 위해 죽겠다"며 짐승 냄새를 물씬 뿜어내던 남자들이 줄어드는 대신에 "우리 함께 잘 살자"면서 여자들과 초코케이크를 나눠 먹는 남자들이 늘어난다. 그만큼 여성이 체감하는 안전도 더 나아질 것이다.

그런데 남자들이 초식남 된 데는 통신 기술의 발달도 영향을 미친 것으로 보인다. 많은 남자들이 현실 속 여자들과 단절되어 있더라도 가상 세계의 여자들과는 교류한다. 초식남은 겉으론 성욕이 별로 없는 것처럼 보이더라도 실상은 성욕을 음란물에 쏟고 있을 가능성이 높다. 초식남이란 용어가 나온 사회가 편의점에서 성인 오락물을 버젓이 판매하는 일본이라는 사실은 의미심장하다. 초식남은 접속 한 번으로 여성의 신체를 시각으로 접촉할 수 있는 시대에 적응한 형태일 수 있다.

많은 남자들이 여성과 성관계하기까지 들이는 비용과 노동을 마다하면서 성인 음란물에 심취해 있다. 야한 동영상이 주머니가 가벼워진 만큼 자신감이 얄팍해진 남자들의 애인 노릇을 한다. 그것도 날마다 얼굴과 몸매가 바뀌는 환상의 애인으로서 남자들에게 쾌락을 선사하고 있다. 비록 초식남이 시청하는 영상이 구태의연한 성환상을 반복하고 있고 여자들의 이맛살을 찌푸리게 하더라도 '대달라'면서 협박하는 야만적인 육식남보다는 더 나은 면이 있다.

남자들을 노예로 부리는
밤의 여왕

헐벗은 여성의 몸이 급속도로 살포되는 통신매체 환경에서 남자들이 좀처럼 정신을 차리지 못하는 상황이다. 삽시간에 색정 영상은 남자들을 노예로 부리는 밤의 여왕이 되었다. 도색물은 공공 영역에서 학술 담론으로 다뤄지기 어려운 하위문화지만 음란물만큼 남자들에게 영향을 미치는 것도 없다.

인터넷엔 수십만 군데의 포르노 사이트가 개설되어 있다. 매주 200여 개의 색정영화가 제작되며, 사람들의 다채로운 성적 취향을 충족시키는 희한한 도색물까지 유통된다. 성인 음란물의 시장 규모가 수십조에 이르리라고 추산된다. 미국 영화산업과 축구, 야구, 농구 등 모든 스포츠를 다 합친 수입보다 더 많은 돈을 버는데, 포르노의 활황은 거의 남자들의 소비 덕분이다. 포르노 업체를 조사하면 방문자의 75퍼센트가 남자들이고, 실제로 돈을 지불하는 경우를 보면 여자 이름으로 결제하는 경우는 2퍼센트에 지나지 않는 데다 결제되더라도 나중에 어머니나 아내가 성난 목소리로 전화해 환불을 요구하는 경우가 많다.

포르노의 비용엔 엄청난 수의 남자들이 인터넷을 헤매는 데서 발생하는 노동력 낭비는 계산되지 않았다. 영국의 문화비평가 나나 파워가 학생일 때 함께 산 남자는 무시무시한 양의 포르노그래피를 갖고 있었다. 그는 여자의 머리 색깔이나 내용에 따라 아주 세세하게 포르노를 분류했고 목록을 만드는 데 어마어마하게 공을 들였다. 하나의 영상을 간직하는 것과 영상 속 여자를 차지하는 일은 그 남자의 머릿속에선 동일하게 인식되었는지도 모른다. 나나 파워는 경악하면서 그가 대학 수업에 그 정도의 노력을 투자했다면 공부를 꽤 잘했을지도 모른다며 애석해했다. 알랭 드 보통은 자신의 소설에 포르노 중독자 주인공을 등장시킨다. 그는 자신의 행위가 옳지 않다고 느끼면서도 중단하지 못한다. 그는 세상의 인터넷이 다 끊어지길 바라고, 남녀 불문하고 머리부터 발끝까지 가리고 다니라는 명령이 내려지면 좋겠다는 가엾은 희망으로 밤을 견딘다. 소설가 헌기영의 『누란』엔 포르노라는 말만 들어도 구역질이 날 만큼 이틀 밤낮 잠도 자지 않고 자학하듯 포르노를 봤으나 그 효과가 열흘을 넘기지 못하고 다시 약 먹은 쥐가 물을 찾아가듯이 포르노를 보는 남자가 나온다. 남자는 자신에게 실망한 나머지 자위하는 모습을 인터넷에 공개하고 싶은 충동을 발작하듯 고백하는데, 적지 않은 남자들이 이러할 것이다. 포르노는 처녀 귀신처럼 남자들에게 접근해 바지를 벗기고 넋을 빼먹는다.

야한 동영상이 얼마나 심각한 상황인지 알 수 있는 영화가 있다. 조셉 고든 레빗이 감독하고 각본도 했으며 주연까지 한 〈돈 존〉이다. 남주인공은 현대의 돈 후안이다. 마음만 먹으면 어떤 여자와도 잠자리할 수 있다. 그런 주인공조차 날마다 쉴 새 없이 음란물을 본다. 그는 여자와 성관계하고 난 뒤에 몰래 빠져나와 포르노를 보며 자위한다. 영화 주인공처럼 여성과 잠자리한 뒤에 다시 음란물을 보는 남자는 드물겠으나, 실제 성관계보다 음란물에 더 쾌락을 느끼는 남자는 꽤 많으리라고 추정된다. 어릴 때부터 워낙 다양한 도색물을 통해 환상과 기대치가 생겨난 데 반해 현실의 성관계는 현란하게 이뤄지기가 쉽지 않다. 포르노그래피의 강도보다 낮은 성애 관계에 별로 흥분되지 않는 것이다. 현실의 여자들이 해주기 어려운 온갖 행위를 음란물의 여자들은 서슴없이 한다. 온갖 충격적인 색정물을 통해 다채로운 욕망을 품게 된 남자들은 좋아하는 여자와 사랑을 나누더라도 시큰둥해질 수 있다. 여자친구가 있고 아내가 있어도 남자들은 야동을 숨겨둔 애인으로 삼기 일쑤다.

성인 오락물은 일방성과 신속성을 갖고 있다. 현실의 여성은 남자들의 뜻대로 조종되지 않는다. 대개 여자의 기분을 살피고 사근사근 대화하고 정성껏 선물하면서 성관계를 치르게 된다. 반면에 음란물 속 여자는 남자들이 원하면 언제든지 얼마든지 곧장 성관계를 가질 수 있다. 남자들이 탐닉하는 음란물에는 여성과 대화하며 분위기를 만끽하는 방법이나 성관계가 끝난 뒤 어떻게 시간을 보내는지 따위는 들어 있지 않다. 그건 남자들의 관심사가 아니기 때문이다. 대신에 다양한 체위와 적나라한 성기 결합이 들어가 있고, 이것이 남자들의 마음을 끈다. 여자의 감정과 상태를 고려하지 않고 오로지 자신의 쾌락에만 몰두할 수 있다는 장점으로 말미암아 포르노는 수많은 남자들을 사로잡는다. 인간의 뇌는 실제 현실과 영상을 구분하지 못한다. 현실에서도 남자들의 예쁜 여자에 대한 선호도가 남다르듯 음란물의 인기도 출연한 배우의 외모와 몸매에 좌우된다. 현실에서 만나기 어려운 매력적인 수많은 여자들이 눈앞에서 벌거벗으니 남자로선 그 유혹을 견뎌내기가 쉽지 않다. 색정물은 모든 남자들을 숙주 삼아서 퍼져 있다.

포르노가 워낙 막강한 영향력을 발휘하다 보니 포르노가 여성의 인권을 유린한다는 주장도 끊임없이 제기된다. 캐서린 맥키넌과 안드레아 드워킨은 포르노 철폐를 위해 기독교 우파와 연합했다. 기독교 우파는 페미니즘에 반대했고 기존의 페미니스트들도 기독교 우파에 맞서왔는데, 포르노에 대한 적대감으로 두 세력이 손을 잡았다. 포르노가 단지 환상이라는 남자들의 옹호론을 비판하면서 캐서린 맥키넌은 포르노를 보는 경험은 현실이며 포르노가 여자를 성폭행하라고 조장한다며 포르노 근절법을 통과시키는 데 앞장섰다. 안드레아 드워킨은 포르노그래피가 여성을 인간으로서 지각하지 않고 자기 쾌락의 형태로서 여성을 공격하기 때문에 포르노 자체가 자폐 증세를 띠고 있다고 주장했다. 앨리스 워커는 포르노그래피에서도 차별이 있다고 분석했다. 백인 여성은 대상화되지만 흑인 여성은 동물화된다. 포르노 속 백인 여성은 인격으로 대하진 않더라도 인간의 육체를 지닌 것으로 간주된다면 흑인 여성은 비천하게 묘사된다.

이와 달리 주디스 버틀러는 여성에 대한 다양한 재현을 허용하는 환경을 옹호한다. 포르노에 반대하는 페미니스트들이 포르노그래피가 현실의 어떤 부분을 모방하고 그게 원인이 되어 현실이 혼란에 빠질 수 있다고 가정하는데, 버틀러가 보기엔 재현은 복합적으로 이해할 필요가 있다. 재현을 제한하는 일은 원래의 의도와는 다른 방향으로 원치 않는 환영을 재생산하며 증식되리라고 버틀러는 예측한다. 검열하려는 노력이 막으려는 바로 그것을 더 많이 노출시키기 때문에 위험을 무릅쓰더라도 여성에 대한 묘사와 재현을 규제하려고 들기보다는 표현의 생산성을 보호하는 것이 낫다고 주디스 버틀러는 주장한다.

버틀러의 논증에서도 알 수 있듯, 포르노를 대하는 여성계의 태도는 단

일하지 않다. 모든 여성이 색정 영상에 충격을 받거나 반감만 갖는 것은 아니다. 일부 여자들은 자신만의 방식으로 음란물을 소비하며 즐긴다. 포르노그래피를 무조건 반대하는 일부 페미니스트들은 색다르고 다양한 형태의 성적 표현을 즐기는 여자들을 마치 잘못된 여자인 것처럼 밀어낸다. 포르노를 철저히 반대한다고 해서 삶이 고결해지지는 않는다. 나치는 정권을 잡자마자 나체주의와 포르노그래피를 불법화시켰고, 선정적인 효과를 내는 인쇄물을 금지했다. 성을 금기시하면서 품위 유지를 위해 힘쓴 나치는 인류사에서 손꼽힐 만한 타락을 보여줬다.

남자들이 색정 영상에 중독되는 건 우려스러운 일이기는 하다. 현실의 여자들과 접촉을 가지지 못한 채 망상에 가까운 영상으로 여자를 접하다 보면 인간 대 인간으로 여성과 소통하지 못하게 된다. 일본의 성범죄 현황을 조사한 결과 강간을 저지른 범인의 23퍼센트가 청소년이었으며, 이들 가운데 절반이 음란물의 장면을 해보고 싶어서 강간을 저질렀다고 말했다. 성인 오락물은 그저 남자들의 환상에만 머물지 않고 현실에서 범죄로 연결될 우려가 충분하다. 포르노는 이론이고 강간은 실행이라는 로빈 모건의 구호에 수많은 여자들이 열렬히 호응한 이유이다.

포르노는 여성의 품위를 손상시키고 여성에게 위협을 조장하면서 남자에게도 해로운 영향을 미친다. 성욕은 이성에게로 나아가는 동력이다. 그 덕에 인간 세상은 역동한다. 도색물은 쉽게 정력을 소모시키면서 실제 여성과 어울릴 동기를 앗아간다. 성인 음란물은 남자들의 정신과 체력을 잠식한다. 음란물은 남자들의 본능을 공략하면서 귀중한 기운을 탕진시키는 함정이다.

여자의 몸을 보려는
남자의 본능

인간의 머릿속에선 야릇한 환상과 헤픈 몽상이 끊임없이 솟구친다. 밀어를 나누고 남자가 여자를 포근히 안아주면서 헌신하는 낭만에 대한 환상이 여자들의 뇌에서 시시때때로 연출된다면 애무하다가 성기를 결합해 사정하는 장면은 남자의 뇌에서 자동으로 상연된다. 겉으론 점잖은 남자더라도 온갖 추잡한 욕망과 조악한 충동에서 자유롭지 않다. 성적 만족감이 높은 사람은 성적 욕구가 따로 또 있을 것 같지 않지만, 성에 대한 환상은 만족감과 별개로 작동한다. 만족스러운 성생활을 하는 사람이 불만족에 시달리는 사람보다 상상 속에서 흥분하는 일이 더 많다. 자주 성행위하는 사람이 더 자주 성관계를 상상한다. 욕망은 채우고 또 채워도 채워지지 않는다. 성은 본성으로 구비되어 있고 환상을 통해 가동된다. 성에 대한 환상을 갖지 못하면 건강한 사람이 아니라 오히려 다양한 성기능 장애에 시달릴 가능성이 높다.

성적 환상의 내용은 성별에 따라 사뭇 다르다. 여성은 낭만 어린 가운데 정서를 곰살궂게 나누는 분위기에 빠져들길 원한다. 성적 환상의 대상은 잘생기고 명망 있는 권력자이다. 자신의 성욕에 대한 죄책감을 면제받고자 가식으로나마 저항하면 남자가 거칠게 제압한 뒤 성행위하는 환상이 여성의 머릿속에서 피어오른다. 여자는 권위와 권력에 굴종하면서 성관계를 강요당하는 상상 자체에 굉장한 자극을 받는다. 해서는 안 되는 성애라는 금기를 넘으면 자신이 갖고 있던 수치심과 공포심이 흥분으로 전환되어 황홀경에 도취된다. 미국의 심리학자 헬렌 피셔는 여자들이 자신을 성적 대상으로 바라보면서 능욕당하는 환상을 갖고 있다고 이야기한다. 또 그녀는 복종하고 싶어 하는 욕망이 여성의 뇌에 각인되어 있는지 모른다고 추측한다. 동물 세계에서 암컷은 성적으로 굴복하는 태도를 보인다. 대자연의 진화사에서 인간은 동물과 많은 걸 공유한다. 실제로 가끔씩 장난스러운 폭행이나 상스러운 언어, 모욕이 동반된 약간의 고통이 흥분과 매혹의 효과를 일으킨다는 조사 결과도 있다. 현실에서 성폭력을 당하고 싶은 여성은 없으나 무의식에는 불온하고 괴상한 욕망이 꿈틀댄다.

남성의 머릿속에선 상대 여성의 육체가 자세하게 그려지는 가운데 다양한 여자들과 벌이는 성애 장면이 연출된다. 남자에게 성적 환상이란, 기회가 생기면 관계를 갖기 위한 선행 학습이다. 남자의 성적 환상은 성적 대상의 폭을 넓힌다. 별로 끌리지 않는 여성이더라도 성적 환상을 투영해서 성행위할 수 있다. 몸은 자기 앞의 여자와 섞여 있지만 머릿속에선 다른 여자와 엉켜 있는 남자들이 있다. 환상을 통해 남자는 신속하게 성관계할 준비를 갖춘다.

여자의 성적 환상이 시각을 포함해 촉각과 청각, 후각과 미각 등 오감을 포함한다면, 남자의 성적 환상은 주로 시각과 연동되어 작동한다. 남자의 시상하부와 편도체가 이성의 몸이나 야한 영상을 보자마자 격렬하게 활성화된다면 여성은 그 정도가 덜하다. 남자든 여자든 타인을 보자마자 매력을 평가하고 자극받는 건 비슷하나 여자는 시각적 자극을 무의식중에 통제하는 가운데 여러 방식으로 성적 신호를 검증하고 확인한 뒤에야 욕망으로 의식화한다. 반면에 남자는 여성의 육체를 발견하면 곧장 흥분하고 욕망으로 발현한다.

남자는 여성의 몸 같은 형태에도 흥분한다. 고대 그리스의 조각가 프락시텔레스는 미의 여신 아프로디테의 벗은 모습을 작품으로 만들었고 도시 크니도스가 구입했다. 처음엔 남세스럽게 헐벗은 조각상을 샀다는 시민들의 지청구가 있었으나 온갖 사람들이 조각상을 보고자 크니도스로 몰려들었다. 크니도스의 아프로디테상이 있던 신전 주변은 정액으로 온통 얼룩졌다는 후문이 전해진다. 남자들은 여자의 몸을 보고자 그림을 주문했고, 화가들은 여성을 눈요깃감으로 그렸다. 그림을 주문하고 제작하는 사람이 모두 남성이라 여성의 벗은 그림이 그토록 많이 그려졌고, 전 세계의 미술관에 빼곡하게 걸려 있다.

여자의 살을 보려는 욕구가 얼마나 강렬한지는 남자 기독교인들이 알려준다. 예수는 눈이 죄를 짓거든 눈을 빼버리라고 가르쳤다. 자신들이 섬기는 신이 육체의 정욕과 시각적 욕망을 절제하라 명백히 명했으나 아랑곳하지 않는 남자 기독교인이 차고 넘친다. 미국에서 신앙인과 비신앙인을 구분한 뒤 음란물 소비를 비교 분석했다. 꼬박꼬박 교회에 나가는 남자 기독교인도 종교가 없는 남자만큼이나 성인 오락물을 이용했다. 남자 기독교인들은 일요일엔 덜 봤지만 주중엔 다른 남자들보다 더 많이 봤다. 남자 기독교인은 일요일에 신이 자신을 감시한다는 의식이 강화되어 색정 영상 보는 걸 자제하다가 다른 날엔 야한 동영상을 더 시청했다. 한 목회자이자 심리학자는 기독교인 남성이 성인 오락물에 수치심과 죄책감을 더 느끼기 때문에 그만큼 강박을 유발하는 힘 역시 막강하리라고 진단했다.

여성의 몸을 보고 싶다는 남자들의 집착은 상황과 장소를 가리지 않는다. 미국 국립과학재단의 본사 직원들은 근무 시간에 헐세로 색정 영상을 봤다. 음란물 시청에 수천 시간을 보낸 임원진만 따져도 50명에 육박했다. 한 고위 임원은 331일이나 감상했는데, 그는 빈곤 국가 출신의 젊은 아가씨들이 돈을 벌어서 부모를 봉양하게 돕고자 자비심으로 시청했다고 변명했다. 국방부, 증권거래위원회 등등의 국립기관에서도 성인 오락물을 보는 남자 직원들이 너무 많았다.

한국도 비슷하다. 예전에 한 언론사에서 30~40대 직장 남성들에게 "당신의 삶이 몇 시간밖에 안 남았다면 가장 먼저 무엇을 하고 싶냐"고 묻자 얼른 택시 타고 집에 가 컴퓨터에 있는 야동을 지운다는 답이 가장 많이 나왔다. 남자들은 사람들의 수군거림을 두려워하면서도 여성의 몸을 보고 싶다는 욕망을 꺾지 못한다. 남자들에게 여성의 헐벗은 육체는 너무나 큰 유혹이다.

헤겔은 욕망과 쾌락이라는 적은 아무리 패퇴하고 제재당해도 되살아난다고 썼다. 욕망과 쾌락에 고착되어버린 의식은 해방되기는커녕 언제나 말려든 채 불순한 자기를 보게 된다고 헤겔은 서술했다. 자기의 하찮은 행위에만 얽매여 노심초사하는 의식은 불행하고 가련한 인격이라고도 했는데, 헤겔도 성에 안절부절못하는 안쓰러운 시절을 거쳤다. 헤겔은 예쁜 소녀들을 훔쳐보기 위해 사교춤 교습을 받았다. 이성 교제에 서툴렀던 그는 무도장에서 춤은 추지 않고 자리에 앉아 하염없이 여자들을 쳐다봤다.

헤겔만이 아니다. 볼프강도 좋아한다. 볼프강은 이성이 엉덩이를 뒤로 내밀거나 다리를 벌리거나 깍지 낀 손을 베고 누운 모습을 특히 선호한다. 이성의 신체 보는 걸 너무도 좋아해서 볼프강은 기꺼이 비용을 감수한다. 여기까지의 설명에서는 별로 놀라운 점이 없다. 그런데 다음 문장을 읽으면 놀랄 것이다. 볼프강은 원숭이다. 볼프강을 비롯해 다른 붉은털원숭이들에게 자신이 마실 과일주스를 내놓으면 암컷의 회음부를 볼 수 있게 했더니 얌전한 수컷이든 우락부락한 수컷이든 일관되게 주스를 내놓았다. 성욕을 더 자극하는 심상에 더 많은 주스를 내놓는 경향도 관찰됐다. 암컷을 보고자 비용 지불을 마다않는 영장류는 인간 남자만이 아니었다.

인간의 몸과 마음은 우리의 조상이 오래 살았던 홍적세 환경에 맞춰져 있다. 과거에 낯선 여인의 육체는 자주 보기 힘들었고, 낯선 여인의 헐벗은 몸을 봤을 때 민감하게 반응해서 흥분한 남자의 적응도가 높아졌다. 남자는 여성의 육체에 아주 민감하게 반응하도록 되어 있다. 남자들의 이상형은 처음 본 여자라는 말이 있을 만큼 남자들은 낯선 여성의 성기를 볼 때 맹목적으로 엄청난 자극을 받는다. 반면에 여자는 남성의 육체에 쉽게 자극받아 성관계를 가질 경우 출산과 육아에 어려움을 겪어왔다. 선조 여성들은 자기 곁에서 헌신하며 부양하는 남자와 함께하는 임신을 추구했으므로 남자의 성적인 노출을 위험신호로 감지했다. 여성의 적응도는 많은 남자와 관계를 갖는다고 높아지지 않는 만큼 많은 남자의 성기를 보려는 충동이 덜하다. 여성이 남성의 성기를 보는 것만으로 성적 자극을 강하게 받았다면, 남자가 여자 앞에서 바지를 내려버리는 것으로 쉽게 동침했겠지만 실제론 낯선 남자의 성기는 여성에게 위협일 뿐이다. 반면에 남자들은 여자의 성기 노출을 성행위로의 초대로 인식하면서 설레어한다. 이것이 바바리맨에게 여학생들이 공포를 느끼는 이유이고, 남고 앞에 바바리우먼이 나타나지 않는 이유이다.

여자들의 육체를 별 설명도 없이 노출시킨 잡지는 불티나게 팔리지만 남자들의 육체를 야하게 담아낸 잡지는 판매가 신통치 않다. 판매가 되긴 되는데, 여자들이 사는 게 아니라 남자 동성애자들이 주로 구매한다. 남자는 이성애자든 동성애자든 상대 육체에 매우 민감하게 반응하는데, 여자는 낭만과 신뢰가 곁들여지지 않으면 남자의 신체에 대놓고 흥분하지 않는다. 여자들이 즐겨 말하는 "보고 싶다"는 말엔 정서적인 느낌이 다분하다면 남자들의 보고 싶다는 말엔 육욕의 갈망이 함축되어 있다. 남자가 매혹적인 여체와 화끈하게 성교하기를 몽상한다면 여자는 다정하고 강건한 애인과 친밀하게 사랑하길 꿈꾼다.

성교육과
자위

성은 강력한 본능이고 세상을 움직이는 태풍의 눈인데, 여전히 성에 대한 무지가 강제된다. 하지만 성을 감추려 한다고 해서 모르게 되지는 않는다. 잘못 알게 된다. 성교육을 제대로 못 받아 왜곡된 성의식을 지닌 남자들은 연애의 즐거움만 얻으려 하지 성행위의 결과에 대해선 나 몰라라 하기 쉽다. 피임을 잘했더라도 성관계 뒤에 여자들의 마음에 생기는 불안과 애착을 이해하는 남자는 거의 없을 뿐만 아니라 성관계를 두고 남녀가 얼마나 다르게 반응하는지에 대한 기본 정보조차 턱없이 모자란 상태다.

성행위에는 쾌락만 있지 않고 책임도 동반된다. 임신은 남성이 성행위하지 않으면 결코 발생할 수 없다. 그렇다면 남자가 어른이 된다는 건 자신의 즐거움을 추구하되 책임감을 갖는다는 의미이고, 아이가 생기면 여성과 같이 육아한다는 뜻이다. 그게 남자다움이다. 그런데 오늘날 남자다움 자체가 근육질의 과시나 더 많은 여자들과 관계하려는 욕망으로 오해되거나 아예 회피하고 싶은 부담이 되는 건 우려스러운 일이다.

지난날엔 억지로 성을 감추고 숨겼다. 과거 청소년들은 몸에선 변화가 일어나는데 이게 어떤 의미인지 제대로 파악하지 못했다. 정보 부족은 성에 대한 왜곡을 낳았다. 오늘날엔 오히려 과다하게 야한 영상과 음란 정보가 난무해서 왜곡이 발생한다. 상업주의의 조장으로 말미암아 성이 쾌락의 수단으로만 간주되는 형편이다. 인터넷에는 등급도 없는 영상들이 범람하고, 청소년들은 일찍 성에 눈을 뜬다.

성인 오락물이 꼭 나쁘다고만 할 수는 없다. 야한 동영상은 성행위를 알려준다. 문제는 오직 체위와 기술밖에 전달되지 않는다는 점이다. 성욕을 자제하며 제어하는 방법, 기다림의 의미, 서로의 마음을 수줍게 읽어내는 시간, 쾌락을 상상하며 욕망을 음미하는 과정, 성애를 나누기 전까지의 떨림, 격정을 나누고 난 뒤의 아늑함 등등을 담진 않는다. 성애 기술과 다양한 체위는 신속하게 전파되지만, 성의 의미에 대해선 배우지도 않고 숙고하지도 못한다.

성교육을 제대로 하지 않는 사회의 무책임은 왜곡된 성의식을 빚어낸다. 남자들은 여성을 성적 대상으로만 간주하면서 여자들과 불화하는 가운데 자기 몸과도 불화한다. 사춘기 시절에 체모가 빽빽하게 자라나고, 자주 발기되어 불편하고 불쾌한 일들이 생겨난다. 남자들은 치밀어 오르는 성욕에다 몽정을 겪으며 당혹감에 휩싸인다. 또래들끼리 수군거리지만 진지하게 대화하거나 모두가 납득할 만한 지식은 주어지지 않는다. 남자들은 각자 고립되어 끙끙대면서 정액을 자꾸 배출한다. 모리오카 마사히로는 정액을 닦아낼 때 신체를 더럽다고 느꼈고, 특히 성기 주변을 더럽다고 느꼈다. 그는 자위한 뒤에도 몽정할 때가 있었다면서, 더러워진 속옷을 볼 때마다 괴로웠다고 사춘기 시절을 회상했다.

일본에서는 첫 월경을 축하하는 의미로 팥밥을 지어 식구들끼리 나눠 먹는 풍습이 있다. 한국이나 여타 다른 나라들에서도 여성운동 덕택에 소녀의 첫 월경을 축하하는 문화가 자리 잡아가고 있다. 그런데 소남의 몽정은 무시된다. 모든 남자들이 몽정을 겪고 자위에 열중하던 청소년기를 거치지만, 아무도 입 밖으로 체험을 꺼내지 않는다. 난생처음 겪는 사정을 어떻게 이해하고 받아들일지 건강하게 알려주는 문화가 갖춰지지 않았다. 축축해진 속옷을 몰래 빨고 몸을 씻어내었을지언정 남자들의 마음속엔 지워지지 않는 찝찝한 얼룩이 남아 있는 셈이다. 성욕을 원만하게 조절하며 해결하는

데 어려움을 겪으면서 남자들은 신체를 혐오하고 부정적인 인식을 갖게 된다. 흔히들 남자의 성기를 가리키는 속어 '좆'이 욕설의 대표가 된 것만 보더라도 성의식이 얼마나 일그러진 채 깊게 각인되었는지 드러난다.

아직 인류 문명은 강렬한 성욕을 주체하면서 건강하게 살아가는 지혜를 보급하지 못했다. 오늘날에도 금욕 말고는 뾰족한 해결책을 제시하지 못하는 실정이다. 학교에서는 건전한 취미나 운동하면서 성욕을 자제하라고 가르치는데, 기성세대는 자신들도 성공할 수 없었던 방법을 근엄한 목소리로 늘어놓는다. 영화에서는 악당이나 문제 있는 사람이 자위하는 장면을 보여준다. 영화 〈엑소시스트〉에선 악령에 씐 소녀가 자위에 몰두한다. 마치 자위가 악령에 씐 행위처럼 말이다. 〈공공의 적〉을 보면 패륜 범죄에 앞서 자위하는 장면을 굳이 관객들에게 보여준다. 미국에선 연방보건원장 조슬린 엘더스가 정상적인 인간의 기능으로 자위를 가르쳐야 한다고 발표했다가 쫓겨났다. 인류 문명이 얼마나 가식과 허위가 만연한 채 무능한지 드러내는 사건이었다. 자위에 대한 올바른 이해가 없으면 아이들에게 더 큰 문제가 생기는데, 현대문명은 성에 대한 무지를 조장한다.

자위를 혐오하고 억압하는 것은 고상함이 아니라 비인간적인 위선이다. 자위는 인간이라면 누구나 경험하는 지극히 자연스러운 행동이다. 다들 자위한다고 밝히지는 않지만 모두가 했으며, 다수의 남자들은 결혼한 뒤에도 계속한다. 자위는 남자에게 평생 지속되는 취미 생활이다. 자위는 정자의 공급을 원활하게 하고 통로를 건강하게 열어놓기 위해 꼭 필요한 일이다. 성욕이 왕성한 남자 청소년들은 수치심과 죄책감에 시달리면서도 하루에도 여러 번 발기되는 신체에 흥미진진해하면서 자위하게 된다. 인문학자 박홍규는 자위를 적절하게 향유할 줄 아는 건 기본 인권 가운데 하나이자 자신의 당당한 표현이어야 한다면서, 자위 때문에 기죽지 말라고 청소년들을 격려한다. 모든 욕망이 그러하듯 자위 역시 시행착오를 거치면서 신체 감각과 쾌락을 이해하는 경험을 통해 적정 수준을 체득하게 된다.

남자 어른들이 자신의 체험을 들려주면서 지혜를 공유한다면 남자 청소년들의 혼란이 덜할 텐데, 대부분 어른들은 아이들을 방치한다. 때로는 고리타분한 성지식을 전해주거나 혼전 순결 서약을 시키기까지 한다. 청소년들이 아직 성숙하지 않았으므로 자제력이 필요하지만 금지와 억압은 최선책이 아니다. 성을 부끄럽게 가르치면 죄책감과 수치심으로 범벅된 모순되고 분열된 인간이 된다. 남자들은 부끄러운 짓을 욕망한다는 사실에 위축되고, 성을 부끄럽게 여기면서도 남자답게 자신이 주도해야 하는 현실에 인지부조화를 겪게 된다. 겉으론 멀쩡해 보여도 육체를 경멸하며 자기분열에 시달리는 남자들이 많다.

인간은 눈물을 제외하곤 몸에서 배출되는 물질에 대해 혐오를 갖고 있는데, 특히나 사회문화에서 성과 관련해 혐오가 주입되면 남자들은 정액을 해결해야 하는 괴로움의 원인이자 혐오스러운 체액으로 인식하게 된다. 정액이 쌓이면 얼른 배출하려는 불편한 욕구가 생긴다. 이런 정액을 여성이 받아들인다. 자신의 육체와 성과 정액을 건강하게 인식하지 못하면 성과 정액을 더럽게 여기는 만큼 여성도 더럽게 인식된다. 성교육이 부실할 경우 여성을 욕망하는 꼭 그만큼 미치도록 미워질 수도 있다. 자신의 몸에 대한 불화가 여성으로 투사되는 것이다.

성은 본능이더라도 문화와 학습에 영향을 받는다. 어떠한 경험을 하고 어떠한 관점으로 바라보느냐에 따라 의식수준과 처신이 달라진다. 성에 입을 다무는 사회일수록 겉은 멀끔할지 몰라도 속은 짓무른다.

4

결혼과
가정

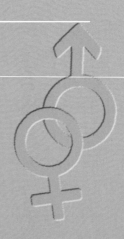

결혼을
머뭇거리는 이유

영장류에서 암컷과 수컷의 몸길이 비율은 일부다처제와 강력한 상관관계를 지닌다. 일부일처제를 하는 수컷의 몸 크기는 암컷과 비슷하고, 일부다처제 영장류 수컷은 고비용을 감수하면서까지 체구를 키운다. 인간 남녀의 몸집 비율은 긴팔원숭이나 마모셋원숭이처럼 일부일처를 유지하는 종보다는 크고, 고릴라나 비비처럼 수컷 하나가 암컷을 독점하는 종들보다는 작다.

성적 성숙의 시기도 일부다처제와 상관성을 지닌다. 동성 사이의 경쟁이 치열하다면 번식 시도에서 결실을 얻기까지 경쟁력을 확보하고자 성적 성숙이 오래 걸린다. 남자는 여자보다 더 늦게 성숙한다. 인간의 신체에 각인된 여러 증거를 종합해볼 때 인간은 약하게나마 일부다처제를 해왔음을 알 수 있다.

인류학자들이 과거와 현재의 사회 1154곳을 연구했더니 980곳에서 여러 명의 아내를 거느리는 일이 합법이었다. 북미 서해안의 '빅맨'이나 오스트레일리아의 토착민을 보더라도 지위가 높거나 재력이 월등하면 두 명 이상의 아내를 갖는 일이 허용되어왔다. 과거의 습성이 하루아침에 사라지지는 않아서 현재에도 일부일처제가 완벽하게 구현된 사회는 어디에도 없다.

일부다처제의 습성을 지닌 인간이 일부일처제를 시도한 건 여러 가지 이유에서다. 여태껏 권력을 지닌 남자들이 여성을 독차지하자 여자가 없는 남자들은 폭력 사태를 일으켰고, 중하위층 남자들을 달래면서 외부 집단과 대적하고자 남자 계급 간에 이뤄진 정치적 타협이 일부일처제이다. 일부일처제는 남성의 방종을 막는 여성의 승리이자 성평등의 결과처럼 보이지만 일부일처를 통해 가장 이익을 보는 건 중하위층 남자들이었다. 여자들이 결혼에 대한 환상과 동경이 매우 강해 흔히들 여자를 위해 일부일처제가 만들어졌다는 생각이 퍼져 있는데, 사실 대부분의 남자들에게 일부다처제는 재앙이었다. 짝 없이 죽었을 많은 남자들이 일부일처제 덕택에 아내가 생겼다. 반대로 일부일처제를 통해 중하위층 여자들은 피해를 받았을지도 모른다. 상류층 남자의 아내라면 일부다처제가 여성의 인권을 침해한다고 분노하겠지만, 과거에 가난한 여자들에게 여성의 권리란 부양과 지원을 제대로 받는 것이었다. 일부다처제였다면 부유한 남편의 두 번째나 세 번째 부인이 되어 보다 수월하게 육아했을 여자들이 일부일처제 때문에 빈곤한 남자와 결혼해 평생 힘겨워했다.

현재 인류는 대부분 일부다처제를 통해 번식한 조상의 후손이고, 남녀 모두 일부다처제의 습성에서 자유로워지지 않았다. 일부일처제가 주류 규범이 되어가는 과정에서 남자들은 과거보다 훨씬 신중해졌다. 남자들이 느끼는 결혼에 대한 부담감은 가족을 먹여 살려야 한다는 버거움과 아울러 생물학 차원에서 자신의 유전자가 한 여성에게만 고착되는 데에 대한 거부감도 있다. 남자들은 결혼에 의문을 갖고서는 이해득실을 따진다. 실제로 결혼의 손익계산서를 작성한 찰스 다윈은 나이 들었을 때 허전하고 삭막하게 살고 싶지 않다면서 행복한 노예도 얼마든지 있다며 결혼을 결심했다. 대다수 남자들도 고독하고 불행한 자유인이 아닌 행복한 노예가 되길 바라며 결혼할 수밖에 없는데, 그러나 뜸들이고 능장을 부릴 확률이 높다.

여자가 결혼을 앞두고 평생의 배필을 과연 잘 골랐는지 두려움에 휩싸인다면 남자는 평생 함께해야만 하는 여자가 있다는 사실에 두려움을 느낀다. 여자가 남편을 얻는다는 건 든든한 자기편이 생긴다는 의미이지만, 남자가 아내를 얻는다는 건 한 여자에게만 전념해야 한다는 의미가 된다. 여자 역시 남편이 아닌 다른 남자를 만나지 못한다는 두려움이 있을 테고, 남자도 여자를 두고 펼치는 남자들의 대결에서 벗어나 아내라는 든든한 자기편이 생기지만, 성차로 말미암아 결혼에 임하는 태도에서 심리의 차이가 있을 수 있다는 얘기이다.

결혼을 두고 남녀의 태도는 사뭇 다르다. 성관계로 넘어가는 문턱에서 여성은 얼마나 헌신하는지 지켜보면서 애무 진도에 신중하다. 여자들은 남자의 청을 들어주지 않고 뒤로 미루더라도 크게 손해 보지 않는다. 성욕으로 다급한 건 남성이다. 쉽게 얻으면 쉽게 떠나간다는 말이 여자들 사이에서 충고처럼 퍼져 있고, 여자들은 허락할지 말지 아슬아슬한 경계를 지키면서 남자의 애간장을 녹게 한다. 젊은 남자들은 여자가 이점을 누린다고 느끼기 마련이다. 그런데 결혼을 앞두고 판세가 전환된다. 남자들은 여자가 요구하는 장래 서약을 미루려 한다. 남자는 결혼을 뒤로 미루더라도 크게 손해 보지 않는다. 남자들은 한 번의 성적 긴장 해소 행위를 대가로 여성을 평생 책임지는 걸 부당하게 느낄 수 있다. 여자가 성행위를 뒤로 미루며 조심하는 태도가 나름의 근거에 바탕을 둔 전략이듯 남자들이 전념을 신중히 결정하는 태도도 나름의 근거에 바탕을 둔 전략이다.

결혼은 여성에게 더 시급한 문제이다. 여자는 가임기가 정해져 있어서 일정한 나이를 놓치지 않고자 서두르는 경향이 나타난다면, 남자는 나이 들어도 아버지가 될 수 있어 꾸물대는 경향이 나타난다. 번식 가능성의 성차 말고도 여성이 남성보다 결혼을 서두르는 또 다른 이유가 있다. 짝짓기 시장에서 남녀는 가장 좋은 조건에서 계약하려고 하는데, 시간이 지날수록 여성이 가진 자원의 가치는 불리한 방향으로 흘러간다. 외모로 연애시장에 진출한 여자는 빠르게 거래를 성사시키지 못하면 결국엔 눈물로 마감 짓곤 한다. 남자도 시간이 갈수록 신체 매력은 감소하지만 사회 지위가 오르면서 남자가 가진 자원의 가치는 증가할 확률이 높다. 이런 맥락을 염두에 두면 남자가 늑장 부리는 이유를 알 수 있다.

남자들이 결혼에 신중한 태도를 로이 바우마이스터는 홈쇼핑에 비유한다. 판매자들은 시간이 지나면 가격이 떨어질 걸 알기에 당장 서둘러 결제하라고 채근하지만 구매자 입장에선 서두를 필요가 없다. 시간이 지나면 아직 팔지 못한 판매자들은 가격을 내리고, 새로운 판매자들이 등장하며, 구매자의 재정 상황은 더 나아질 것이기 때문이다.

아내를 재산으로
간주하는 남편들

클로드 레비스트로스는 결혼이 여성과 남성의 계약이 아니라 남자들 사이의 계약이라고 주장했다. 씨족들은 여성을 재화처럼 거래하면서 결속되었다. 대다수 인간 사회에서 남자들은 신붓값을 여자 친족에게 지불해 아내를 샀다. 김유정의 소설 「봄봄」에서처럼 남자가 여자의 친족에게 일정 기간 일해주고 아내를 얻는 봉사혼의 경우도 흔했다. 대부분의 인간 사회에서 남성은 노동력으로 간주됐고 여성은 성적 능력으로 평가됐다. 지금도 국제결혼을 보면 이런 관행이 지속된다. 860개 사회들에서 결혼할 때 교환하는 내용을 검토하니 580개의 사회에서 신랑이나 신랑의 친족이 지불했다. 불과 22개 사회에서만 신부의 친족이 지참금을 부담했는데, 이 지참금은 남자 집안이 갖는 것이 아니라 대개 신혼부부에게 돌아갔다.

결혼의 목적은 번식이었다. 프랑스의 철학자 폴 비릴리오는 남성에게 여성이란 자신의 재생산을 위해 발견해낸 수단으로 남자가 사용한 최초의 운송 장치라고 말했다. 많은 사회에서 아내가 아이를 낳지 못하면 이혼 사유가 되었다. 신붓값을 치렀는데 아내가 불임이면 남편은 환불을 요구할 수 있었다. 신붓값은 자식값이었다. 현대사회에서도 결혼이 깨질 때 불임은 중요한 원인이다. 한국에서는 여자가 재혼할 때 금지 기간이 있었다. 이혼한 뒤 여자가 곧바로 재혼해 임신하면 그 아이의 친부가 누구인지 불명확해지므로 여섯 달 동안 재혼을 금지시켰다.

전 세계 여러 나라의 법률을 보면 재산과 여성을 등치시키는 조항이 거의 똑같이 담겼었다. 결혼식 때 아버지가 딸을 데리고 나와 사위에게 넘기는 풍속이나 여성의 성이 아버지의 성에서 남편의 성으로 바뀌는 데서도 나타나듯 결혼은 여성이라는 재산을 이양하는 절차였고, 결혼은 재산권 차원에서 신성했다. 아내가 남편의 재산이었으므로 배우자 강간은 처벌되지 않아왔다. 자기 재산을 자신이 빼앗을 순 없는 법이었다.

인류사 내내 남자들이 여성을 소유물로 여기며 통제한 건 남자의 두려움을 반영한 결과였다. 남자들은 아이가 자기 핏줄인지 확신할 수 없는 부성 불확실성에 시달렸다. 간통(adultery)이란 어원 자체가 적절치 않은 불순물을 섞어 품질을 떨어뜨린다는 뜻의 라틴어 adulterare에서 유래했다. 남자들 자신은 오입질을 줄기차게 해대면서도 여성의 간통은 처벌해왔다. 중국과 일본의 법들에서도, 서구 열강이 침탈하기 전의 아프리카에서도, 로마가 정복하기 전의 게르만 부족에서도, 잉카나 마야 그리고 아즈텍 같은 아메리카 대륙의 문명에서도, 서아시아에서 번영했던 고대 국가들에서도, 지중해 연안의 부족사회에서도, 간통은 여성의 결혼 여부로 판결했다. 여성과 남성의 간통을 동일한 잣대로 평가하는 일은 현대에 들어서 생겼다. 유부남에게도 제약이 생긴 건 몇백 년 사이에 일부일처제의 강화에 따른 최근의 결과이다.

과거 유대인들의 십계명을 보면, 여섯 번째부터 열 번째까지의 조항은 각자의 재산을 침범할 경우 처벌하겠다는 남성 사이의 계약이었다. 일곱 번째 간음하지 말라는 계명과 열 번째 네 이웃의 아내를 탐내지 말라는 계명에서 나타나듯 아내는 남편의 소유물로 취급되었다. 여성은 집보다는 뒤에, 하인이나 가축보다는 앞에 거론되면서 어떤 위상이었는지를 보여준다. 이웃집 아내와 간통한 사람이 있으면 두 사람 모두 사형당해야 한다고 레위기 20장 10절에 적혀 있듯, 어떤 남자가 다른 남자의 아내를 강간하면 타인의 정당한 소유물을 침해했으므로 가해자는 처벌받는데 이때 강간 피해자까지 돌팔매에 죽임을 당했다. 결혼하지 않은 여자를 강간했을 경우엔 여자의 아버지에게 돈을 지불하고 그 여자를 아내로 맞아들이면 처벌받지 않는데, 이것도 처녀에게만 해당되었다. 처녀와 성관계를 맺었다면 그녀의 아버지에게 손해를 끼친 일이었지만, 성관계 경험이 있는 여자라면 여자로서 가치를 이미 상실했다고 간주됐다. 예수의 어머니가 동정녀라는 둥 기독교가 처녀성에 집착하는데, 이것은 여자를 처녀성으로 가치 평가해온 풍속의 반영이다. 경전을 라틴어로 번역해서 기독교 역사에 커다란 족적을 남긴 히에로니무스는 "처녀성은 천국으로 가는 보증"이라고 설파했다.

남자는 여자를 재산이나 소유물로 인식하는 경향이 강하다. 자신의 땅을 침범하는 이방인을 무찌르듯 자신의 여자에게 손길을 뻗치는 타인을 쓰러뜨리려는 건 남자들의 오랜 본능이다. 거리에서 여자들을 힐끔거리는 남자들도 여자 옆에 덩치 큰 남자가 있으면 금세 고개를 돌린다. 남자들은 남들이 자신의 애인에게 감탄하길 바라더라도 일정한 선을 넘으면 자기에 대한 도전이라고 느낀다.

여자를 소유물로 보는 시선은 남자에게 아주 뿌리 깊은 속성이라 이러한 현상은 미군 기지촌에서도 나타났다. 백인 전용 술집에서 일하는 여성이 흑인과 관계할 경우 백인에게 구타당했다. 마찬가지로 흑인을 상대하는 여성이 인종의 선을 넘어 백인과 관계할 경우 역시 흑인에게 보복당했다.

여성은 자연 자원처럼 취급받았고, 결혼을 통해 여성은 남성의 내부 식민지가 되었다고 독일의 여성학자 마리아 미즈는 분석한다. 남자들 사이엔 위계 서열이 있으나 각자 가정주부라는 내부 식민지를 두면서 시민의 지위를 누릴 수 있게 되었다는 설명이다. 무산계급의 남자에게 아내는 가장 큰 재산이었다. 결혼은 두 사람이 평등한 공동체를 이루는 일이었다기보다는 남자가 여자라는 재산을 지배하며 관리하는 제도였다.

여자를 재산으로 간주하는 남자의 속성은 배우자를 고를 때도 나타난다. 남자들은 귀여운 여자를 아내로 원했다. 귀여움이란 속성은 약함, 순종성과 긴밀하게 연결되어 있고, 귀여운 여자라는 말에는 통제당하기 쉽다는 뜻이 내포되어 있다. 남편의 능력을 자신의 능력으로 동일시하는 아내와 달리 남편은 아내의 능력을 자신의 능력과 동일시하지 않기 때문에 굳이 처가의 입김이 세거나 능력이 출중한 여자를 선호하지 않는다. 남자들은 결혼한다고 해서 자신의 직업이 달라지거나 생활 방식이 바뀔 원치 않는다. 우세 경쟁에 대한 강박이 있는 남자들은 집 안에서조차 우위에 서려는 욕망이 강하고, 내조란 여자가 자신을 낮춘다는 뜻으로 받아들였다.

전 세계 남자들은 여성을 소유의 관점에서 인식해왔다. 이런 점에서 페미니즘은 여성이 남성과 동일한 인간이라는 사실을 남자들에게 인식시키고, 남성의 손아귀에서 여자들이 빠져나오는 데 중요한 기여를 했다. 여성에 대한 남성의 통제 권한이 축소되고 여성의 자유가 증진되면서 남자와 여자는 서로를 인간으로 바라보기 시작했다.

결혼은 남성을
더 보호한다

한 사람을 평생토록 존중하고 사랑해야 한다는 결혼제도는 인간의 본성과는 썩 어울리지 않지만 그럼에도 인류 사회의 근간이었다. 성을 두고 벌어지는 온갖 갈등과 폭력을 잠재우면서 사회질서를 안정시키는 데 결혼이 기여했다.

모든 인간 사회에서 남성과 여성은 번식 동맹을 맺어왔다. 국가나 종교가 있지도 않았던 아주 옛날부터 남녀는 결혼해서 유성생식을 해왔다. 부부는 가정을 꾸린 뒤 적응도를 높이는 이익 공동체였다. 전 세계 다양한 남녀의 번식 동맹체엔 여러 공통점이 있다. 아내와 남편은 서로에게 의무를 갖고, 항상 다른 사람을 배제하지는 않더라도 대개 배타적으로 성행위하며, 임신하고 출산해서 육아할 동안 부부 관계가 지속되리라는 기대가 존재하고, 부부가 낳은 아이는 합당한 지위를 부여받는다. 대부분의 포유류에서는 좀처럼 찾아보기 어려운 짝짓기 관행들이다. 포유류는 번식할 때만 관계를 맺고, 수컷은 부모 역할을 하지 않는 경우가 태반이다.

남자가 여자와 평생 관계하며 자식을 함께 키우는 건 인간만의 특징이고, 직립보행과 연관되어 있다. 두 발로 일어서면서 인간의 골반과 팔다리의 구조가 변했다. 네발로 걷는 동물에 비해 골반뼈가 비좁아지면서 태아가 다 성장해서는 출산할 수가 없었다. 인간은 미숙아를 낳게 되었고, 아기는 오랫동안 돌봄을 받아야 했다. 정자만 제공하고 떠나는 남자가 아니라 옆에서 아기와 엄마를 챙기는 남자가 필요해졌다. 그렇게 가정이 탄생했다.

자식과 아내를 돌보고 부양하는 결혼을 통해 남자 역시 여러 이익을 얻는다. 일단 삶의 질이 향상된다. 아내 덕분에 음식을 제때 챙겨 먹으면서 윤택해진 일상을 체감한다. 또한 병에 걸릴 확률이 대폭 감소하고 우울증에 걸릴 확률도 감소한다. 자살도 덜 한다. 아내의 간섭으로 총각 시절처럼 밤새워 놀지 못하고 과음하지 않게 되어 더 건강해지는 부수 효과도 있다.

독신으로 지낼 때보다 사회유대도 강화된다. 여성은 가까운 사람들의 경조사를 챙기면서 관계를 잘 유지하려는 경향이 있고, 아내 덕에 남편은 그동안 소홀하던 인간관계가 친밀해진다. 사회관계가 개선되면 삶의 만족도와 건강이 나아지므로 기혼남의 평균수명은 늘어난다. 16개의 선진국을 조사했더니 기혼자가 미혼자보다 더 행복하고 더 오래 살았다. 45세가 넘은 미국인 25만 명을 연구했더니 기혼자가 미혼자보다 대체로 사망률이 낮았다. 남성이냐 여성이냐 흑인이냐 백인이냐는 별로 중요하지 않았다. 결혼생활 여부가 중요했다.

결혼은 재정 상태도 개선시킨다. 연구에 따르면 한 번도 결혼하지 않거나 이혼한 남자의 자산은 부부의 자산에 비해 절반도 채 안 되었다. 남자가 혼자 돈 벌 때보다 아내와 합심할 때 훨씬 넉넉해질 가능성이 높았다. 제인 오스틴이 자신의 대표작에서 일찍이 얘기했었다. 재산깨나 있는 독신 남자에게 아내가 필요하다는 건 누구나 인정하는 진리라고.

일부일처제는 남성의 핏줄을 영속하는 데도 기여한다. 일부다처제가 남자에게 다량의 번식 기회를 제공하지만 이것은 극소수의 남자들에게만 해당되는 얘기다. 난교를 통해 수많은 여자들과 관계를 맺을 경우 여자들 역시 수많은 남자들과 관계를 맺는다. 남자로서는 핏줄이 이어지리라는 보장이 없다. 대다수 남자들에게 가장 유익한 짝짓기 전략은 한 여자에게 집중 투자하고 자식들을 부양해 자손의 질을 높이는 것이다.

테스토스테론 농도를 측정하면 아이를 키우며 가정에 헌신하는 남자가 가장 낮다. 가정에 충실하더라도 아이가 없는 남자는 조금 높고, 가정이 있어도 혼외정사하는 남자는 더 높았으며, 아이도 없고 만나는 여자도 없는 남자의 테스토스테론 농도가 가장 높다. 동성애 남자 가운데 일부 남자들은 테스토스테론 농도 수준이 엄청난데, 육아하지 않고 배우자와의 유대도 없는 데다 남자 대 남자의 경쟁을 최대로 벌이기 때문으로 추정된다. 테스토스테론은 농도 변화를 통해 남자를 난봉꾼 아니면 다정한 아빠가 되도록 만든다. 짝짓기 노력과 부모로서의 노력은 서로 상충한다. 결혼하면 테스토스테론이 낮아지면서 다른 남자들을 이기고 여자를 차지해야 한다는 압박감에서 벗어나 자식에게 헌신하게 된다.

남자들은 자식이나 조카처럼 보호하면서 투자해야 하는 핏줄이 생겨나면 성에 대한 집착에서 조금이나마 벗어난다. 나이가 든 상태에서 다른 남자들과 경쟁해 새로운 여자의 마음을 얻어 자식을 또 만드는 일보다 가족을 보호하는 일에서 더 큰 이득을 얻게 된다. 남자는 결혼하고 나이가 들면 자신의 몸에서 흥분과 혼란을 일으키던 내분비물이 감소하면서 더 선명하게 세상을 바라보고 더 침착해진다. 신학자 안병무는 결혼하면서 전환점을 맞았다고 고백했다. 결혼 전에는 이성과 어울릴 때 어떤 기대 때문에 기분이 붕 떴는데, 결혼하니 이성에 대한 기대가 단념되면서 자신을 부풀려 평가하는 허영심이 없어졌다고 자평했다. 남자에서 사람으로 돌아왔고 여자를 대할 때도 사람으로 인식하게 되었다면서, 습기 찬 여름이 지나고 찬 바람이 부는 가을을 맞은 느낌이라고 털어놓았다.

결혼하면 다른 여자들과 통정할 가능성은 줄어들지만, 성 만족감은 올라간다. 결혼을 사랑의 무덤으로 부르면서 독신이면 자유로이 다채로운 성관계를 맺을 수 있다고 착각하는 남자들이 있는데, 정작 실태 조사를 해보면 결과는 정반대다. 기혼자들의 성관계 횟수가 더 많고 절정 체험도 더 많이 한다. 소수의 남자가 여러 여자들을 경유하며 쾌락을 탐닉할지 모르지만, 대다수 독신 남성은 고독의 고통에 몸부림친다. 에밀 뒤르켐은 결혼을 통해 남성이 포기하는 자유는 그에게 고통의 원천이었을 뿐이라고 꼬집었다. 더 많은 여자들과 성관계할 수 있다는 부질없는 희망을 버리는 대신 결혼하면 한 여자와 깊은 즐거움을 확실하게 나눌 수 있게 된다. 결혼이란 고독과 분노로 타오르는 남자의 가슴을 촉촉이 적시는 단비이다.

국가의 관점에서 보더라도 결혼은 사회 안정에 혁혁한 공을 세운다. 현대 범죄학에서 결혼이 남자를 온순하고 듬직하게 만든다는 건 상식이다. 미국 보스턴의 저소득층 10대 청소년 1000명을 45년 동안 추적한 연구에서 비행 청소년이 범죄자가 되지 않는 데는 두 가지 요인이 있었다. 하나는 안정된 직업을 갖는 경우였고 다른 하나는 사랑하는 여자와 결혼해 가족을 부양하는 경우였다. 결혼은 평화의 기반이다. 다른 요인을 통제하더라도 결혼한 남자들은 범죄를 저지를 가능성이 실제로 낮다. 스물네 살에서 서른다섯 살에 이르는 미혼 남자는 동년배 기혼 남자보다 다른 남자를 살해할 확률이 세 배 이상 높다. 결혼하면 남자들의 성급함과 과격함이 어느 정도 진정된다.

남자는 경제력으로
대상화된다

결혼을 앞두고 여자는 이상형에 변화가 생긴다. 경제력을 갖추었는데 외모까지 훈훈하면 가산 점수를 얻을 수 있지만 허우대가 번듯해도 넉넉한

생활 여건을 제공하지 못하는 남자라면 남편 후보로서 실격이다.

성평등의 바람이 전 세계에 불고 있으나 여자들이 결혼하고 싶어 하는 이상형은 성평등과 일치하지 않기 일쑤다. 높은 수입과 안정된 재정을 지닌 여자조차도 자신보다 더 많은 재산을 가진 남자를 원하는 경향을 보인다. 신랑의 수입이 당신의 수입보다 적을 수 있다고 생각하느냐고 여자에게 물었을 때 괜찮다고 답변하는 여자는 극소수다. 미국의 인류학자 존 마셜 타운센드가 여자 의대생들을 조사했더니 자신과 같거나 높은 수입을 올리는 사람과 결혼하고 싶다는 답변이 대다수였다. 수입이 적은 남자와 결혼하고 싶다는 보고는 단 한 건도 없었다.

많은 여자들이 나이와 외모를 가지고 여성을 대상화해서 평가하는 남성의 시선에 넌더리 내고 분개하지만 막상 남자를 경제력으로 대상화해서 평가하는 데는 문제의식이 별로 없다. 성적 매력 있는 여자만을 숭배하는 남자들의 행태는 여자들에게 맹공당하지만, 성공한 남자만을 흠모하는 여자들의 행태를 질타하는 여자는 거의 없다.

배우자를 고를 때 여성 역시 남성을 재고 따진다. 태어나는 아이가 얼마나 잘 성장할 수 있을지는 아버지가 어떤 사람인지가 큰 영향을 미치므로 여자들은 남자를 꼼꼼하게 살핀다. 성격이 못된 남자더라도 경제력이 받쳐주면 아이를 키울 수 있지만, 아이에게 필요한 물품을 장만하지 못하는 남자의 곰살가움은 빛바래기 마련이다. 다정함은 경제력이 보장되었을 때 돋보이는 자질이다. 여러 설문 조사를 보면 여자 대학생들의 대다수는 대화가 잘 통하는 남자와 결혼하고 싶다는 의향이 강했으나 아이가 있는 여자들은 경제력을 배우자의 조건으로 더 중시했다. 결혼하고 아이를 키우다 보면 남자에게 요구하는 바가 달라지는 것이다. 한국의 많은 아내들은 학원비를 제때 주지 못하는 남편을 결코 용납하지 않는다.

그런데 여성이 부자와 결혼하려고 노력한 건 길어야 1만 년밖에 안 되었다. 수렵채집하며 살았던 수백만 년 동안 선조들에게 재산은 거의 없었고, 배우자를 고를 때 부유함은 그리 중요하지 않았다. 미국의 영장류학자 세라 블래퍼 허디는 여성이 남성의 부를 보고 결혼하는 건 권력을 쥔 남자가 자원을 독점하는 데서 비롯된 인공물이라고 주장했다. 허디의 통찰처럼 농업이 시작된 뒤 재산이 축적되고 대물림되면서 부유한 남자를 만나는 게 육아의 성공에 중요한 관건이 되었다. 그러나 허디의 주장과 달리 부유한 남자를 선호하는 여성의 욕망은 새로운 양상이라기보다는 남자의 명예와 평판과 사냥 실력을 선호하던 욕망의 연장선이다. 더 나은 남자를 고르려는 여자의 욕망은 수그러든 적이 없으며 상황에 따라 중시하는 항목이 약간 달라질 뿐이다. 신석기의 농업화와 함께 부유함이 인간 사회에서 매우 중요해졌고, 세계의 모든 여자들은 배우자의 경제력을 으뜸으로 치는 공통성을 보인다.

시대를 막론하고 남녀가 상대에게 요구하는 바는 대동소이하다. 모든 여자들이 경제력을 갖췄으면서도 자신에게 헌신하는 남자를 찾는다. 검증된 최고의 배우자감은 이미 다른 여자와 결혼했을 확률이 높고, 아직 성공하지 못한 남자들 가운데서 배우자를 골라야 하는데, 여자가 염두에 두는 기준선을 요즘 남자들이 좀처럼 넘지 못한다. 여자의 무의식 속에는 아버지를 통해 형성된 남편감에 대한 기대치가 있다. 고도 성장기엔 앞 시대의 아버지보다 더 나은 경제력을 지닌 남자들이 결혼시장에 왕창 공급되어 결혼이 원활했다면 저성장 시대엔 매력 있는 신랑감이 하나도 없게 느껴진다. 요즘 여자들은 생활수준이 하락하는 결혼을 원치 않는다. 일본에서 젊은 여자들을 상대로 설문 조사하면 자신이 비정규직이든 정규직이든 상관없이 비정규직 남자를 기피한다. 후생노동성에 따르면, 2002년 10월에 20~34세의 독신이었으나 그 뒤 5년 동안 결혼한 남녀를 살펴보면 여성은 직업 유무나 고용 형태에 그리 큰 영향을 받지 않은 데 반해 남성은 비정규직이거나 무직이면 결혼 확률이 매우 낮았다. 수입이 적은 남자는 결혼하기 어렵고, 경제력이 있는 남자는 군이 빨리 결혼할 필요가 없어 느긋하게 군다.

생식이 어려운 환경에서 생명체들은 우선 자기 투자에 열중하며 생존을 도모한다. 어느 때보다 풍요로운 현대사회지만 불안정한 일자리밖에 없는 상황에서 남자들은 우선 생존에 몰두한다. 한국을 살펴보면, 뜬구름처럼 느껴지는 집값과 불안정한 직장 때문에 결혼은 언감생심이 된다. 반지하 사글세를 살며 신혼살림을 차릴 수도 있지만, 그렇게 낳은 자식은 좋은 조건에서 후원받는 자식에게 밀릴 가능성이 높다. 입시 위주의 살벌한 교육 환경이 결혼을 가로막는 원인으로 작동한다. 인류사 어느 때보다 부유해졌으나 그만큼 아이를 낳고 키울 때 요구되는 기준치도 상승했다.

결혼 성사가 줄어든 이유에는 여성의 사회 진출도 한몫한다. 여성의 사회 진출이 원활하지 않았던 시절에는 남자에게 의탁하지 않으면 먹고살기 어려웠으므로 남성을 훨씬 더 필요로 했다. 과거엔 원치 않는 결혼이라도 할 수밖에 없었다. 오늘날엔 생계를 스스로 해결하는 여자들이 다수가 되었다. 출산과 육아가 기쁨이기보다는 고통으로 인식되면서 여자들 사이에서 혼자 살려는 움직임도 불거졌다. 여성에게 남성은 필요한 사람이라기보다는 함께하기에 번거로운 상대처럼 되고 있다. 여성이 남성보다 성욕이 약해서 독신의 고충도 덜하다.

1인 가구가 일반화되었다. 혼자 사는 여자는 그래도 밝고 건강한 느낌을 주는 데 반해, 남자가 혼자 살면 사람들은 궁상맞게 바라본다. 홀아비 냄새란 말이 있듯 혼자 사는 남자는 웬만큼 노력하지 않으면 금세 궁색해진다. 독신남에 대한 고정관념이 작동하는데 영 잘못된 선입견이 아닐 확률이 크

다. 여자가 곁에 없으면 심리가 불안정해지고, 위험한 일에 솔깃할 확률이
높다. 독신 남자들은 술과 담배에 중독되거나 향락산업에 빠져들기 쉽다.

아버지가 되는 걸
두려워하다

여태껏 결혼은 자신이 어른이라는 증명과 같은 것이었다. 남미의 보로로
족에서 미혼 남성은 반쪽 인간으로 취급받았다. 보로로족뿐 아니라 다른
문화권에서도 매한가지였다. 나이가 어려도 결혼하면 어른 대접을 받았지
만 나이가 많더라도 미혼이면 아이처럼 인식되었다.

어른이 되고자 꼭 결혼해야 하는 건 아니며, 결혼한다고 다 어른이 되지
도 않는다. 그럼에도 결혼하면 자기통제와 책임감이 늘어나면서 더 어른스
러워질 수 있다. 좋은 어머니가 되는 일이 훌륭한 목표이지만 힘든 여정을
거쳐야 하듯, 좋은 아버지가 된다는 목표도 누구나 도전할 수 있지만 쉽게
이르지 못하는 험준한 산이다. 좋은 아버지가 되고자 노력하는 과정에서
남자들은 많은 희생을 치르는데, 그러나 그만큼 되돌려 받는다. 아이가 생
기면 유혹과 방종에 대한 저항력이 상승하고, 자기밖에 모르던 남자가 타
인을 좀 더 배려하게 된다. 결혼과 가족은 방황하던 남자에게 삶의 의미를
부여한다. 아버지의 권위는 그저 결혼해서 아이를 낳는다고 생기지 않는다.
아버지로서의 존재감과 존경심은 자신의 노력에 달려 있다. 결혼은 성숙한
경지로 넘어가는 인생의 문턱일 수 있다. 아버지가 되면서 환골탈태하는 남

자들이 많다.

결혼하고 가정을 꾸리는 건 남자에게 책임과 희생을 요구하는데, 오늘날 희생과 책임은 썩 달가운 낱말이 아니다. 결혼이 과거엔 친족에 의해서 강제되었다면 이제는 개인의 선택이다. 쾌락과 욕망이 지배하는 풍토에서 아버지에게 부과되는 책임감이 결혼을 늦추는 하나의 요인으로 작용한다. 자유주의와 개인주의가 확산되어 남자다움을 획득하라는 압력이 약해지면서 버거운 부담을 짊어지지 않으려는 경향이 불거진다.

남자가 늦더라도 제대로 준비해서 결혼하려는 건 어느 정도 일리가 있다. 실제로 남자의 경제력은 가정의 평탄함과 긴밀한 상관성을 지닌다. 다수의 남자들은 아버지를 딱히 좋아하지 않더라도 결혼할 때쯤엔 아버지 정도라도 할 수 있을까 두려워한다. 하지만 아버지 노릇의 막중함을 이해하는 일과 아예 책임지지 않고자 회피하는 일은 사뭇 다른데, 이 둘을 혼동하는 남자들이 많아졌다. 이건 한국뿐 아니라 세계에서 일어나는 현상이다. 오늘날엔 어린이나 다름없는 '어른이', 영어식으로 표현하면 kidult가 넘쳐난다.

어른이들이 대거 양산된 건 시대의 징후이다. 시련과 역경을 헤치면서 세상을 더 낫게 만들어야 한다는 공통 믿음이 붕괴되자 현대인은 그저 각자 알아서 더 많은 쾌락을 얻고자 방황한다. 세상을 향해 뿜어지지 않는 남성성은 사소한 안락에 대한 가련한 집착으로 돌변한다. 일본의 오타쿠, 한국식 표현으론 오덕후는 세상에 대한 책임감은커녕 자기 자신조차 제대로 책임지지 못한 채 자잘한 것에 어린애처럼 몰두한다. 성장을 신체의 크기로만 이해하고 성숙을 성적인 의미로만 인식할 뿐 진정한 성장과 성숙을 도외시하는 남자들이 바글바글하다. 어른이는 고도화된 자본주의가 만들어낸 대량 생산품이다.

성장하려면 부모로부터 독립이 필수인데, 부모의 품에서 아직 벗어나지 못한 남자들이 수두룩하다. 여자들이 남자를 고를 때 사기꾼 기질이 다분하거나 주먹질을 하거나 술에 중독된 남자도 조심해야 하지만, 어머니의 영향력에서 벗어나지 못하는 걸 효도로 착각하는 남자 역시 조심해야 한다. 부모의 안락한 세계를 벗어나 거친 세상과 싸우면서 자신만의 세계를 만들지 못한 남자는 아직 성인이 되지 않은 것이다. 오늘날 한국에서 펼쳐지는 고부갈등은 시어머니와 며느리의 가치관 차이 때문이기도 하지만, 미성숙한 아들이 어머니로부터 독립하지 않은 채 결혼해서 생기는 문제이다.

어떤 남자들은 자신의 어머니 같은 신부를 찾은 뒤 어머니 역할을 요구하면서 결혼을 황폐하게 만든다. 반대로 어머니에 대한 원한을 해소하지 못한 채 어머니와 아예 다른 여자를 선택해 어머니에게서 받지 못한 사랑을 뒤늦게 받으려는 남자들도 있다. 어른으로 성장하지 못한 상태에서 결혼하려는 건 아닌지 남자들은 심사숙고할 필요가 있다.

어른이 되지 못한 남자는 아버지가 되어서도 자식 교육에 방관한다. 한국의 아버지들은 사교육에 집착하며 자식을 들볶는 아내가 심하다고 생각하면서도 가혹한 경쟁 체제에서 자신의 아이가 성공하기를 바라며 묵인한다. 그저 다른 남자의 자식과 자기 자식을 비교하면서 승패에 집착할 뿐이다. 미숙한 아버지의 모습이다.

성숙한 남자가 자식을 더 잘 키우는 건 분명하지만 성숙해진 뒤에야 결혼하고 자식을 가지란 법은 없다. 아직 미숙해도 용기 내어 결혼하는 일 자체가 성숙의 과정이 될 수 있다. 남자들이 결혼을 늦추는 여러 요인이 있으나 결혼을 너무 늦게 하는 건 남자에게 좋지 않다. 최근 연구에 따르면 남자의 나이가 많으면 젊었을 때보다 손상되거나 구조 결함이 생긴 정자들이 많아져 태아가 건강하지 못할 수 있다. 나이 든 아버지에게서 태어난 아이가 조현병이나 자폐증 같은 뇌 장애의 위험이 증가한다는 연구 결과가 발표됐다. 이스라엘에서 태어난 30만 명의 아기들의 출생 당시 아버지의 나이를 조사했더니, 마흔을 넘은 아버지를 둔 아기는 서른 이하의 아버지에게서 태어난 아기들에 비해 자폐증에 걸릴 확률이 세 배 높았다. 결혼하고 아이를 낳아 키우고 싶은 남자라면 너무 늦지 않게 도전할 필요가 있다.

아버지가
없으면

아버지의 육아 참여는 중요하고 중요하다. 아빠가 육아에 헌신하여 자녀와 깊은 유대 관계를 맺으면 자녀가 성장하면서 생기는 갈등을 원만히 극복할 수 있다. 아버지의 돌봄을 받는 아이는 타인과 공감하는 건강한 시민이 될 가능성이 높다. 곽경택 감독의 영화 〈친구〉에서 교사(김광규)는 "느그 아버지 뭐 하시노" 하며 학생들 뺨을 때리는데, 이건 아버지의 희생을 상기시키면서 성적 향상의 자극을 주려는 폭력적인 의도인 동시에 아버지가 뭐 하기에 자식 학업에 이토록 무관심하느냐는 아버지들을 향한 우회적인 비판이다.

아버지 없이 자라는 자식들이 많다. 혼자 아이를 키우는 여자를 바라보는 싸늘한 시선의 반만이라도 사라진 아빠의 빈자리로 향하면, 곧 비겁한 남자들이 보인다. 임신은 남자의 유전 물질이 여성의 몸에 들어가지 않으면 일어날 수 없는 일이다. 상대의 동의 없이 미래를 고려하지 않고 여자의 몸에 정액을 집어넣는 건 무책임하고 비도덕적이고 인간으로서 부족한 증거라고 리베카 솔닛은 이야기한다. 남자들의 무책임 때문에 아버지 없이 태어나는 아이가 생겨난다.

욕설처럼 쓰이는 호래자식이라는 말이 있다. 국립국어원은 호래자식 또는 후레자식이 홀의 자식에서 왔을 가능성을 이야기한다. 홀은 혼자란 뜻이다. 호래자식은 홀어미 혼자 키운 자식이란 뜻이다. 인류사에서 여자 혼자 아이를 키우는 일은 힘들었고, 세상 사람들의 시선도 따갑다 못해 야멸쳤으며, 아버지 없이 자란 아이는 범죄나 일탈을 저지를 가능성이 높았다.

아버지 없이 자라는 아이들은 전 세계에 많지만, 미국은 자못 심각하다. 연방인구조사국에 따르면 아버지 없이 크는 아이들이 1960년에는 510만 명이었다면 현재는 2400만 명에 육박한다. 아버지 없는 아이들의 폭증은 1960년대의 성문화 변동이 영향을 미쳤을 테고, 잘못된 복지제도가 젊은 여자가 아이 아빠가 아닌 국가와 결혼하도록 만든 면도 있다. 특히 흑인들은 인종차별을 당하는 데다 아버지가 없는 가정에서 자라면서 순탄치 않은 성장기를 보내고, 흑인 남자들은 젊은 날에 요절하거나 감옥에 갇힐 가능성이 매우 높다. 다니엘 패트릭 모이니한이 아버지 없이 자라는 가정의 문제와 그에 따라 파생되는 사회 위험에 주의를 기울이라고 촉구하자 그에게 인종차별의 시선을 갖고 있으며 정상 가족에 대한 환상에 갇혀 있다는 비난이 쏟아졌다. 그러나 모이니한은 소신 있게 발언하는 사람이었다. 1980년을 앞두고 소련의 모든 나라에서 사망률이 가파르게 증가하고 있다는 사실을 발견한 모이니한은 소련이 10년 안에 붕괴할 거라고 의회에서 발표해 웃음거리가 되었다. 그러나 소련은 역사의 뒤안길로 사라졌다. 모이니한은 자신이 아버지 없는 가정에서 자라 고교 시절에는 구두닦이를 하며 어렵게 공부해 교수까지 된 사람이라 아버지 없는 가정의 문제를 누구보다 잘 알았다. 모이니한은 경제구조의 변동으로 실업이 증가하고 안정된 직업이 줄어들면서 남자들이 결혼생활을 하기 어려워졌고, 여자들이 남자에게 의존하지 않고 자신의 수입으로 살면서 성규범과 가정문화가 바뀌었다고 설명했다. 그 결과 흑인 가족은 모계중심 구조로 변해왔는데, 이런 변화는 흑인 집단의 발전을 심각하게 지연시킨다고 모이니한은 주장했다. 아버지의 빈자리가 큰 여파를 미친다는 것이다.

편모슬하에서 성장했다고 모든 남자아이들의 미래가 꼭 암울하지는 않다. 어머니의 헌신으로 건강하게 자라는 아이들이 대부분일 것이다. 그럼에도 아버지 없이 자란 아이가 많아지고, 아이를 키우지 않는 남자들이 많아지는 건 사회문제와 상관관계가 있다. 아버지와 분리되어 자란 청소년은 비행이나 범죄의 유혹에 취약하다. 남자아이들이 권위 있는 남성과 안정된 관계를 맺지 못하고 미래의 가능성을 꿈꾸지 않게 방치하는 사회는 혼란을 자초하는 것이다. 특히 출생하고 2년 동안은 아버지의 필요성은 너무나 명백하다. 스칸디나비아의 국가들과 미국에서 행해진 비행 청소년들에 대한 다양한 연구를 보면, 생애 초기에 아버지의 부재를 경험한 남자아이들은 좀 더 나이가 들어 아버지를 잃은 남자아이보다 여러 면에서 훨씬 더 심각한 손실과 결핍을 겪었다.

집에 아버지가 있는 아이들은 아버지가 없이 자란 아이들보다 아래와 같은 특징을 갖고 있다. 성별 불문하고 자존감이 높고, 상급학교로 진학할 확률이 더 높다. 더 나은 자격 조건을 갖춰서 더 나은 직장에 취직할 확률이 높으며, 위법행위나 마약, 술 같은 중독에 빠질 확률은 낮다. 폭행이나 강간, 성적 학대의 대상이 될 가능성도 낮다. 여자아이라면 이른 나이에 성관계하거나 10대에 임신할 가능성이 낮으며, 남자아이라면 범죄자가 되거나 조직폭력단에 가입할 확률이 낮다.

아버지의 부재는 자식의 삶에 해로운 요소이지만, 인간은 복잡한 존재다. 아버지가 없는 사람들 중엔 창조성을 발휘하는 경우도 있다. 랭보도 부친이 집을 나간 뒤 어머니 손에서 컸다. 단테, 스위프트, 볼테르, 뒤마, 루소, 보들레르, 바이런, 브론테 자매, 상드, 포, 톨스토이, 도스토옙스키 등등 조실부모하고도 유명한 작가가 된 사례는 드물지 않다. 아버지가 없다는 건 세상을 다른 식으로 볼 수 있다는 의미이기도 하다. 부모의 배려를 너무 받아서 정해놓은 대로 자란 아이는 기존 질서를 답습할 가능성이 높다. 새로운 이론 체계를 만든 내로라하는 철학자를 살피면 아버지가 없는 경우가 허다하다. 스피노자, 칸트, 헤겔, 쇼펜하우어, 니체, 비트겐슈타인, 사르트르 등등은 저마다 다른 주장을 펼쳐서 딱히 공통점이 없지만, 그들의 삶을 보면 아버지가 일찍 떠났다는 공통점이 있다. 아버지가 없다는 건 정신적으로 기댈 데가 없다는 뜻이기도 하지만 과감해질 수 있는 기회가 제공되었다는 뜻이기도 하다.

레오나르도 다 빈치도 아버지의 빈자리 속에서 자신의 삶을 스스로 일으켜 세운 인물이다. 그는 자신을 낳아준 어머니 밑에서 5년 동안 자라다 어머니가 다른 곳으로 시집가자 아버지의 집에서 키워지다가 그림을 배우기 위해 집을 떠나면서 일찍 홀로서기를 했다. 프로이트는 대부분의 아이들에게 그것이 어떤 권위이든 복종하려는 욕구가 너무나도 강력해서 권위가 흔들리면 아이들의 세계가 요동치는데, 레오나르도 다 빈치는 권위에 대한 복종 없이 살았다고 분석한다. 레오나르도 다 빈치가 자유로운 정신으로 삶을 예술로 빚어낼 수 있었던 건 부모의 빈자리를 열정과 지혜로 채워 넣었기 때문이라고 볼 수 있는 것이다.

존 레논도 독특한 가정환경에서 자랐다. 부모가 다투면서 버려진 존 레논은 나중에 엄마를 만나 음악을 배우지만 버려졌다는 기억에서 결코 자유롭지 못했다. 그럼에도 부모의 부재가 드리운 응달에 머물지 않고 더 큰 세상으로 나아갔다. 존 레논은 거침없이 자신의 느낌을 말했고, 신세대들의 감성을 자극하며 이끌었다. 기독교는 사라지거나 세력이 줄어드니 비틀즈가 예수보다 유명하다고 말할 만큼 자기검열을 하지 않았다. 미국 정부가 존 레논의 평화운동을 고깝게 여기면서 마리화나를 이유로 추방하려고 하자 존 레논은 자신이 유토피아의 대사라면서 외교관 면책특권을 요구했다. 존 레논이 잠깐 반짝하는 어릿광대가 아니라 오랫동안 사람들에게 감동을 주는 예술가가 될 수 있었던 까닭은 그의 뛰어난 자질과 노력 덕이지만, 부모의 울타리 안에서 곱게 성장하지 않았던 이력도 무시할 수는 없다.

아버지는 존재만으로도 자식들의 삶에 큰 영향을 미치고, 부재한다는 사실로도 어마어마한 영향을 끼친다.

아들이 받는
음산한 상처

아들에게 혹독하게 구는 아버지가 꽤 많다. 남자들의 세계가 험난하기에 아들을 강단 있게 키우려는 의도 때문일 수도 있다. 그러나 아들은 아버지를 통해 세상을 헤쳐 나갈 준비를 하기보다는 마음에 큰 생채기를 입곤 한다. 남자들의 마음속 어딘가에 음산하게 앙금이 있기 마련이다. 아들과 아버지 사이에 가로놓인 마음의 장벽은 두려울 정도로 두껍다. 아들은 아버지와 속 깊은 대화를 하지 않는 채 살아간다.

남자들은 상담 받을 때 웬만하면 눈물을 보이지 않는다. 결혼에 실패하고, 아이가 사고를 치고, 직장에서 해고당하고, 사업이 망하고, 몸이 아파도 남자들은 울음을 꾹 참는다. 눈물은 아버지를 얘기할 때 복받치면서 터진다. 이제 볼 수 없는 아버지를 그리워하며 울거나 자신을 인정하지 않았던 냉담한 아버지를 원망하며 흐느낀다. 아버지와 아들 사이에선 사랑이란 낱말이 별로 등장하지 않지만 둘 사이에서 가장 중요한 핵심은 사랑이다. 아들은 아버지의 사랑을 바라고, 사랑의 불충분함에 분노한다.

여성은 남편과 아들의 싸늘한 관계를 안타까워하지만 왜 부자가 데면데면하고 서먹서먹한지 좀처럼 이해하지 못한다. 애초에 사랑이 여성이 아이를 키우며 돌보기 위해 파생된 감정이므로 아버지의 사랑이 어머니의 사랑만큼 지극하기는 쉽지 않다. 자식을 생각하는 마음에서 부모 사이에 약간의 차이가 생길 수 있다.

더구나 남자는 부성 불확실성에 시달리는 만큼 자식을 조금쯤 의심할 뿐 아니라 여성만큼 전적으로 투자하지도 않는다. 인도나 가나, 과테말라 같은 개발도상국을 조사했더니 아이들의 영양 상태는 아버지의 소득과 비례하지 않았다. 여성의 수입 증가와 비례했다. 미국의 수많은 남자들도 자식에게 후원하기보다는 자기 차에 돈을 쓰기 좋아했다. 돈이 생긴 여성이 자신보다 먼저 아이에게 지원한다면 돈이 생긴 남자들은 자신의 지위 과시를 위해 밖에서 써버린다.

극단의 예이지만, 부모 살해를 보면 아버지와 어머니가 자식을 대할 때의 차이가 드러난다. 부모 살해의 피해자는 대개 아버지다. 예컨대 1974년부터 1983년까지 캐나다에서 청소년 자녀에게 살해당한 부모의 76퍼센트가 아버지였다. 자식을 학대하다가 반격당한 경우가 많은데, 청소년이 일상에서 어머니보다 아버지와 부대끼는 일이 적은 데다 몸싸움해서 어머니보다는 아버지를 이기기 힘들다는 점을 감안하면 부친 살해가 모친 살해보다 더 많은 현상이 의아할 수 있다. 여기에도 부성 불확실성이 작용한다. 아버지가 자식을 학대하는 경우 자신의 핏줄이 아니라는 의심이 작동하고 있을 때가 많고, 자식들은 자신의 혈연이 확실한 어머니를 아버지로부터 보호하고자 폭력을 사용하는 것이다.

부성 불확실성에 시달리는 만큼 여성이 자식을 대할 때 발생하는 감정의 강도를 가지려면 남자 스스로 부단한 노력을 기울여야 한다. 무뚝뚝하던 남자가 자식이라고 해서 갑자기 살가워지기는 힘든 일이다. 남자는 아들과 잘 지내지 못한다는 데서 비롯되는 죄책감과 아울러 하루가 다르게 성장하는 아들을 보면서 늙고 힘없어지는 자신에게 공포를 느낀다.

남자들은 아들보다는 손자에게 사랑 표현을 훨씬 잘한다. 손주가 생길 때쯤이면 나이가 지긋해지고 은퇴할 무렵이라 남성 호르몬 분비가 감소해서 한결 마음이 푸근해져 있다. 아들이 자랄 때는 한창 활동할 시기라 자신의 기대와 욕망이 강하게 투사되는 만큼 실망과 분노도 크다. 자신이 이루지 못한 소망을 강요한다면 더더욱 부자 관계는 일그러질 수밖에 없다. 자식을 어떻게 대해야 할지 배우지 못한 남자는 자신의 아버지처럼 굴기 십상이다. 남자들은 자신이 어릴 때 아버지에게 받았던 좌절감을 아들에게 대물림한다.

아버지에 대한 원망과 절망감을 잘 보여주는 인물이 프란츠 카프카다. 보통 사람들은 자신의 문제를 감수하며 결혼하지만 카프카는 자신에게 근본적인 장애가 있어서 결혼하지 못했다고 아버지에게 편지를 썼다. 그는 결혼하기로 결심한 순간부터 더 이상 수면을 취할 수 없었다. 불안과 허약함과 자기 경멸에 시달리면서 머리가 지끈거렸고 제대로 생활할 수조차 없었는데, 이건 아버지로부터 파생된 결과였다. 카프카는 잊히지 않는 기억을 회상했다. 한밤중에 일어난 카프카는 꼭 목이 말라서라기보다는 아버지랑 대화하고 싶어서 물을 달라고 보챘다. 그러나 아버지는 물을 떠다 주기는커녕 호되게 위협했고, 몇 차례 위협에도 카프카가 칭얼거리자 침대에서 끌고 나가 문밖에 세워두고는 혼자 집 안으로 들어가 문을 잠가버렸다. 그만한 일로 집 밖으로 쫓겨나 내면의 상처를 입은 카프카는 거인의 모습을 한 아버지가 최후의 심판관이 되어 자신을 강제로 끌어낼 수 있다는 생각에 시달렸다. 하지만 카프카는 자신의 진심을 담은 편지를 아버지에게 끝내 전하지 못했다.

카프카의 소설은 음울하고 난해하다. 소설 주인공을 둘러싼 권력은 수수께끼이다. 카프카가 일하면서 겪은 갑갑한 관료제가 그의 작품에 영향을 끼쳤겠으나 그 밑에는 아버지로 상징되는 불가해한 권위와 그에 따른 공포가 존재한다. 예민한 아이 때 아버지에게 큰 상처를 받았던 카프카의 마음엔 분노와 두려움이 웅크리고 있다가 작품의 배경으로 배어 나오는 것이다.

아버지에게 충분히 사랑받지 못한 아들들은 아버지에 대해 별로 이야기하지 않는데, 자신의 아버지를 회피하려는 남자는 과거를 제대로 극복하지 못한다. 아버지의 잘못에만 집착하는 건 아버지라는 존재를 협소하게 파악하는 일이다. 남자들은 자신이 아버지가 되고 나서야 아버지가 표현에 서툴렀을 뿐 자식을 사랑하며 희생했다는 사실을 알게 된다. 아버지 혼자 감당해야 했고 자식들이 미처 알 수 없었던 고통과 고독을 헤아릴 때 비로소 아버지를 총체적으로 인식할 수 있다. 아들은 아버지란 존재를 온전하게 이해하고 진심으로 화해해야 자신이 치유 받을 수 있고, 자신의 아들에게 좋은 아버지가 될 수 있다.

아버지와 아들의 관계와 달리 딸과의 관계는 온화한 편이다. 아들과 딸을 대하는 태도의 차이는 남자들이 과거의 가부장제에서 탈피하지 못했음을 보여주는 현상이기도 하다. 아빠들이 딸바보라고 스스로를 자칭할 만

큰 애정을 쏟고 있는데, 그 속내를 보면 사랑이란 이름으로 관리하려고 들 때가 많다. 아버지들은 자신의 딸이 용감하도록 격려하지 못한다. 동서고금 아버지들은 딸이 귀여움을 떨며 조신하게 지내다 좋은 데 시집가기를 원한다. 위인이라고 다르지 않았다. 바이런, 키츠와 함께 영국의 낭만주의 3대 시인으로 평가받는 셸리는 윌리엄 고드윈의 딸 메리와 사랑에 빠졌다. 윌리엄 고드윈은 자유연애를 찬양하며 결혼과 동거를 혹독하게 비판하는 책을 써서 화제의 인물이 되었는데, 막상 딸이 자유연애를 하려고 하자 노발대발했다.

오늘날엔 가부장제가 해체되고 여성운동의 영향으로 딸을 낳고 키운 남자들은 좀 더 성감수성이 발달하는 경향이 나타난다. 딸이 있는 남자일 경우 여성이 겪는 차별에 공감할 확률이 높다. 실제로 딸을 둔 국회의원은 정파를 넘어서 여권 신장 법안에 동의하는 비율이 높다. 자기 딸의 안전과 이해관계라는 감각은 여성운동에 둔감했던 남자들을 각성시킨다.

전통 방식으로
자식을 사랑한 아버지

아버지들은 전통의 방식으로 후원하고 양육했다. 아이가 도달하기 쉽지 않은 목표를 부여하고 아이를 실패하게 만들었다. 이런 방식은 아이들에게 고통스러운 체험이었지만 유치한 자만심에서 벗어나도록 이끌었다. 아버지들은 자식이 커가면서 맞부딪칠 세상이 만만치 않음을 일찍이 알려주고자 미리 자신이 난관을 부여하고 극복하게 만들면서 강인하게 키우려고 했다.

　오랜 세월 남성중심사회였던 만큼 독립심을 강조하는 남성의 방식이 지나치게 강조되었다면 최근엔 여성의 방식만이 유일한 양육 방법인 것처럼 부각되는 추세이다. 여러 연구에 따르면 여성의 방식이 자녀를 행복하게 키울 때 더 부합하는 면이 있으나 그렇다고 남성 방식이 잘못되기만 한 건 아니다. 아버지들의 육아 방식에서도 계승해야 할 교훈이 있다. 어머니가 보듬고 돌보면서 자아 존중감을 키운다면 아버지는 조금 무뚝뚝하지만 분명한 목표 설정과 성실한 노력을 요구하면서 강단 있게 키운다.

　남자가 자식과 거리감이 있었던 건 시대의 한계 탓이 컸다. 남자가 사냥터로, 논밭으로, 일터로 나가지 않으면 가족이 먹고살 수 없었다. 가장으로서 책임감이 막중하기 때문에 자식들과 떨어져 지낼 수밖에 없었다. 남자들은 주먹을 불끈 쥘 때가 한두 번이 아니었으나 집에 있는 가족을 생각하며 꾹 참았다. 남성은 여성에게 부양 받는다는 개념이 없었고, 혹여나 아내에게 기생해서 살아가는 남편은 조롱과 멸시를 당했다. 남자들의 고된 노동은 삶의 의미를 얻는 과정일 수도 있지만 유대 신화에서 아담이 노동이란 징벌을 받듯 형벌의 성격이 짙었다. 대다수 아버지의 퉁명스러움은 미덕은 아니지만, 한편으론 팍팍한 세상살이에 지치다 보니 가족들을 정겹게 대하기란 쉽지 않은 일이었음을 이해할 필요가 있다. 오죽하면 희랍인 조르바는 결혼해서 아이를 낳고 부양하며 책임지는 일을 완전한 재앙이라고 불렀을까.

　남자들은 결혼생활과 사회생활이 힘겨워 절망스러울 때 침실에 들어가 곤히 잠든 자녀들을 바라보면서 마음을 추스르는 경우가 많다. 자신에게 아이들의 미래가 달려 있다는 인식은 무거운 책임감이지만 한편으론 세상의 시련에 굴하지 않고 다시 맞설 힘이 된다. 남자들은 가족을 위해 자신을 희생한다. 작가 류시화는 장례식을 마치고 아버지 유품을 정리하다가 자물쇠로 잠겨 있던 상자 안에서 빛바랜 봉투 속 사진들을 보게 된다. 류시화의 아버지는 일본과 필리핀 그리고 인도네시아까지 방랑했고, 사진 속에서 이국의 여인들과 활짝 웃고 있었다. 그러나 결혼하고 줄줄이 태어난 자식들을 먹여 살리고자 벌목장에서 노동했고, 폐결핵에 걸려서도 가족 생계를 위해 죽는 날까지 농사를 지었다. 스티븐 달드리 감독의 영화 〈빌리 엘리어트〉를 보면 아버지는 발레 하는 아들을 이해할 수 없지만 자식 뒷바라지를 위해 수모도 감수한다.

여전히 남자들은 가족을 위해 희생하지만 오늘날엔 권위는커녕 천덕꾸러기 신세가 되고 있다. 문화체육관광부에서 실시한 2016년 한국인의 의식 가치관 조사에 따르면 가정 내 의사 결정권이 어머니에게 있는 경우가 46퍼센트였고 아버지는 11퍼센트에 불과했다. 예전부터 여성은 자녀 교육이나 생활비 지출을 주로 담당했는데 최근엔 주거 문제나 가족 행사도 관장한다. 의사 결정을 부부 공동으로 하거나 여성이 장악하는 추세이다. 이미 많은 여자들이 막강한 힘을 갖고 있다. 회사에선 상사에게 들볶이다가 집에 들어오면 아내에게 닦달당하는 남자들이 드물지 않다.

남자들은 자신이 돈 버는 기계라는 자조 섞인 푸념을 늘어놓는다. 남자다움의 핵심 정의 가운데 하나가 소비보다 더 많은 생산이다. 결혼제도는 남성을 아버지로 만든 뒤 뭔가를 생산하게 만들고서는 그 수입을 여성과 아이들에게 이전시킨다. 남자들은 평생 버는 돈 가운데 자신을 위해 쓰는 돈은 별로 없다. 보험제도는 아버지의 주요 기능이 무엇인지 도드라지게 드러낸다. 가족이 아버지에게 가장 기대하는 첫째가 경제 능력이다. 무능력한 아버지 때문에 궁핍한 어린 시절을 보낸 사람들은 아버지에 대한 원망을 갖고 있기 마련이다. 가정 형편이 쪼들리면 자식들의 마음이 쪼그라진다.

아버지의 경제력은 아이가 성장기에 받는 상처를 어느 정도 막아주는 방패가 된다.

남자들은 가정을 위해 희생해왔다. 그러나 과연 그 정도가 최선이었는지는 의문에 붙일 필요가 있다. 앞 시대 아버지들은 나름 자신이 보고 듣고 배운 아버지 노릇을 하려고 애를 썼다는 사실과 살가운 표현이 남자다움에 위배되는 시대의 한계를 감안하더라도 남자들이 육아에 소홀했다는 사실을 감쌀 수는 없다. 인류사 내내 아버지가 아들과 상호작용하는 일은 변변찮았다. 육아를 주로 여성이 맡다 보니 자신의 아들을 이해하지 못하는 일이 자주 벌어졌고, 아들의 경우엔 의젓한 성인 남자들과 교류 없이 성장하다 보니 다수의 남자들이 건강한 남성상을 갖지 못했다.

남자들은 자신이 번 돈으로 옷도 사고 학교도 다니고 놀러 가면서도 자신을 투명 인간처럼 여긴다고 한탄하지만, 이건 가족이 나쁜 인간들이라는 비난과 다름없고 결국 자기 얼굴에 침 뱉는 꼴이다. 가족의 화목을 위해 돈은 필요조건일 뿐 충분조건이 아니다. 고되게 일하다 귀가했을 때 자식들이 코빼기도 비치지 않거나 인사만 하고 각자 방으로 들어간다면 이미 비극이 펼쳐지는 중이다.

남자들은 과연 무엇이 사랑인지 고민해야 한다. 아이들과 감정 소통하면서 성장기에 같이 시간을 보내는 건 권장 사항이 아니라 아버지의 의무이다. 동물행동학자 최재천은 저녁 시간에 약속을 잡지 않는 원칙이 있었다. 피치 못할 사정으로 꼭 저녁에 약속이 있을 때도 일단 집에 돌아와 자녀와 저녁식사를 한 다음에 다시 나갔다. 아이의 성장기에 시간을 같이 보내지 않으면 나중에 자식은 당연히 거리감을 느끼게 된다. 아이는 금방 자란다. 아이와 함께할 수 있는 시간은 생각보다 길지 않다.

부성애의
혁신

최근 들어 선진국을 중심으로 남자의 육아 참여가 자연스러워지면서 남성성 개념이 변화되고 있다. 그럼에도 여전히 남자들이 육아에 미지근한 태도를 보이고 있다는 걸 부인할 수는 없다. 오스트레일리아에서 조사한 설문 결과를 보면, 전업으로 육아하는 아빠들이 많지 않을 뿐만 아니라 그들 가운데 육아가 좋아서 집에 있는 남자는 다섯 명 가운데 한 명밖에 되지 않았다. 다섯 명 가운데 네 명은 제대로 된 직업을 구할 수가 없거나 건강 때문에 육아를 맡았다. 여자들은 다섯 명 가운데 네 명이 자신이 원해서 아이들을 돌보고자 집에 있다고 답변했다.

남성의 육아 참여가 활발하지 않은 데는 사회문화 탓도 있다. 아이를 돌보며 챙기는 남자가 야심이 없고 유약하다는 평가가 공고하게 존재한다. 오스트레일리아의 언론인 애너벨 크랩은 여자들이 집안일의 대가를 받지 못한다고 통탄만 할 게 아니라 남자들에게 가사 노동을 별로 권하지 않는다는 사실을 인정해야 한다고 역설한다. 남자들의 육아에 대한 거리감은 남자들이 단지 이기적이어서가 아니라 사회에서 그렇게 조장하는 측면이 있다는 설명이다. 남자가 육아와 가사 노동에 뛰어들면 상당 부분 소득이 줄어들고, 사람들로부터 달갑잖은 대우를 받게 된다. 아직 대다수 인류는 육아하는 남자를 낯설어한다. 성장과정에서 육아에 적극 나서는 남자들을 겪은 적이 없는 사람들은 남자가 자녀 양육에 부적절하다고 평가하거나 기존 남자다움에 부합하지 않는다고 여길 가능성이 높다.

여자들 역시 육아에 나서는 남자를 탐탁찮게 바라본다. 육아에 적극 참가하면 고맙더라도 속으로는 직장 경쟁에서 도피하려는 게 아닌지 걱정하는 아내들이 드물지 않다. 일본에서는 남편이 가정보다 일에 우선해야 한다는 의견에 찬성한 기혼 여성이 3분의 2 이상이었다. 일본 내각부에서 2012년에 실시한 여론조사를 보면, 남편은 밖에서 일하고 아내는 가정을 돌봐야 한다는 의견에 찬성한 여자가 절반에 이른다. 2009년의 37퍼센트보다 더 높아진 수치다. 한층 버거워진 근무 환경에 여자들이 피로감을 느끼는 한편 남편이 직장에서 건재하기를 바라는 기대가 커진 것이다.

남자의 육아 참여가 시대의 화두지만, 인류사 내내 양육을 도맡던 여성이 수유하고 육아할 때 유리한 건 분명하다. 남자는 여자가 육아에 더 적합하고 더 잘한다고 생각하기 쉬운데, 이건 여성의 능력을 인정하는 것처럼 보이지만 실제론 자신의 무책임을 위장하는 꿍꿍이에 지나지 않는다. 여자라고 해서 처음부터 육아의 달인은 아니다. 시행착오를 통해 배워 나가는 것이므로 남자도 갈수록 육아를 잘하게 된다. 과거에도 여자 혼자 육아하지는 않았다. 마을 공동체가 형성되어 있어서 이웃과 친족이 같이 아이를 키웠다. 시대 변화에 따라 이웃과 친족의 빈자리를 남편이 채워야 하는데 아직 미흡한 형편이다.

미국의 교육학자 마이클 거리언은 남자들에게서 더 많이 분비되는 테스토스테론과 바소프레신의 성질을 언급하면서, 타고난 내분비물 때문에 남자가 아기를 돌보는 것은 적합한 일이 될 수 없다고 단언했다. 이렇게 남자의 특성을 단정하는 사람들이 꽤 많은데, 어느 정도 논거가 있기는 하다. 갓난아기에게는 모유가 거의 유일한 음식이고, 여자는 모유를 먹이는 데만 하루에 대여섯 시간을 소요한다. 아기와 엄마의 특별한 관계 곁에 남자는 좀 어정쩡하게 머물게 된다. 그러나 수컷이 자식 성장에 많이 투자하는 동물 종에선 부성애가 발현되고, 인간은 자녀의 성장기에 아버지의 투자가 가장 필요한 종이다. 남자에겐 육아 본능이 탑재되어 있다. 사랑하는 여자가 임신하면 남자의 몸과 마음에 변화가 생긴다. 예비 엄마의 땀샘과 피부에서 분비되는 천연 화학물질이 전이된다. 임산부를 돌보고 챙기다 보면 예비 아빠는 자신이 임신한 것처럼 입덧하거나 체중이 늘어나는 쿠바드 증후군이 생겨난다. 쿠바드 증후군은 인간뿐만 아니라 마모셋원숭이 같은 영장류와 비단털원숭잇과의 타마린 수컷에게서도 나타낸다.

요즘 남자들은 출산과 육아에 적극 참가하는 추세이다. 임신한 아내와 라마즈 호흡을 하고 태어난 아이의 탯줄을 자르면서 자기 안에 있던 거칠고 유치한 성질도 잘라버린다. 프로락틴 수치가 높아진 예비 아빠는 아이와 아내에게 애착을 느끼면서 양육할 준비를 갖추게 되고, 테스토스테론이 떨어지면서 다른 남자들과 우세 경쟁하는 데 관심이 적어지며, 코르티솔이 평소보다 두 배 이상 높아지면서 민감성과 경계심이 높아져 아이를 보호하려고 든다. 테스토스테론 수치가 낮아지고 프로락틴이 높아진 아빠들은 아기의 울음소리를 훨씬 잘 듣고 민감하게 반응한다. 아빠의 뇌에선 계획과 기억을 담당하는 부위가 활성화되면서 육아 태세가 갖춰진다. 심지어 산후 우울증을 경험하는 남성이 4분의 1이나 된다는 조사도 있다. 대자연은 남자가 자녀를 양육하도록 본능을 장착시켜놓았다. 가동시키면 좋은 아빠가 될 수 있다.

커지는 아내의 배를 바라보면서 예비 아빠들은 진작 사랑에 빠진다. 귀를 대고 아기의 심장 소리를 들으면서 생명의 신비에 전율한다. 애정을 담아 대화하면 언어 내용이 전달되지는 않더라도 사랑이 전달되고, 갓난아기는 배 속에서 듣던 익숙한 아버지 목소리에 반응한다. 젖을 먹여야 하는 어머니만큼은 아니더라도 아버지가 자주 안아주고 숫구멍에 코를 파묻고 냄새를 맡을수록 사랑은 진해지고 짙어진다. 엄마가 젖을 물리며 안는 것처럼 남자들도 옷을 벗고 아기와 신체 접촉하면 두 사람의 신체에선 진정 작용과 유대감 향상이 일어난다. 아기들은 아빠 품에 안긴 채 아빠의 몸이 공명하며 전달하는 울림을 좋아한다. 고레에다 히로카즈 감독의 영화 〈그렇게 아버지가 된다〉가 잘 그려내었듯, 아버지가 처음부터 자식에게 강렬한 애정을 갖지 않았더라도 자식과 밀접하게 지내다 보면 사랑이 움튼다.

아빠의 육아 동참은 훗날 아이의 학교 성적과 연관성을 가진다. 현대로 올수록 더 많은 아이들이 부모와 애착을 갖고 상호작용하면서 사회성과 지성이 고루 발달하고 있다. 플린 효과가 발생하는 것이다. 플린 효과란 1950년대부터 인간의 지능지수가 3점씩 꾸준히 증가하는 현상을 가리킨다. 인류의 지능지수 향상엔 복합적인 원인이 작용하는 것으로 보인다. 교육 수준의 향상과 대중매체의 발달, 풍부한 영양 공급까지 인간의 지능에 미치는 원인은 많다. 그 가운데 양육의 질이 더 좋아진 점도 인지능력 상승에 혁혁한 공이 있다. 가족 구조가 축소되면서 부모는 한 자녀에게 더 많은 관심을 집중하고 있다. 자유민주주의가 확산되고 부모들이 한결 서글서글해진 결과 아이들의 인지발달이 순조롭다. 양육 방식이 개선된 만큼 아이들이 더 똑똑해지고 있다. 아버지의 육아 참여는 인류사에서 인간의 심리와 인지능력에 혁신을 가져온 것이다.

미국의 작가 조나 레너는 아버지와 자식의 애착이 얼마나 중요한지 뒤늦게 깨달았다. 그는 딸이 생후 16개월이 될 때까지 아이를 재운 적이 단 한 번도 없었다. 어차피 딸이 기억하지 못하리라고 합리화했지만 끔찍한 실수였다. 조나 레너는 바쁘다는 핑계로 육아에서 손을 떼다가 딸이 자신과 있는 걸 원치 않는 냉엄한 현실과 맞닥뜨렸다. 아내가 늦게 들어오는 날 아이를 달래며 재우려 했지만 아이는 엉엉 울어대기만 했다. 자식에게 불편한 존재라고 생각하자 눈물이 터진 조나 레너는 좋은 아빠가 되기 위해 끈질기게 노력했다. 여전히 육아에 서툴렀고 딸을 화나게 만들고 울렸지만 천천히 변화가 일어났다. 불안한 상황이 되면 아버지를 찾고는 등 뒤에 숨었다. 드디어 조나 레너가 딸의 안전 기지가 되었다.

조나 레너처럼 모든 남자들이 집 안 진출을 하지는 않더라도 아이를 책임지고 키우는 일이 남성다움으로 인식된다면, 시간이 지날수록 남자들은 아이에 대한 책임감과 육아를 당연한 임무로 받아들일 것이다. 자식들이 남자를 필요로 하는 만큼 남자에게도 자식이 필요하다. 남자는 자아 존중감과 자신이 중요하다는 느낌을 자녀들로부터 얻으면서 한층 더 행복해진다.

남자의 육아에 여자들이 좀 더 관대할 필요가 있다. 여자들은 남자가 육아에 서툴고 관심이 적다고 볼멘소리를 하지만 속으론 자신이 아이의 책임자라는 영광을 분할하고 싶어 하지 않는 경우가 많다. 모유를 먹이면서 키울 때의 커다란 만족감과 황홀한 기쁨을 줄이고 싶지 않은 데다 독박 육아를 하면 고통스럽지만 그 고통의 크기만큼 자신의 모성이 돋보인다고 믿어 육아 분담을 별로 원치 않을 수 있다. 남편에게 아이를 맡길 때 미심쩍고 불안하더라도 남편을 육아의 애송이로 취급하면서 힐난할 게 아니라 믿고 맡기면 아이도 아빠의 보살핌에 익숙해지면서 가정이 더 화목해진다.

남자들에게는 일과 가족 두 마리 토끼를 모두 잡으라는 요구가 주어지고 있는데, 직장과 가정에서 모두 존경받는 남자는 그리 많지 않다. 남자들이 가정에서 화기애애하게 시간을 보낼 수 있도록 사회경제 구조의 변화가 요구된다. 이미 임신하고 출산하는 과정에서 자식에게 많이 투자한 여자는 남자들보다 수월하게 애착을 갖고 육아에 나선다. 반면에 남자가 여자처럼 유아와 유대감을 가지려면 개인의 의지와 노력뿐만 아니라 사회제도의 지원이 필요하다.

요즘엔 맞벌이가 늘어난 만큼 경제 능력의 중요성은 약간이나마 상쇄된 측면이 있다. 이제 여자들과 자식들은 남자들이 그저 돈만 벌어오는 것이 아니라 다정다감하게 소통하고 가족과 함께하길 원한다. 오늘날 진정으로 남자다운 남자는 가정의 분위기를 민감하게 읽고 챙기면서 가정의 행복과 평화를 유지하는 사람이다. 아이와 가깝게 지내면서 건강하게 성장하도록 돕는 일이 남자다운 모습이다.

왜 남자들은
집 안 진출에 굼뜰까?

과거사를 돌아보면 여성에게 집안일을 도맡게 하기 위해 미사여구가 동원되었다. 동북아에서는 현모양처였고, 영미권에선 집 안의 천사였다. 1854년 영국의 시인 코벤트리 팻모어가 처음 사용한 집 안의 천사란 표현은 얼핏 아름다운 칭송 같지만 여성의 활동 영역을 집으로만 제한시키면서 희생을 당연시하게 만들었다. 집 밖으로 나가면 '거리의 여자'라는 낙인을 찍던 풍속 때문에 여성은 집 안에 유배될 수밖에 없었다.

과거는 저물고 새로운 시대가 왔다. 일찍이 대학 진학률에서 여성이 남성을 앞지른 지 한참 지났고, 앞으로 성공한 여성의 숫자도 더욱더 늘어날 것이다. 여성이 집안일도 하면서 사회인으로서 살아가듯 남자들도 직장인만이 아니라 집 안의 살림꾼이 되어야 하는 상황이다. 여성이 활발하게 사회 진출한 만큼 남성의 집 안 진출이 왕성해야 할 시점인데, 그 속도가 굼뜨다. 왜 그러할까?

보금자리를 인식하는 데에 성차가 있다. 자신의 정체성이 가정과 면밀하게 결부되는 여성은 실내장식과 가구 색상과 청소 상태뿐만 아니라 집의 가격과 아이들의 학업 성취 등등 가정과 관련된 모든 것에 관심이 아주 많다. 그러나 남자들은 여자들만큼 집에 의미를 부여하지 않는다. 영역에 대한 지배권과 소유욕이 발달해서 누군가 자신의 공간에 침입하면 맞서 싸우지만 꾸미고 가꾸는 데는 심드렁하다. 크고 비싼 집은 성공의 증거이자 재산 정도로 여길 뿐이다.

오랜 세월 남자에게 집이란 외부에서 활약하기 위해 휴식하는 곳이었다. 수십만 년 동안 남자는 외부에서 사냥했고 전쟁했고 노동했다. 여자들에겐 억겁의 시간 동안 아이를 낳고 키우면서 가정의 중요성이 각인되어 있다. 여자들은 가정의 안락함을 두고 다른 여자들과 지위 경쟁을 펼쳤기 때문에 집이 남들에게 어떻게 보이는지에 따라 행복감이 좌우될 정도다. 반면에 남자들에게 성공이란 사회생활에서의 성취로 판명된다. 많은 남자들이 가정이 파탄 나더라도 어찌하지 못한 채 업무나 외부 활동에 전념한다. 남자들은 여자들이 왜 사소한 집안일에 그토록 집착하는지 이해하지 못한다.

남자는 청소 상태라든지 장식품을 들여놓는 것 같은 작은 변화를 좀처럼 감지하지 못한다. 집에 있는 시간이 적기 때문이기도 하고 평소에 눈여겨보지 않기 때문이기도 한데, 남성이 세세한 것들의 색상이나 질감에 여성보다 둔감하다는 연구 결과도 있다. 아주 오랜 세월 동안 인류는 성별 분업을 해왔다. 남자는 사냥과 어획, 농업과 무기 제작을 해왔다면 여자는 채소를 재배하고 과일을 따고 가축을 기르고 요리하고 생활필수품을 만들었다. 남자는 저 멀리를 내다보면서 살아왔고, 여자는 바로 앞에 놓인 세부 사항을 챙기며 살아왔다. 그 결과 여자의 눈에 거슬리는 널브러진 옷이나 어질

러진 그릇이 남성의 눈에는 인식되지 않을 수 있다. 지능 검사에서도 여성이 세부적인 것을 식별해내는 능력이 더 탁월하다.

남성과 여성이 결혼해서 같이 살면 기대하는 위생 수준이 서로 달라 여자들이 더 불편함을 느끼고 더 많이 청소하게 된다. 결혼하면 서로 맞춰주고 배려하기 위해서 남자가 좀 더 위생 관념을 높일 필요가 있다. 이와 동시에 여자들도 너무 지나치게 깔끔하게 정리해야 한다는 강박이 있다면 조금 누그러뜨릴 필요가 있다. 청소가 귀찮은 건 여자들도 마찬가지인데, 이건 인류의 선조들이 이동하며 살았던 역사와 관련된다. 인류의 조상들은 계절과 상황에 따라 계속 이주했기 때문에 자신이 있는 주변을 청소하고 관리할 까닭이 없었다. 신석기가 되어서야 농업을 시작하고 정주하면서 청소와 관리라는 관념이 생겨났는데, 이건 인류사에서 아주 짧은 기간이라 아직까지 완벽하게 습득되지 않았다.

물론 과거 탓만 할 수 없다. 집안일은 누군가 해야만 하고, 누가 어떻게 할지를 두고 여성과 남성 사이에 뜨거운 냉전이 벌어지고 있다. 맞벌이가 당연해진 시대에 퇴근하고 나서 남자는 쉬는 반면에 여자는 두 번째 직장에 출근한 기분이 드니 다툼이 생기지 않을 수 없다. 집안일을 혼자 한다는 불만은 지뢰처럼 일상 곳곳에 묻혀 있다가 어느 날 터져버린다.

아이가 태어나면 집안일이 확 늘어나면서 그동안 그럭저럭 유지되던 균형이 깨진다. 영아는 하루 평균 예닐곱 번 기저귀를 갈아줘야 하고 밤에도 깨어나 울기 때문에 부모는 숙면하지 못한 채 아기를 달래줘야 한다. 빨래도 늘어나고 설거지도 늘어난다. 위생 수준도 높여야 하고, 청소도 더 자주 해야 한다. 이때 늘어난 부담을 여성만 짊어진다면, 한동안은 자식에 대한 사랑으로 감내하더라도 결국엔 남편에 대한 원망이 쌓여간다. 아내는 남편이 더 자주 더 빨리 아기에게 반응해서 돌봐주길 원한다. 아이가 요란하게 울음을 터뜨리면서 누군가의 돌봄을 애타게 찾을 때 많은 아빠들은 아내가 먼저 일어나 달려갈 걸 전제하면서 느리게 반응한다.

남자들 역시 불만이 생길 수 있다. 잠을 푹 못 자는 것도 괴롭지만 아기에게 아내를 빼앗긴 느낌을 받는다. 육아에 전념하면서 피로에 지친 아내는 짜증을 자주 낸다. 아이는 귀엽고 사랑스럽지만 먹고 싸고 울면서 무척이나 일상을 고달프게 만들고, 때문에 남편에게는 큰 관심을 보이지 않는다. 남자는 얼른 귀가하고픈 마음이 덜할 수 있다.

피로에 지친 아내는 남편의 요구를 받아주지 않는다. 남자는 연애 초기에 선보인 다정다감을 철회하고 쉽게 성관계를 가지려고 하는데, 여자는 결혼해서도 낭만을 원한다. 일상의 습관처럼 관계하려는 남편에게 아내는 실망하고 성관계를 꺼린다. 부부 관계가 소홀해졌다면 남편들은 자신이 얼마나 집안일을 하고 있는지 성찰할 필요가 있다. 남편의 집안일은 아내에게 최음제로 기능한다. 여자들은 집안일을 잘 도와주는 남자와 결혼해서 살 때 성관계에 더 흥미를 보인다는 조사가 있다. 여자들의 욕망은 스트레스, 분위기, 체력, 친밀함 등에 영향 받는다. 부부 관계에 불만이 있다면 아내에게 야한 속옷을 선물할 게 아니라 요리부터 설거지까지 솔선수범하는 일이 급선무다. 아내에게 뒤치다꺼리를 전부 떠넘기면 아내는 까칠한 하녀처럼 굴 수밖에 없다. 아내가 남편에게 불만이 많고 피로에 절어 있다면 부부 관계는 악화될 수밖에 없다.

남자들 가운데 아주 성실하게 아이를 돌보고 집안일하는 이들이 있다. 이 남자들은 어릴 때 가정교육을 잘 받은 경우가 많은데, 자신의 아버지를 반면교사로 삼는 경우도 꽤 된다. 반대로 자신이 성장하면서 집에서 어머니 혼자 고군분투하는 걸 안타깝게 바라보고 집안일을 거들었던 남자들은 결혼해서도 습관이 이어진다. 좋은 남편이 되려는 의지를 굳게 다지면 남자는 집안일과 육아에 적극적이게 된다.

가정의 화목은 남자 하기 나름이다. 아이가 생기면 육아 분담을 어떤 방식으로 할지, 집안일의 수준은 어느 정도를 원하는지 미리 상의하고 이후에도 계속 소통해야만 가정이 평탄해진다. 각자의 기대와 환상을 혼자 간직하다가 배우자에게 실망한 뒤 원망하지 말고 대화하며 기대치를 조정해간다면, 훨씬 원숙한 부부 관계가 이뤄진다.

빠른 시간 안에 여자들의 만족도가 높아지지는 않겠지만, 그래도 나아지리라고 전망된다. 남자들은 가장으로서 책임감을 느끼고 소속감과 의무를 중시한다. 갈수록 가사 분담과 육아는 아내의 행복을 보호하며 가정의 평화를 지키는 남자다운 일이자 의무라는 인식이 더 확산될 테고, 남자는 자신의 도덕심과 합치하고자 적극 가정을 돌볼 것이다.

5

몸과
멋

남성성이
발현하는 곳

　수컷의 신체엔 자연선택만으로 설명할 수 없는 특징이 있다. 이를테면 공작새의 화려한 꼬리 깃털은 생존에 이득이 되기는커녕 포식자의 눈에 쉽게 띄는 데다 무거워서 도망칠 때도 불리하다. 사슴의 무겁고 커다란 뿔도 포식자로부터 달아날 때 나뭇가지에 걸리는 일이 발생할 만큼 거추장스럽다. 생존에 방해가 될 만한 요소인데도 불구하고 수컷은 굉장히 심혈을 기울여 자신의 남성성을 뽐내낸다.

　2차 성징으로 나타나는 변화가 생존에 유리하다면 암수 모두에게 발현되어야 하지만 한쪽 성별에만 나타난다. 그건 생존이 아닌 번식과 관련되기 때문이다. 찰스 다윈은 어떤 특별한 목적에 맞춰 유리하게 변화된 정도에는 대부분 한계가 있는데 암컷을 유혹하고자 변형된 구조는 제한이 없다고 통찰했다. 비록 생존에는 피해를 끼칠 수도 있지만 다른 수컷을 물리치고 암컷을 차지하는 데 유리한 형질은 선택된다. 암컷에게 선택받지 못하는 수컷의 형질은 후대로 전달되지 못하는 반면 선택받은 수컷의 특징은 세대를 거듭하면서 확산된다. 이것이 성선택이다. 수컷의 생존에 불리한 일부의 2차 성징이 지속되는 건 수컷끼리의 경쟁이 얼마나 격렬한지를 보여주고, 암컷의 성선택이 얼마나 강력한지를 알려준다.

　인간의 몸도 오랜 시간 동안 자연선택과 성선택이 이뤄져왔는데, 여성화라는 추세가 이에 해당된다. 늑대 가운데 일부를 개로 길들였고 멧돼지가 집돼지로 길들어졌듯 인간은 인간을 길들였다. 길들여진 생물은 내분비물 변화를 비롯해 여러 변이가 일어난다. 대체로 성질이 차분해지고 귀여워진다. 인간 수컷도 오랜 시간 꾸준히 온순해졌다. 아프리카에서 발견된 8만 년 이전의 두개골에 비해 아프리카를 떠나 다른 지역으로 이주한 3만 년 전 이후의 두개골을 측정했더니 덜 억세고 더 여성스러워졌다. 두개골의 변이는 처음에는 형태를 바꾸는 발달상의 변화였겠지만 차츰 유전적 동화에 따라 고정되었으리라 추정된다.

인간은 남성의 여성화가 진행되면서 다른 동물에 비해 성별 이형성이 크지는 않다. 인간의 얼굴을 보면 성별 이형성이 미미한 편이다. 그런데 이 작은 차이에서 여성스러움과 남성스러움이 구별된다. 대부분 사람들은 얼굴만 잠깐 보고도 성별을 기가 막히게 맞춘다. 인간은 타인의 성별을 순식간에 감별하는 능력을 갖춘 셈이다.

타인의 얼굴선을 보면 성별을 얼추 헤아릴 수 있다. 사춘기가 되면 외양의 차이가 확연하게 나타난다. 뺨에서 턱으로 이어지는 근육이 발달하면서 남자의 매력은 상승한다. 운동선수들은 자주 껌을 씹으면서 긴장 해소와 함께 턱선을 발달시켜 남성성을 강화하려 든다. 턱이 남성성과 결부되기 때문에 여자들은 사진을 찍을 때 양쪽 턱을 손으로 꽃받침하면서 갸름하게 보이려고 하거나 심지어 일부 여자는 턱을 깎는 성형수술을 받기도 한다. 여자가 얼굴을 작게 하라는 압박을 받는 까닭도 이와 연관된다. 나이가 들수록 여자의 얼굴은 남성스러워지고 커진다. 여자는 무의식중에 작은 얼굴을 통해 자신이 젊고 임신할 수 있음을 광고하고, 남자는 작은 얼굴의 여자에게 매력을 느낀다.

지배적인 얼굴의 남성은 성의 영역에서도 적극성을 띠는 경향을 보인다. 지배적인 얼굴을 가진 남자는 청소년 시절부터 남성적인 외모와 지배적인 행동 표현을 통해 여성의 성적 호감을 얻고 성관계를 일찍 시작한다. 턱의 발달은 강인한 인상을 풍긴다. 사람들에게 아무런 언급 없이 1950년대 미국 육군 사관생도들의 사진을 제시하면서 지배성이 강한 얼굴을 골라달라고 했더니, 지배성이 강한 얼굴로 평가받은 남자들은 대체로 직사각형의 얼굴에 짙은 눈썹에다 깊게 파인 눈과 발달된 하관을 가지고 있었다. 지배적인 얼굴로 평가받은 사관생도들은 더 빨리 진급했다. 미국에서 과거 정치인들이 선거운동에 사용한 사진을 사람들에게 10분의 1초 정도 스치듯 보여주고는 평가를 요구했다. 사람들은 실제 선거 결과나 정치적 맥락을 모른 채 짧게 본 남자들의 능력을 추정했는데, 당선된 70퍼센트가 높은 점수를 받았다. 미국 선거뿐만이 아니었다. 핀란드 총선이나 잉글랜드 지역 의원 선거, 멕시코, 독일, 오스트레일리아의 다양한 선거에서도 그대로 예측되었다. 사람들은 강인함과 신뢰성을 결합해서 정치인의 능력을 평가했고, 하관이 발달한 남자가 살짝 웃으면 능력 있어 보인다고 느꼈다. 얼굴 윤곽을 헤아리면서 상대의 지배력을 평가하고는 지도자로 적임자인지 아닌지 곧장 판단해버리는 것이다. 문제는 지배력이 있는 턱을 갖고 있다고 해서 공직 수행 능력이 뛰어나다는 증거는 어디에도 없다는 사실이다. 각진 턱에 허우대가 훤칠했던 워런 하딩은 결단력 있는 지도자같이 보여서 미국 대통령이 되었으나 역대 최악의 대통령 가운데 하나였다.

테스토스테론은 턱뿐만 아니라 남자들의 눈두덩도 발달시킨다. 남자의 얼굴선은 각이 생겨나고 입체형이 된다. 눈썹의 뼈가 돌출돼 눈이 깊어지면서 작아 보인다. 이는 싸움에서 눈을 보호하려는 변이다.

모든 동물은 싸울 때 저마다 무기화된 신체를 이용한다. 인간 남자에게도 원초적 무기가 있다. 바로 팔이다. 남자들은 싸움하기 전에 어깨를 으쓱거리면서 근육을 풀거나 상의를 벗어 원활하게 무기를 사용할 태세를 갖춘다. 팔을 뜻하는 arms는 무기란 뜻도 갖고 있다. 영화 〈힘을 내요, 미스터 리〉의 남주인공(차승원)은 사고로 정신지체 장애가 생겼는데, 이두박근을 과시하며 자신을 보호하려는 본능은 사라지지 않았다. 인간의 어깨와 팔은 인류사에 점철된 폭력의 오롯한 흔적이다. 어깨 근육이 발달한 남자는 왜소한 남자들보다 우위에 섰을 테고, 여자들은 어깨가 넓은 남자를 선택해왔다. 여자들은 어깨가 딱 벌어지고 단단한 가슴을 지닌 남자를 볼 때 동공이 확장된다.

어깨의 차이는 이미 자궁 속에서부터 일어난다. 남성 태아는 여성 태아보다 아래팔이 더 길게 발달하기 시작하고, 생후 2년쯤부터 던지기 능력에서 차이가 나타나다가 사춘기 무렵 성차가 확연해진다. 사춘기에 남자는 테스토스테론의 자극으로 어깨 연골세포가 급격히 발달하는 반면에 여자는 에스트로겐의 영향으로 골반 연골세포가 자라면서 엉덩이가 커진다.

손과 발의 크기도 남성 호르몬의 영향을 받는다. 남자들은 여자보다 대개 손발이 크고, 남성성이 두드러진 남자는 손발이 더 큼지막하다. 테스토스테론의 영향이다. 또한 테스토스테론은 약지를 길게 만들어서 검지와 약지의 길이를 비교하면 남자가 여자보다 약지가 길다. 남성 호르몬과 약지의 관련성은 충분히 입증된다. 임신 상태에서 높은 남성 호르몬에 노출된 아이들의 약지는 일반 아이들보다 더 긴 편이다. 엉덩이에 비해 허리가 두꺼운 여자들은 테스토스테론 수치가 높은 경우가 많은데, 허리가 굵은 여성은 약지가 긴 아이를 출산할 확률이 높다. 약지가 긴 남자들은 남자다운 특징을 띠면서 지배하려는 경향이 있고 신체 발달이 남다른 편이다. 축구선수를 조사했더니 국가대표는 약지가 길었고, 국가대표 중에서도 주전이 후보보다 약지가 더 길었다. 긴 약지는 여성에게도 신체 능력을 내포하는 징표이다. 폴란드에서 이뤄진 연구에 따르면, 뛰어난 업적을 남긴 여성 선수는 평범한 여성 선수에 비해 약지가 더 길었다.

긴 약지는 남성성이나 적극성과 연결되는데, 이게 꼭 좋기만 한 것은 아니다. 공감 능력이 떨어지는 사람들이 대개 약지가 길고, 긴 약지는 자극 추구, 충동성과 상관성을 지닌다. 긴 약지와 높은 공격성이 연관관계를 가지고 있다는 연구 발표가 캐나다와 중국에서도 있었다. 반대로 검지가 더 길면 좀 더 섬세한 분야에서 두각을 나타내는 것으로 보인다. 일례로 영국의 교향악단에서 남성 연주자들은 검지가 더 길었다.

지배성과 남성성을
의미하는 큰 키

앨런 아이버슨은 농구는 신장이 아니라 심장으로 하는 것이라는 명언을 남겼다. 하지만 키가 그리 크지 않아도 농구계를 주름잡았던 아이버슨은 드문 예외일 뿐이다. 전미농구협회(NBA)에서 뛰는 미국인 선수의 평균 신장은 약 2미터이고, 외국인 선수의 평균 신장은 2미터 6센티미터이다. 키가 전부는 아니지만 키가 크면 농구하는 데 확실히 유리하다.

남자는 여자보다 대개 크다. 큰 키는 지배성과 남성성을 상징한다. 동물을 보면 수컷이 암컷보다 대부분 크다. 원초적 본능으로 여자들은 키 큰 남자를 남자답다고 판단한다. 자기보다 작은 남자를 선호하는 여자는 동서고금을 막론하고 없다. 여자들은 배우자를 고를 때 키가 큰 남자를 원하고, 짧은 만남일 때는 더욱더 키를 따진다. 심지어 인공수정을 위해 정자 기증자를 선택할 때조차 남자의 신장은 매우 중대한 요인이었다. 저메인 그리어는 키 195센티미터의 우람한 체격의 남자가 자신의 허리를 팔로 감싸면서 확 끌어당긴 뒤 눈을 내려다보다가 입 맞출 때의 황홀함에서 해방되었다고 감히 말할 수 없다고 고백했다.

프랑스 국립인구문제연구소에서 행한 대규모 설문 조사를 보면, 자신이 원하는 배우자를 물었을 때 키를 언급한 비율이 성별에 따라 달랐다. 남자들 가운데 7퍼센트는 키 작은 여자를 원했고 16퍼센트는 너무 작지 않은 여자를 원했다. 반면에 여자들 가운데 43퍼센트가 큰 키를 언급했다. 남자들에게는 5센티미터 이상 키가 큰 여자와 살 수 있느냐고 질문했고 여자들에겐 반대로 5센티미터 이상 키가 작은 남자와 살 수 있느냐고 질문했다. 남자들은 47퍼센트가 거부했고 50퍼센트가 수용했다. 여자는 70퍼센트가 거부했다. 남자보다 키 큰 여자가 많으나 아내가 남편보다 클 가능성은 매우 낮다. 미국에서 기혼 남녀를 조사한 결과 0.3퍼센트의 여성만이 그들의 남편보다 컸다. 대부분의 키 큰 여자들은 더 큰 남자를 만났고, 키 작은 남자를 만나는 경우 남자가 갑부이거나 권력자였다. 한 연구 결과를 보면 키 150센티미터의 남자가 키 180센티미터의 남자보다 거액의 연봉을 받으면 동일한 위상이 될 수 있었다. 영국에서 남자들을 조사했더니 키가 큰 남자들이 키 작은 동년배보다 성경험이 훨씬 많았고, 자식도 더 많이 두었다.

여자들은 키 큰 남자 옆에 있을 때 안정감과 편안함을 얻는다고 고백하는데, 실제로 덩치에 따라 안전이 달라진다. 미국에서 행해진 연구를 보면, 단신의 경관이 더 빈번하게 공격받았다. 우람한 체구의 경찰관을 마주하면 범죄자들이 멈칫하면서 한 번 더 생각하는 것이다. 인간은 화가 나더라도 자신보다 풍채가 우람한 남자에게 시비 거는 경우는 드물다. 정지영 감독의 〈블랙머니〉를 보면 용의자로 조사받던 남자가 성질을 내는데 남주인공(조진웅)이 일어나자 덩치를 보고는 눈을 내리깔면서 움츠러든다. 체격은 방어 능력을 알려주는 정직한 신호이다. 큰 키는 경쟁에서 유리하다는 의미이다. 남성의 키는 성장환경을 알려주는 사회계층의 결과이자 생물학적 유전자의 표식이다.

아시아 남자들의 서구 남자들에 대한 열등감엔 키가 한몫했다. 최근엔 사뭇 달라지고 있긴 해도 아시아 여자와 서구 남자가 사귀는 경우에 비해 아시아 남자가 서구 여자와 교제하는 경우는 드물다. 서구 여자들이 아시아 남자들의 체격에 남성다움을 못 느끼기 때문이다. 일본의 소설가 나쓰메 소세키가 1900년대 초에 영국에서 유학하고 있을 때였다. 나쓰메 소세키는 영국 남자들과 비교는커녕 영국 여자들보다도 한 뼘은 작아 잔뜩 주눅 들어 있었다. 어느 날 거리를 걷는데 맞은편에서 키 작고 볼품없는 남자가 걸어왔다. 나쓰메 소세키는 반가운 마음에 상대를 봤더니 거울에 비친 자신이었다. 많은 남자들이 키에 열패감을 갖는다. 일전에 한국 공중파에서 키가 180 이하의 남자는 루저라는 말을 한 여자가 비난의 난도질을 당했다. 그만큼 키에 따른 열등감과 분개심이 남자들에게 쌓여 있다는 방증이다.

남자들은 살아남기 위해 강한 몸을 욕망하도록 진화해왔고, 여자들 역시 훤칠한 키의 남자를 원한다. 남자들을 관찰해보면 일부러 몸집을 과장한다. 여자들은 고개를 약간 숙이고 어깨를 옹송그리며 허벅지를 붙이고 두 발을 가지런히 모아 작은 공간을 차지하는 자세를 취한다면, 남자들은 허벅지를 쩍 벌리고 머리를 들어서 뒤로 젖히며 최대한의 공간을 차지하려 든다. 남자들은 무의식중에 몸을 크게 보이려 한다. 의도를 갖고 깔창을 구두에 깔기도 한다.

몸이 큰 남자를 우대하는 건 인류 사회의 오랜 습성이다. 수렵채집사회에서 존경받는 남자들은 체격이 좋은 남자들이었고, 과거에 형성된 인간의 심리가 지속되고 있다. 키와 지위가 결부되어 연상되다 보니 권력자는 키가 크다고 자동적으로 지레짐작한다. 한 사람이 수업에 참가해 어떤 때는 동료

학생이라고 자신을 소개했고 다른 때는 교수라고 밝혔다. 강의가 끝난 후 학생들에게 그 사람의 키를 추측케 했더니 교수라고 했을 때가 몇 인치 더 컸다. 이와 비슷하게 사람들은 독재자의 키를 실제보다 더 크게 추정한다.

키가 큰 사람이 더 높은 위신을 얻는 건 현대사회에서도 이어진다. 키가 큰 사람이 작은 사람보다 더 건강하고 승진 전망도 더 밝고, 사회 지위도 더 높은 편이다. 영국 공무원 조직을 확인했더니 상위 직급의 남성이 하위 직급의 남성보다 평균 5센티미터 더 컸다. 독일에서 행해진 조사를 보면, 대학생들이 견습생들보다 평균 3센티미터 정도 더 컸다. 사회계층과 신장은 어느 정도 비례관계가 있다는 연구 결과였다. 대통령 선거에서 키 큰 남자가 당선된다는 통계도 있다. 미국을 보면 초대 대통령 조지 워싱턴부터 도널드 트럼프까지 역대 대통령들은 키가 큰 편이다. 1776년 이후로 오직 두 사람만이 평균 이하의 신장이다. 미국 대통령 선거에서 공약이나 당을 무시하고 키 큰 후보를 찾으면 1968년까지 대통령 당선자를 맞힐 수 있다.

미국 내 500개 대기업의 중역을 조사했더니, 절반이 넘는 비율이 평균보다 컸고, 오직 3퍼센트만이 키가 작았다. 회사는 임원을 뽑을 때 그 사람의 능력치를 최우선으로 고려하겠지만 은연중에 겉모습에도 비중을 둔다. 회사의 인사위원회에서 다른 모든 조건이 동일하고 신장만 다를 때 인사위원 72퍼센트가 키 큰 지원자를 선택했고, 단 한 명만이 키 작은 사람을 선호했다. 동일한 업무를 하더라도 키가 크면 연봉이 더 높다는 조사 결과도 있다. 같은 대학 경영학 석사 졸업자 천 명을 대상으로 조사했더니, 키는 첫 연봉과 현재 연봉에 중요한 영향을 미쳤다. 키가 더 큰 남자들이 키가 작은 남자들보다 더 많은 연봉을 받았다. 다른 조사에 따르면 키는 남녀 모두에게 중요했는데, 그러나 남자에게 더 중요했다.

키가 클수록 능력이 탁월하다면 키에 따른 차등이 아주 불합리한 차별은 아닐 것이다. 하지만 키와 업무 능력은 비례관계가 아니다. 사업가가 직원에게 단지 키가 크다는 이유만으로 돈을 더 지불하지는 않는다. 키 큰 직원이 갖고 있는 자신감이 더 큰 이익을 가져오므로 승진이 빠르고 연봉이 높아지는 것이다. 키 큰 직원은 자신감과 적극성이 높고 그에 따라 성취도도 높은 편인데, 사춘기 시절의 체격이 성격 형성에 큰 영향을 미친 것으로 보인다. 사춘기 시절에 성장의 속도에 따라 키 차이는 현격해서 20cm까지 벌어진다. 키가 커서 남들에게 주목받고 역량을 발휘한 경험은 삶의 큰 자산이 되고, 자신감의 기반이 된다. 10대 시절에 또래보다 키가 크고 늠름했던 남자들은 스스로에 대한 확신이 강하고, 활달하며, 사회성도 좋고, 지도자가 되는 걸 주저하지 않는다. 뒤늦게 키가 훌쩍 크더라도 키가 작았을 때 생긴 심리와 태도는 쉽게 수정되지 않는다. 성장기 내내 다른 아이들보다 작았던 아이들은 성인이 되었을 때 키가 평균치에 도달하더라도 키 작았던 시절의 흔적이 성격에 남아 있다. 성장이 더뎠던 사람들은 까칠하고 자신감이 부족하고 관심을 갈구하는 성격이 되기 쉽다는 통계 결과도 있다.

다른 남자애들과 비교해서 체격이 어느 정도이고 서열이 몇 번째인지 모르는 아이는 없다. 몸집이 작은 아이들은 논리와 화술로 무장해도 또래 남자애들의 완력을 막아낼 수 없다. 키 큰 아이들은 마치 육식동물이라도 된 듯 키 작은 아이들을 초식동물처럼 괴롭힌다. 몸집이 왜소한 아이들은 상처를 입곤 한다. 성장이 느리면 정신장애를 앓을 확률이 더 높다는 연구 결과도 있다. 나폴레옹은 키가 작아 일부러 거칠게 행동하며 타인이 자신을 무시하지 못하게 하고자 애면글면했다. 심리학자들은 신체 조건의 불리함을 극복하고자 힘에 대한 과도한 집착을 보이는 것을 나폴레옹 콤플렉스라고 부르는데, 박정희도 그러했다. 박정희는 어려서부터 열등감이 심했고, 작은 키를 만회하고자 위신 상승에 안간힘을 썼다. 007 제임스 본드를 창조한 영국의 작가 이안 플레밍은 〈007 골드핑거〉에서 제임스 본드가 항상 키 작은 남자들을 의심했다고 서술한다. 키 작은 남자들은 어렸을 때부터 열등감을 가지고 자기를 놀렸던 사람들보다 더 커지기를 열망한다고 이안 플레밍은 썼다.

작은 고추가 맵다는 한국 속담처럼, 키가 작은 사람들은 세상의 차별과 경쟁의 불리함을 겪으면서 독기를 품는다. 그 때문에 성격이 일그러질 수도 있으나 잠재력이 발굴될 수도 있다. 키 작은 남자는 재주가 많기 일쑤다. 반대로 키 큰 남자가 싱겁다는 속담처럼 키 큰 남자는 상황이 대체로 유리하므로 좀 느슨하고 느긋한 성격으로 발달하는 경향이 있다.

근육으로
몸을 무장하다

남자는 뼈가 더 무거워서 더 많은 근육을 지탱할 수 있다. 1킬로그램의 뼈가 최대 5킬로그램의 근육을 지탱한다. 뼈 무게가 4킬로그램만 차이 나도 근육량은 최대 20킬로그램의 차이가 발생한다. 남녀는 뼈대가 다르므로 근육량도 다를 수밖에 없다. 상체 근육량의 차이는 현저하다. 하체에선 여성이 남성의 4분의 3에 육박하는 힘을 지니는데, 상체의 인력과 압력에선 3분의 1에도 이르지 못할 때가 많다. 여성과 남성의 근력 차이는 사회문화에서 생활 방식에 따라 더욱 벌어진다.

근육은 인류사 내내 힘의 상징이었다. 근육질 남성은 사냥과 전쟁에서 발군의 활약을 했고, 그에 따른 존경과 보상을 받았다. 현대사회에서도 많은 여자들이 남성에게 바라는 덕목으로서 힘을 이야기한다. 한반도의 아낙네들은 천하장사의 샅바를 가져다가 속옷으로 만들어 입었다. 천하장사의 기운을 받아 힘센 사내아이를 낳기 위해서였다.

알통이 올록볼록하고 다부진 남자가 용감하고 강하며 남자답고 잘생겼다는 평가를 받기 때문에 대다수 남자들은 남성성의 틀에 자신을 끼워 맞추고자 아등바등한다. 명석한 남자들조차도 부족한 남성미에 열등감을 갖는다. 아모스 트버스키는 총명하기로 이름 높았다. 아모스 트버스키가 자신보다 똑똑하다는 사실을 빨리 알아차릴수록 똑똑한 사람이라는 지능평가 방법을 심리학자 리처드 니스벳이 고안했을 정도였다. 특출한 지능을 지녔으나 아모스 트버스키는 마르고 창백한 외모를 만회하고자 일부러 용감하게 굴려고 스스로를 채근했다.

여자들이 근육질 남자를 무조건 선호하는 건 아니다. 마른 남자보다 근육질 남자가 우월하다고 느끼며 끌리지만 너무 우락부락한 알통에는 징그러움과 두려움을 느끼기도 한다. 풍채가 좋은 남자가 여자들에게 인기가 많은 만큼 그 남자가 자기에게 안착하지 않으리라는 생각에서 경계심이 발동하기도 한다. 여자들을 대상으로 설문 조사한 결과 길게 만나는 남자보다 짧게 만나는 남자들이 대개 더 근육질이었고, 잠자리하기까지 걸린 시간도 더 짧았다. 평균을 내면 근육질 남자와 잠자리를 하기까지는 일주일도 걸리지 않았지만 근육질이 아니고 길게 만난 남자와의 첫 잠자리는 12주 정도 걸렸다. 이런 결과는 근육질 남자가 성적 매력이 농후한 데다 이미 짝이 있는 여자와도 만나기 때문으로 보인다. 여자들은 단기 만남에선 근육질 남자를 더더욱 선호한다.

큰 몸집과 근육은 수컷의 번식에 어느 정도 유용하지만 건강을 담보하지는 않는다. 근육량을 유지하려면 단백질을 지속해서 공급받아야 하는데, 자연에서 단백질을 꾸준히 확보하기란 쉽지 않은 일이다. 그래서 거의 모든 동물은 근육의 성장을 멈추라고 신호하는 미오스타인이라는 유전자를 갖고 있다. 미오스타인이 없다면 근육이 쉽게 형성된다. 역기를 꾸준히 들면 미오스타인의 양이 줄어들면서 근육이 몸에 붙는다. 근육량이 늘면 테스토스테론이 늘어나고 테스토스테론의 영향으로 외형이 남자다워지는데, 대신 그에 대한 대가를 치러야 한다. 테스토스테론 증가는 지방 없는 근육을 늘리고 성적 기회를 증가시키지만 면역체계를 억제하기 때문에 질병에 취약해진다. 테스토스테론 농도는 건강과 반비례한다.

남자에게 근육은 수사슴의 커다란 뿔과 비슷하다. 뿔을 만드는 데 엄청난 비용이 들어갈 뿐 아니라 면역력도 감소하지만, 그러나 성적 매력으로 기능한다. 남자들은 우람한 근육을 통해 자신은 이 정도의 비용을 감당할 능력이 된다고 여자들에게 과시하는 셈이다. 생존에 기여하기는커녕 도리어 손해를 끼치는 신체 특징이나 행동 등 수컷에게서 나타나는 현상을 이스라엘의 동물생태학자 아모츠 자하비는 부담감수이론으로 설명한다. 자신의 우월함을 증명하고 자기 힘을 입증하는 방법에는 큰 비용이 드는데 기꺼이 그 부담을 견딘다는 것이다. 근육질 남성은 테스토스테론 수치가 높아도 면역기능을 유지할 수 있을 만큼 강하다는 걸 만방에 광고하는 셈이다. 남자들은 기대수명이 짧아지더라도 근육을 포기하지 못한다. 근육이 없어서 다른 남자들에게 치이다가 번식도 못 할 바엔 근육을 키우는 것이 적응도를 높이는 방법이다.

근육이 늘어나면 정신에 영향을 미친다. 근육이 증가하면 좀 더 자신감이 생기고 낙관하는 경향이 생기는 한편 마음이 딱딱해지면서 예민함이 감소하고 정치 성향도 완고해지는 경향이 나타난다. 힘이 센 남자일수록 분노를 조절하는 능력이 떨어진다. 근육이 없으면 남의 말에 귀 기울이며 협상했을 사람이 근육이라는 무기가 생기면 타인의 면상에 주먹을 날릴 가능성이 커진다. 덩치가 크고 근육이 많으면 더 자주 싸우고, 전쟁을 지지할 가능성도 높다. 인간의 마음은 자신의 상황과 신체 조건에 따라 융통성 있게 작동한다. 근육이 늘어나면 대화와 타협보다 무력 사용이라는 신속한 해결책을 선호하게 된다.

근육을 키우는 데는 오랜 투자가 필요하다. 근육을 만들기가 어렵기에 남자들은 차선책으로 근육이 있는 것처럼 보이고 싶어 한다. 아직 몸에 근육이 붙지 않은 10대 남자 청소년들은 거무튀튀한 패딩 점퍼를 입는다. 자연계에서 생명체들이 몸을 부풀리면서 자기 힘을 과장하듯 10대 남자들은 거칠고 우락부락한 패딩 점퍼를 입으면서 자신의 부피를 키운다. 산악의 혹독한 추위로부터 신체를 보온하던 패딩이 지독한 경쟁사회에서 남자들의 몸을 보호하는 군장비가 된다. 패딩 점퍼 유행엔 몸이 더 커 보이고 더 강해 보이고 싶다는 욕구가 숨어 있다. 근육을 키운다는 건 강해지고 남자다워지려는 노력인 동시에 그만큼 자신이 여리고 약하다는 고백이다. 근육엔 타인과 관계할 때의 두려움이 반영되어 있다.

철학자 김영민은 남성이 근육화될수록 여성은 살로 바뀐다고 이야기한다. 남성이 군비 경쟁하듯 근육을 키울수록 여자들은 살의 존재가 되어 위안의 기능을 하게 된다는 통찰이다. 이창동 감독의 영화 〈버닝〉은 남주인공(유아인)이 배송 업무를 하다가 길거리에서 춤추며 호객하는 여주인공(전종서)을 만나는 장면으로 시작한다. 남주인공은 근육을 써서 육체노동을 한다면 여주인공은 가슴골과 배꼽과 허벅지 같은 살을 드러내는 육체노동을 한다. 그들은 각기 꿈을 품고 열심히 살지만 세상의 권력은 남자는 근육으로, 여자는 살로 환원하여 이용할 뿐이다. 남성의 근육과 여성의 살이란 성별에 따른 고정관념에 갇힌 양상을 가리킨다. 여자들에게 성적 매력과 자기다움의 조화가 어렵듯 남자 역시 근육과 건강한 삶의 조화가 꽤나 어렵다.

여성이 눈여겨보는
남자의 부위들

남자가 여성의 특정 부위에 관심이 많듯 여자들도 남자의 신체 부위에 관심이 많다. 여자들은 남자의 엉덩이를 눈여겨본다. 남자들도 알고 있다. 할리우드를 쥐락펴락했던 노라 에프론의 영화 〈시애틀의 잠 못 이루는 밤〉을 보면 남주인공(톰 행크스)은 여자들이 탄탄한 엉덩이를 좋아한다는 친구의 조언에 자기 엉덩이는 어떠냐며 발걸음을 멈추고 길거리에서 엉덩이를 내보인다. 리들리 스콧 감독의 영화 〈델마와 루이스〉를 보면, 델마(지나 데이비스)와 루이스(수잔 서랜든)는 남편과 애인에게 알리지 않고 여행을 떠난다. 여행 중에 델마가 겁탈당하는 상황에서 루이스가 강간범을 살해한다. 둘이 도망치다가 만난 남자(브래드 피트)가 가는 방향이 비슷하니 태워줄 수 있느냐고 묻자 루이스가 거부한다. 태워주고 싶어 했던 델마는 아쉬워하면서 그 남자의 엉덩이를 봤느냐며 루이스에게 열띠게 말한다. 남편의 엉덩이는 예쁘지 않다고 한탄한 델마는 거리에서 처음 보는 낯선 남자의 엉덩이에 반해버린다.

엉덩이가 탄력 있게 허리 쪽으로 볼록 올라가 붙어 있으면 밤일을 잘한다는 쑥덕임이 여자들 사이에서 맴돈다. 엉덩이의 탄력도와 정력은 어느 정도 연관관계가 있으리라 추정된다. 사정을 조절하는 괄약근이 엉덩이에 있으므로 엉덩이 근육이 발달하면 아무래도 정력이 좋아진다. 운동선수들을 보면 하나같이 엉덩이가 탄탄하고 볼록하다. 남자의 단단한 엉덩이 근육은 남자의 건강과 활력을 상징하기 때문에 여자들에게 선호된다. 여자들은 납작하거나 축 처진 엉덩이를 지닌 남자에게 끌리지 않는다. 여자의 가슴이나 엉덩이에 대한 남성의 선호와 마찬가지로 남자의 엉덩이에 대한 여성의 선호는 사회문화에서 주입된 게 아니라 원초적인 본능이다.

엉덩이는 성별이 구분되는 부위이다. 남자는 여자보다 엉덩이가 좁아서 더 효율성 있게 달릴 수 있는 동시에 여자 운동선수들이 흔하게 다치는 전방십자인대 파열 같은 부상 확률이 낮다. 여성은 골반이 넓어서 고관절을 구부릴 때 체력이 더 소모되고 앞으로 빠르게 움직일 때 남성보다 불리하다. 출산을 위해 넓어진 골반이 운동할 때 기운의 낭비를 초래하는 것이다.

여자들은 남자의 엉덩이와 함께 배를 눈여겨본다. 배의 의미는 현대에 와서 판이하게 달라졌다. 우리의 선조들은 사시사철 삼시 세끼를 꼬박꼬박 먹지 못했다. 언제 입에 풀칠할지 막막한 채 굶주리던 시간이 적지 않았다. 영양분을 몸에 충분히 쌓아두었다가 훗날 사용할 수 있는 사람의 생존율이 높았고, 우리는 잘 축적하던 선조들의 후예라 영양분을 지방의 형태로 배에 간직한다. 여전히 세계의 여러 지역에서 굶주리는 사람들이 많지만, 산업화된 사회엔 영양분이 넘쳐난다. 이젠 창자를 채울 수 있느냐가 아니라 미각을 어떻게 만족시킬 수 있느냐가 일상의 관심사다. 언제든지 얼마든지 음식을 섭취할 수 있는 시대에 영양분을 배에 저장하고 다닐 필요가 없어졌다. 이제 배는 부풀어 오르지 않도록 관리되는 부위가 되었다.

시대 변화와 함께 여자가 선호하는 남자의 배 모양도 아주 빠르게 변했다. 영양분이 풍족하지 못한 시절에 살집은 유복한 계층을 뜻했고, 여자들은 남자의 남산만 한 배를 선망했다. 근력을 쓰는 직업이 아닌 다음에야 복근이 있기란 어려운 일이었고, 육체노동에 대한 가치가 낮았던 만큼 과거의 여자들은 복근을 천박하다고 느꼈다. 오늘날엔 볼록한 배가 천박하다는 평가를 받는다. 배가 불룩 나오면 이제는 빈민이다. 부자를 원하는 여자들은 남자들의 배가 王이란 형상까지는 아니더라도 납작하길 원한다. 엉덩이는 볼록하고 배가 납작해야지 엉덩이는 납작한데 배가 볼록하면 여자는 눈을 감아버린다. 뱃살은 성욕을 저하시킨다.

배는 남자 계층이 구별되는 부위다. 영양분을 축적하려는 신체의 생리를 거스르면서 복근을 만든 남자는 상류층으로 평가받는다. 복근은 바쁜 일상에서 운동할 여유가 있다는 경제력의 선전이자 음식의 유혹을 이겨내고 몸매를 관리한다는 의지력의 광고이다. 손수 빨래를 해본 적은 없더라도 배에 빨래판을 장착한 남자는 선망의 대상이 된다. 복근은 유한계급의 신분증이자 자기극복의 전리품이다. 복근은 값비싼 사치재로서 성적 유혹의 부위가 되었다.

여자에게도 뱃살은 고민거리이다. 여자의 배에 살이 많다면 임신을 했다는 착시가 무의식중에 발생해 남자의 관심이 폭락한다. 남성은 스스로 의식하지 못하더라도 임신이 가능한 여자를 선호한다. 배는 남녀 모두가 무찔러야 하는 적이 되었다. 여자들이 뱃살을 빼면서 다른 여자들보다 우위에 서려고 하듯 남자들 역시 허리 치수를 줄이면서 여자들에게 선택받으려 한다. 현대인은 몸의 살을 원수처럼 인정사정없이 몰아붙이고, 헬스클럽은 몸에 대한 투자란 이름으로 자연스레 일상으로 파고들었다. 몸 가꾸기가 상품화라는 우려가 들려오지만, 사람들은 제발 팔리기만 하면 좋겠다고 여긴다. 현대사회는 몸에 들인 가격만큼 자기 가치가 상승한다.

여자가 은근히 눈여겨보는 부위 가운데 남자들은 있는지조차 거의 신경 쓰지 않는 곳이 있다. 울대뼈이다. 서구에선 아담이 사과를 먹다가 목에 걸려 만들어졌다며 '아담의 사과'라는 별칭으로 부르기도 한다. 한국에선 목젖이라고 오해되어 불리나 실제 목젖은 목구멍 안쪽으로 입천장에 매달려 있다. 남자의 목에 튀어나와 있는 부위는 울대뼈이다. 여자와 아이에게도 울대뼈가 있으나 외부로 잘 나타나지 않는다. 울대뼈는 성차가 두드러지는 부위라서 여자들은 성적 매혹을 느낀다. 소설가 박완서의 첫 작품 『나목』을 보면, 주인공이 시선을 위로 올려 남자의 턱선과 목뼈를 볼 때 예기치 않은 파동과 짜릿한 충동이 일어난다. 고개를 젖힌 남자의 완강한 턱과 푸른 면도 자국과 든든한 목을 보자 싱싱한 느낌에 주인공은 어쩔 수 없이 설렘을 느낀다.

울대뼈를 향하던 시선을 조금 더 위로 올리면 단연 눈에 띄는 부위가 있다. 바로 코이다. 여자들은 남자의 곧추선 콧대를 보면 마음이 뒤숭숭해진다. 잘생긴 남자들은 콧날이 서 있다. 코 모양은 영양 상태나 환경의 영향보다는 유전 정보에 따라 달라진다. 외관으로 볼 때 인종과 민족에 따라 코 모양은 식별 가능한 차이가 나타나곤 한다.

코가 워낙 남자의 얼굴에서 돋보이는 지점이라 그동안 코는 남자의 성기와 연결되어 생각되었다. 제주도에 가면 돌하르방의 코가 거의 남아나질 않는다. 돌하르방의 코를 문지르면 아들을 낳는다는 미신에 너무나 많은 사람들이 돌하르방의 코를 매만진 결과이다. 부처의 코를 만지거나 갈아 먹으면 아들을 낳는다는 낭설에 명산의 부처상도 마찬가지다. 코의 크기가 남자의 성기 크기와 비례하는지는 아직 밝혀지지 않았고, 오히려 반례도 많다. 하지만 우리의 머릿속에서 상관관계가 자동으로 작동한다. 중력을 거스르면서 솟구친 성기처럼 툭 튀어나온 코는 남자의 힘이자 생명력을 보여준다는 믿음이 퍼져 있다.

콧날이 뭉뚝한 남자들은 서러운 일을 겪기도 한다. 찰스 다윈이 박물학자의 자격으로 비글호에 탑승해 갈라파고스를 갈 때 선장은 다윈의 코가 작아서 인격이 변변찮다고 판단해 거부하려 했다. 선장은 자신의 직관을 잠시 유예시키고는 다윈이 국가에서 지원받을 만한 자격을 갖춘 인물임을 이성으로 헤아리고는 탑승을 허가했다. 직관은 때로 틀리기 때문에 이성으로서 조정해야 할 때가 있음을 알려주는 일화이다.

아시아권 여자들은 서구 여자들을 부러워하며 콧날을 세우는 성형수술을 하지만 막상 서구 여자들은 자기 코가 여자답지 못하게 크다고 투덜거리면서 축소 수술을 받는다. 콧날이 남성성으로 상징되기 때문에 여자들은 좀 더 아담한 코를 통해 자신의 여성성을 선전한다. 남성은 여성보다 더 돌출되고 더 넓은 코를 가졌다. 입도 더 크다. 높은 수치의 헤모글로빈을 유지하기 위해 더 많은 산소 공급을 필요로 하는 남자들은 코와 입을 통해 공기를 더 많이 흡입할 수 있는 신체 구조를 지녔으며, 여자보다 폐가 더 크고, 폐활량도 30퍼센트 정도 더 많다.

음경 크기에
대한 강박

교통사고를 당해 정신을 잃었다가 깨어났을 때 여성과 남성은 다르게 행동한다는 우스개가 있다. 여자는 동행인의 안부를 묻고는 얼마나 다쳤는지 점검한다면 남자는 곧장 자신의 아랫도리를 쳐다보면서 그대로 있는지 확인한다.

남근의 유무에 따라서 남녀의 정체성이 구성된다는 프로이트의 정신분석학이 20세기를 풍미했을 만큼 음경은 인류사에 큰 영향력을 미쳤다. 오늘날엔 생물학과 신경과학이 발달하면서 여남은 태어나기 전부터 유전자와 호르몬 체계, 뇌 구조마저 약간 다르다는 사실이 밝혀졌다. 남근은 성차를 만드는 원인이 아니라 선천의 성차에 따라 파생된 결과물 가운데 하나일 뿐이다.

남근은 인류사에서 과도한 관심을 받아왔는데, 실제로 192종의 영장류 중에서 남자의 음경이 가장 길고 굵다. 굉장히 탄력 있으면서도 크게 확장하는 남근은 여성이 무엇을 원하는지를 보여주는 증거이다. 성관계에서 남근 크기가 가장 중요한 건 아니지만, 크기는 여자들이 남자를 판단할 때 소홀히 여기는 영역이 결코 아니다. 여자들은 노골적으로 드러내지는 않더라도 남자의 음경에 관심이 많다. 여자들은 남자의 바지 위에 손이 닿을 때나 안으로 손을 넣었을 때 묵직함이 느껴지지 않으면 실망한다. 남근이 몸 안으로 들어왔을 때 숨이 막히면서 저절로 신음이 터져 나오지 않고 한숨이 삐져나오는 걸 참게 되면 다음 만남이 꺼려진다. 음경 크기 때문에 결혼을 유보하는 여자들도 적지 않다. 결혼생활이 성관계로만 이뤄지는 것은 아니지만 성생활은 부부 관계의 행복을 좌지우지하는 내밀한 영역이다. 작은 음경을 지닌 남자와 관계할 때 만족감을 느끼기란 쉽지 않다. 질은 아이가 태어나는 통로로서 태아의 머리 지름에 따라 질의 크기가 확장되는데, 인간의 뇌 용량이 커지면서 여자의 질은 자체로 커졌고 신축성도 강화되었다. 여자 질의 변화는 남자의 성기를 더 굵직하고 커다랗게 발달시키는 압력이 되었다. 남근은 여자의 자궁으로 정자를 단순하게 분출하는 대형 주사기가 아니다. 여자의 몸속으로 들어가 오랫동안 움직이면서 여성의 몸과 마음을 춤추게 하는 대형 애무기이다.

다수의 여자들이 굵직한 음경을 선호하므로 남자들은 남근 크기에 강박이 있을 수밖에 없다. 많은 남자들이 성기 확대 수술 광고에 현혹되는 이유다. 미국에서는 음경 확대 알약을 파는 업주에게 6만 명이 각각 1000달러씩 지불한 사건이 벌어지기도 했다. 물론 약의 효능은 전혀 없었다. 남자들의 성기에 대한 집착은 성선택과 관련된 문제이므로 어느 정도 본능에 가까운 행태지만, 여자들은 남근의 굵기만으로 만족도가 결정되지 않는다. 여성의 심리는 남성보다 더 미묘하면서도 복잡하게 작동한다. 사랑 없이 여자의 몸 안으로 들어오는 큰 성기는 고문 도구일 뿐이다.

그런데 음경 크기가 성관계의 전부가 아니란 얘기를 듣는다고 해서 남자들의 마음이 홀가분해지지는 않는다. 남근이 작으면 다른 남자들 앞에선 위축되기 때문이다. 남자들은 여성이 자신의 음경을 다른 남자들과 비교하는 것도 두려워하지만 동시에 다른 남자들과의 음경 대결에서도 이기길 원한다. 다른 남자의 음경을 본 남자의 몸은 후끈 달아오른다. 남자들은 성인 음란물에 나오는 남자들의 커다란 성기에 무의식중에 흥분한다. 남자는 다른 남자의 음경에 관심이 매우 많다. 어니스트 헤밍웨이는 파리의 어느 카페 화장실에서 스콧 피츠제럴드에게 남근 크기를 비교해보자고 제안했다.

음경이 우위 경쟁의 수단이므로 남자들은 과장하려 든다. 우주비행사도 예외가 아니다. 우주 방호복은 쉽게 벗을 수 없으므로 우주 방호복엔 자체 정화기능이 탑재되어 있다. 성기 크기에 따라 우주복 하의를 맞춤 제작했는데, 우주비행사들은 모조리 한 치수 큰 걸 요구했다. 일반인들보다 뛰어난 자질을 지녔다고 평가받은 남자들조차 음경 크기에 대한 강박에서 자유롭지 않았다. 하물며 일반 남자들은 말할 것도 없다. 콘돔은 종류도 다양하지만 크기별로 나뉘어 있는데, 어떤 남자도 가장 작은 콘돔을 달라고 하지 않는다. 콘돔 회사들은 어떻게 해야 할지 고민하다가 해결책을 마련했다. 가장 작은 크기를 '대'라고 이름 붙였다. 중간형은 특대, 그다음은 초대형이라며 남자들의 허약한 자존심을 지켜주었다.

남자들의 허약한 자존심은 화장실에서 고스란히 드러난다. 공중화장실 벽면에 다닥다닥 붙어 있는 정력제 광고는 남자들의 취약점을 꿰뚫어본다. 공중화장실 자체가 남자들을 경쟁으로 등 떠미는 구조이다. 칸막이가 유명무실하다. 개인의 인권이나 사생활을 보장하기는커녕 대놓고 타인의 남근을 곁눈질할 수밖에 없도록 공간이 조장한다. 화장실은 편안하게 볼일 보는 곳이 아니라 또 하나의 경쟁 공간이다. 남자들이 일렬로 서서 오줌을 누는 장면은 음경이 경쟁 도구임을 보여준다. 남자들이 좋아하는 영화엔 유난히 화장실 격투 장면이 자주 나온다. 그만큼 공중화장실에서 무의식중에 불안과 경쟁심이 작동한다고 볼 수 있다. 남자들은 옆 남자들과 음경 크기와 오줌발 세기를 경쟁한다. 일상의 경쟁이 피로한 남자들은 화장실에서조차 신경전을 벌이고 싶지 않아서 각자 멀찍이 떨어져 빠르게 배뇨한다. 남자들은 청결을 경쟁하지는 않는다. 손을 씻고 나가는 남자들이 썩 많지는 않다.

음경 비교는 많은 사회에서 꿈틀댄다. 서구 사회의 흑인이나 무슬림에 대한 반감엔 피부색이나 타 문화에 대한 이질감뿐 아니라 음경 크기에 대한 공포증과 적대감이 한몫한다. 백인 남자들은 흑인 남자들이 백인 여자를 노린다고 분노했는데, 그러나 사실은 여자들이 커다란 남근 때문에 흑인 남자들만 선망할 거라는 두려움이 분노 아래에 똬리를 틀고 있었다. 미국에선 흔히들 성차별에다 인종차별이 결부되어 흑인 여성이 가장 차별받는다고 간주하지만 막상 연구해보면 흑인 여성은 흑인 남성보다 인종차별의 표적이 될 가능성이 훨씬 낮다. 백인 남성은 흑인 여성을 상대로 차별하는 태도를 취하더라도 어느 정도는 관용하지만 흑인 남성에 대해서는 다르다. 그들은 흑인 남성을 가장 경계하고 공격한다.

오랜 세월 미국의 백인 남자들은 흑인 남자를 집단으로 구타하고 살해했다. 흑인 남성이 백인 여성을 강간했다는 풍문이 돌면 폭동이 일어났고 흑인 남자의 성기를 절단하는 것으로 마무리된 경우가 비일비재했다. 1930년에 일어난 사건을 보면, 백인 남자를 살해하고 백인 여자를 강간했다는 혐의로 두 흑인 남자가 체포되었다. 분개한 백인들은 감옥으로 쳐들어가 두 흑인을 밖으로 끌어낸 뒤 조리돌림을 시키고는 나무에 목매달아 죽였다. 대롱대롱 매달린 흑인 시체 앞에서 백인 구경꾼들이 희희낙락하는 모습을 찍은 사진은 삽시간에 수만 장이 팔렸다. 나중에 백인 여자는 강간당한 적이 없다고 털어놓았다. 두 남자가 목매달린 사진을 보고 시가 만들어졌다. 남부의 나무에는 이상한 과일이 열린다고. 잎사귀와 뿌리가 피로 물들어 미풍에 산들거리는 검은 열매가 맺힌다고. 이 시를 가수 빌리 홀리데이가 노래했고, 〈이상한 과일(Strange Fruit)〉은 《타임》이 선정한 20세기의 노래가 되었다.

흑인이나 백인이나 황인이나 피부색이 다를 뿐 대부분 비슷하다. 하지만 흑인은 자신의 피부색과 생식기로 판정되고 평가받는 일이 수두룩하다. 인간은 타인을 성과 결부시킨 뒤 낙인찍는 습성이 있다. 이건 우리가 지나치게 성적인 존재이기 때문에 발생하는 현상인데, 자신이 이토록 강박을 지닌 존재란 걸 자각하는 사람은 드물다. 인간은 자신이 이상하다는 사실을 성찰하지 못한 채 타인이 이상하다고 쉽게 단정하는 습성이 있다. 인간은 타인의 성을 두려워하는 만큼 쉽사리 매도한다. 인류사를 뒤져보면 성 때문에 벌어진 황당하고 안타까운 일들이 차고 넘친다. 남자의 음경은 자신이 늘어날 수 있는 한도 이상으로 막대한 영향력을 지녔고, 남근 때문에 수많은 사건 사고가 일어났다.

음경을 둘러싼 사건 사고 가운데 무지를 기반으로 벌어진 끔찍한 게 있다. 포경수술이다. 성기의 포피를 잘라내야 하는 어떤 이유도 없건만 포경수술이 막무가내로 시행되었다. 현대사회에서 성기를 청결하게 유지하는 건 그리 어려운 일이 아닌데 누군가는 남자들이 음경을 씻는 행동에서 자위를 연상하고는 아예 남자들의 포피를 잘라버리는 야만을 저질렀다. 자신의 이름을 딴 아침 간편식을 만든 존 하비 켈로그는 자위를 막기 위해 포경수술을 권장한다면서 마취하지 않고 처벌하듯 수술하는 것이 바람직하다고 주장했다. 이미 음경이 죄로 더럽혀졌다고 믿는 이들은 징벌을 가하려는 목적으로 포경수술을 부추겼다.

대자연의 오랜 진화 속에서 만들어진 성기를 인위적으로 수리해야 한다는 발상이야말로 수리해야 할 망상이었다. 청소년이 발달하는 과정에서 자위하는 건 지극히 정상이라고 미국의사협회가 1972년에 천명하기까지 강제로 포경수술이 자행되었고, 태어나자마자 마취하지 않은 채 수술 받으면서 신생아들은 울부짖었다. 인류사에서 포경수술 받다가 감염 때문에 일찍 죽거나 음경 기형이 되거나 심각한 기능부전으로 고통을 겪은 남자들의 숫자는 어마어마하다.

유대인들이 믿었던 신은 포피의 절제를 요구했고, 지금도 유대인들은 포피를 자르고 있다. 이방 민족의 종교 풍습이자 어찌 보면 미개한 행위가 미국에 확산되었고, 미국의 영향을 크게 받은 한국에까지 보급되었다. 일그러진 무지 속에서 남자의 신체 가운데 가장 민감한 포피를 싹둑 잘라버리는 성폭력이 자행되었다. 신체에서 가장 섬세하고 민감한 음경의 포피가 잘려나가면서 많은 남자들의 감각도 무참히 훼손되었다.

왜 남근은
완벽히 통제되지 않는가

남자들은 여자들을 성적 대상으로 판단하듯 자기 자신을 성적으로 대상화한다. 남자들은 자기 육체를 애초에 도구로 인식한다. 도구로서 기능을 적절히 발휘하는지는 여성과 관계할 때 드러나고, 남자는 자신의 도구를 개량하고자 아등바등한다. 남근에 집착하고 남근이 크면 클수록 좋다는 남근주의는 남자들에게 맹목적으로 각인되어 있다. 여성이라는 북극성을 향해 나아가는 남자라는 쪽배에서 남근은 나침반의 바늘과 같다.

성기와 배뇨 기관이 따로 분리되어 있는 여자와 달리 남자는 성기가 배설의 기능도 담당한다. 새로운 생명을 탄생시키는 동시에 일상에선 더러운 방뇨를 수행하는 음경은 그야말로 오묘하다. 음경을 통한 사정과 배뇨는 외부로부터 침입한 병원균을 씻어내는 효과가 있다. 여성 역시 외부에서 침입한 세균으로부터 방어하고자 월경을 한다. 월경혈은 영양분은 적은 대신에 살균 능력이 탁월하다. 인간은 수시로 성관계하기 때문에 외부의 세균 침입이 많아서 여성의 월경 출혈량은 발정기에만 성관계를 갖는 다른 포유동물 암컷에 비해 엄청나게 많다.

남자들은 성기가 바깥으로 노출된 만큼 어릴 때부터 손으로 만지면서 가지고 논다. 자궁 안에 있을 때 남근을 만지작거리고 있는 신생아의 모습이 초음파 촬영으로 관측되기도 한다. 시몬 드 보부아르는 남자아이들에게 음경이란 자기 자신인 동시에 다른 객체라고 통찰했다. 남근은 흥미로운 완구이자 인격을 갖춘 인형이다. 아이들은 자기 멋대로 발딱 서거나 소변을 깔끔하게 처리하지 못하는 음경을 보면서 당혹스러움에 빠진다.

어느 정도 제어할 수는 있지만 완벽하게 통제되지 않는 음경에 남자들은 곤란을 겪는다. 제발 가만히 있으라고 당부해도 엄숙한 상황에서 바지의 앞섶이 불쑥 부풀어 오를 때가 있는가 하면 커지라고 간절히 빌어도 꿈쩍하지 않아 민망할 때도 생긴다. 아우구스티누스는 의지의 통제에서 벗어나 있는 음경을 인간의 오만에 대한 신의 형벌로 받아들였다. 아우구스티누스는 아담이 신의 명령에 불순종한 죄로 노동의 시련을 겪는 가운데 발기를 제어하는 능력도 잃어버렸다고 주장했다. 아담이 신에게 불순종했듯 남근도 남자에게 불순종하게 됐다는 설명이다. 아우구스티누스의 발상은 발기부전에 따른 곤욕이 꽤나 오래되었다는 방증이다.

왜 음경은 뜻대로 되지 않을까? 문명화에 따른 결과일 수 있다. 프로이트는 남자들이 심인성 발기부전의 증후를 지니고 있다고 피력했다. 많은 남자들에게 성과 사랑은 분열되어 있고, 사랑하는 사람을 아끼기 때문에 발기가 안 될 수 있다. 선사시대의 남자들은 어떤 구애 행위도 없이 상대 여성의 저항에 별로 구애받지 않고 성행위를 시도했을 것이다. 강간과 성애의 구분은 뚜렷하지 않았고, 상대의 욕망보다는 자신의 욕망이 우선시되었다. 문명화 사회의 남자들은 사랑하는 상대에게 본의 아니게 폐를 끼칠까봐 좀 더 신중하게 타인의 욕구를 헤아린다. 상대가 성행위하고 싶어 하지 않는데 요구하는 건 망측하고 무례한 일이 된다. 남자들이 성욕을 조절하면서 친절한 태도를 갖추다 보니 성기는 그만큼 성나게 일어서지 않을 수 있다. 문명화가 발기불능이란 뜻밖의 사태를 초래했을지 모르는 일이다. 알랭 드 보통은 부조리한 성적충동과 타인의 행복에 대한 배려 사이에서 발기불능이 발생했으리라 추측하면서, 발기불능은 문명의 성취기 때문에 부끄러워하기는커녕 심지어 자랑스러워하게 될지도 모른다고 언급했다.

남자들이 젊은 시절에는 아무 때나 시도 때도 없이 빳빳하게 곤추서서 고충에 시달렸다면 나이가 들어서는 필요한 상황에서 일어날 낌새가 없거나 발기하더라도 흐물흐물해서 자존감이 하락한다. 발기는 건강과 밀접한 연관이 있다. 발기의 실패는 당뇨나 신경계 질환을 알리는 경고일 수 있다. 몸에 별 탈이 없더라도 때로는 발기부전일 때가 있다. 우울하고 걱정이 많고 과로하거나 자신감이 낮다면 발기가 신통치 않다. 발기는 혈압에 따라 작동한다. 상당량의 혈액이 음경으로 흘러 들어가야 발기된다. 발기는 부교감신경이 활성화되어야 이뤄지고, 부교감신경은 긴장이 풀려야 활성화된다. 양심의 가책을 느끼는 불륜이거나 용인할 수 없는 일탈의 성행위일 때 남자는 불편한 긴장감에 발기가 안 될 수 있다.

발기부전의 원인 가운데 좀처럼 다뤄지지 않는 게 또 있다. 바로 다른 남자들과의 비교이다. 발기불능에 시달리는 남자들을 조사해보면, 상대 여자가 이미 많은 남자들과 동침했다는 생각이나 환상을 가졌을 때인 경우가 많았다. 그렇다면 이 남자들은 상대 여자와의 성관계 자체에 불안을 느끼기보다는 여자를 심판관으로 삼아 다른 남자들과 벌이는 경쟁에 두려움을 느낀다고 볼 수 있다. 자신보다 앞서서 여자에게 만족을 주었던 다른 남자의 음경과의 대결이 두려워 아예 발기되지 않는 것이다. 여자가 과거 남자의 정력이나 음경 크기에 감탄하면 승부욕을 갖고 더 잘하려는 남자들도 있겠으나 어떤 남자들은 평소보다 성관계가 잘되지 않을 수도 있다.

어떤 수단을 써도 발기가 안 되는 상황이 있다. 사정하고 난 뒤다. 남자들은 한 여자에게 사정하고 나서는 같은 여자를 대상으로 곧바로 발기되지 않는다. 이건 정자를 여성의 몸 안에 고이 보관하려는 이유에서다. 사정하고 계속 발기한 채 남근을 움직인다면 여성의 몸에 들어간 정액이 밖으로 배출되므로 남근은 사정한 뒤 이내 축 처진다. 그런데 사정해서 누워 있던 남자에게 새로운 여자가 나타나면 다시 발기할 수 있다.

발기에 고충을 겪는 남자라면 음경에 뼈가 있기를 소망할지도 모른다. 영장류를 비롯해 포유류 수컷은 대개 음경골을 갖고 있고, 발기부전으로 고통을 겪는 경우는 거의 없다. 인간과 몇몇의 유인원에만 남근에 뼈가 없다. 왜 음경골이 사라졌을까? 더 나은 배우자를 찾으려는 여자들의 선택압으로 남성의 음경골이 사라졌으리라고 추정된다. 아주 먼 과거엔 음경골이 있었을 텐데, 뼈가 없이도 손오공의 여의봉처럼 필요에 따라 확장시켰다가 평소엔 줄일 수 있는 소수의 돌연변이가 나타나자 암컷들은 환호했을 것이다. 발기 여부에 따라 건강함이 판별되면서 건강한 수컷의 유전자가 성선택을 받아 확산되었을 것이다. 침팬지도 음경골이 쇠퇴하는 방향으로 진화를 겪고 있는 것으로 보이고, 다른 영장류에게서도 음경골이 작아지는 경향이 나타난다.

위험을 감수하면서
외부로 노출된 고환

음경 밑엔 정액이 만들어지는 장소, 즉 고환이 있다. 고환은 두 개인데, 크기랑 높이가 똑같지 않다. 대개 오른쪽이 약간 더 크고 음낭 안에 더 높이 달려 있다.

남자의 정소는 하루에도 어마어마한 숫자의 정자를 만들고 있다. 고환은 태아 때부터 활약한다. 임신 8주째에 접어들면 남아의 고환에서 다량의 테스토스테론이 분비된다. 사춘기 시절에 버금가는 남성 호르몬이 고환에서 생성되는데, 과도한 남성 호르몬은 산모의 면역체계를 훼손한다. 딸을 낳은 여성보다 아들을 낳은 여성의 평균수명이 짧다.

원숭이부터 영장류의 고환을 들여다보면 성애 방식을 얼추 짐작할 수 있다. 신체 크기에 비해 고환의 용적이 어느 정도 비중을 차지하느냐에 따라 일부일처인지 일부다처인지 다자 연애인지가 드러난다. 착실하게 일부일처를 유지하는 긴팔원숭이의 고환은 매우 작다. 긴팔원숭이는 성애에 별 관심이 없고 발정기가 되면 수컷은 딱 필요한 만큼만 정액을 암컷의 몸에 넣는다. 고릴라처럼 수컷 한 마리가 모든 암컷을 통제하는 일부다처의 수컷 역시 고환이 자그마하다. 어차피 자신의 정자가 수정되기 때문이다. 반면에 보노보나 침팬지처럼 다자 연애를 하는 경우 몸집에 비해 고환이 큼지막하다. 정액을 많이 방사해야 그나마 수정 가능성이 높아지므로 정액을 왕성하게 만들어내는 무거운 고환을 지닌 수컷의 유전자가 확산된다. 고환이 큰 수컷일수록 하루에 더 많은 정자를 생산하고 더 자주 사정하며 정자 주입량도 많다. 인간은 침팬지나 보노보의 고환보다는 작지만 고릴라나 긴팔원숭이보다는 크다. 인간의 고환은 선조 남성들이 침팬지나 보노보만큼은 아니더라도 정액을 자주 방사했다는 증거이자 선조 여성들이 수많은 남자와 관계했음을 암시하는 증거이다. 고환은 성교하는 중엔 앞으로 늘어지는데 이런 모양 역시 다른 경쟁자의 정자를 밀어내는 데 효과가 있다. 남자의 고환 크기를 보면 머나먼 과거의 여성은 수많은 남정네들과 정분을 맺었음을 짐작할 수 있다.

여성의 자유분방함에 맞춰서 남성 역시 적응된 여러 특징이 있다. 그 가운데 정액 사출량은 흥미롭다. 남자의 정액 사출량은 상대 여자가 얼마나 오랫동안 그의 시야에서 벗어났는지에 좌우된다. 여자가 곁에 늘 있었다면 오랜만에 관계하더라도 정액이 별로 분사되지 않는데, 자신의 통제권 밖으로 여자가 나갔거나 다른 남자와 만났다는 징후라도 있으면 평소보다 더 빨리 여러 번 대량으로 사정한다. 배출되는 정액의 양이 상황에 따라 변동되는 것이다. 개와 사슴, 쥐와 캥거루도 비슷한 양상을 보인다. 심지어 올빼미와 딱정벌레도 암컷이 수컷에게 노출된 바에 따라 사출하는 정자의 수를 달리한다. 큰가시고기 수컷에게도 다른 수컷을 보여주면 더 많은 정자를 쏟아낸다. 경쟁 강도에 따라 정자의 운동성과 사정의 강도도 변한다.

세라 블래퍼 허디는 남자를 생식세포 제조기계라고 부른다. 남자의 정소에선 하루도 쉬지 않고 어마어마한 숫자의 정자를 만들어내고 평생 동안 거의 일정한 수준으로 생산한다. 심지어 병에 걸리거나 굶주려도 정자 생산량은 크게 달라지지 않는다. 고환 속의 정자는 여러 번 방사해서 비워도 금세 채워진다. 일생 동안 쓸 난자를 이미 갖고 태어나 선별해서 달마다 하나씩 내보내는 여자와 사뭇 다르다. 남성은 언제나 짝짓기 할 준비가 되어 있고 늘 여자를 임신시킬 수 있는 존재라고 세라 블래퍼 허디는 이야기한다.

유전자 재생산의 중요 물질이 정소에서 만들어지므로 많은 수컷들이 정소를 난소처럼 몸 안에 두고 보호한다. 그런데 포유류의 고환은 몸 밖으로 나와 있다. 신체 외부로 노출된 데다 매우 큰 남자의 고환은 그만큼 취약하다. 몸을 무쇠처럼 단련한 남자라도 사타구니를 타격받으면 쓰러진다. 포유류 수컷 중엔 정소가 체내에 있거나 교미철에만 고환이 음낭에 내려와 기능한 뒤 다시 체내로 올라가는 종도 있는데, 인간은 정소가 음낭으로 내려와 평생 그 자리를 유지한다. 왜 인간의 고환은 위험을 감수하면서 외부로 나왔을까? 신체 내부에 있을 때보다 더 낮은 온도를 유지하면서 정자를 양호한 상태로 더 오래 생존시킬 수 있기 때문이다. 알몸일 때 정자는 체내에 있을 때보다 섭씨 6도 낮은 상태에서 보존되고 옷을 입으면 3도 낮게 보존된다. 정소를 바깥으로 노출시킨 만큼 신선한 정자를 방사했을 테고, 정소가 체내에 있을 때보다 번식의 이익을 얻었을 것이다. 사타구니 밖으로 나와 엄청난 수의 정액을 날마다 만드는 고환은 선조들이 어떤 성생활을 했는지에 대한 증거이다. 수컷들이 정액을 아껴서 고이고이 사용했다면 고환이 사타구니 바깥에 위치할 이유가 없다.

이처럼 위험을 감수하고 커다란 고환이 밖으로 나와 엄청난 수의 정자들이 만들어지는데, 현대의 남자들은 과거처럼 자주 방사하지 않는다. 이건 남자들이 고환의 잠재력을 완전히 사용하지 않는다는 뜻이고, 이는 예상치 못한 문제가 되고 있다. 오스트레일리아에서 이뤄진 연구에 따르면, 20세에서 50세까지의 남자들 중 1주일에 5회 이상 사정한 남자들이 말년에 전립선암에 걸릴 가능성이 3분의 1이 낮았다. 이건 정액에 좋은 성분도 있지만 소량의 발암물질이 종종 나타나는데 사정과 함께 정액이 분출되는 관이 자주 씻겨 내려가기 때문으로 추정된다. 오스트레일리아에서 행해진 또 다른 연구에선 날마다 사정하면 정자 세포의 DNA 훼손이 극적으로 감소하면서 남성의 생식력이 증대된다고 보고했다. 정자가 손상된 남성 42명에게 1주일 동안 날마다 사정하도록 했더니 사정을 사흘 동안 절제시킨 집단에 비해 더 적은 염색체 손상을 보였다. 갑자기 이뤄진 임신보다 오랫동안 사랑을 자주 나누다가 임신한 아이가 더 건강하리라고 예측할 수 있는 연구 결과이다. 자주 절정을 느끼는 건 남자의 심장 건강에도 이바지한다. 영국과 북아일랜드에서 수행된 연구에 따르면, 일주일에 세 번 이상 오르가슴을 체험한 남자들은 관상동맥 심장질환으로 죽을 확률이 절반 이하였다.

아주 먼 과거의 여자들은 복수의 남자들과 관계를 맺었을 테고, 생식력이 손상된 남자들은 왕성한 남자에게 밀려 자식을 두기 어려웠을 것이다. 남성의 생식력을 감소시키는 돌연변이가 나타나더라도 유전되지 않았을 것이다. 그런데 일부일처제가 확산되면서 낮은 생식력을 지닌 남자의 유전자도 대물림되고 있다. 이제 결혼만 하면 남자들의 유전자는 독재사회의 선거처럼 당선된다. 정자 생산조직과 연관된 염색체들은 환경이 변하고 적응 압력이 가해지면 신속히 반응한다. 일부일처제가 지속되면서 남자의 고환이 위축되는 것으로 보인다. 전 세계에 기능장애 정자를 지닌 남자가 5퍼센트라는 조사도 있다. 사용하지 않으면 잃게 마련이다.

매력적인 중저음의 목소리와 야릇한 털 냄새

인간은 다양하지만, 사람들의 이상형은 다양하지 않다. 우리는 오랜 세월 속에서 성선택을 거치며 특정한 이성을 욕망하도록 본능이 구성되어 있다. 특정한 외모가 널리 인기를 끄는 이유다.

남자는 에스트로겐과 관련된 여성의 신체에 흥분한다. 유방과 볼록한 엉덩이, 아기 같은 피부 등등 여성성을 상징하는 부위는 에스트로겐과 밀접한 관련이 있다. 마찬가지로 여자는 테스토스테론과 관련된 남성의 신체에 끌린다. 배란기나 혼외정사하고 싶을 때 여자들은 듬직한 어깨에 광대뼈가 두드러지고 턱선이 강직해 지배성이 느껴지는 남자에게 매혹되기 쉽다.

남자의 목소리도 테스토스테론과 연관이 있다. 남자들은 사춘기 때 테스토스테론의 폭풍을 맞아 변성기를 겪으면서 묵직한 음색으로 바뀐다. 성대가 더 길고 후두가 더 큰 만큼 성인 남자는 성인 여자보다 목소리가 더 낮고 굵다. 여자들은 다채로운 억양으로 부드럽고 비음 섞인 목소리를 내보이는 경향이 있는데, 남자들은 목소리의 억양과 높낮이를 덜 사용하면서 어조가 더 단조롭다.

여자들이 남자들의 중저음 목소리에 매력을 느끼는 건 원초적 본능으로 보인다. 아프리카에서 수렵채집하며 사는 히드자족 남자들은 저음의 여자를 더 나은 사냥꾼으로 평가했으나 애인으로는 목소리가 높은 여자를 선호했다. 여자들은 고음의 꺅꺅거리는 목소리를 가진 남자에게 흥미를 보이지 않았고, 저음의 남자를 최고의 사냥꾼이자 보호자라고 평가하며 배우자로 선호했다. 낮고 느리고 부드러운 목소리가 여자의 청신경을 통과하면 여자들의 마음이 사르르 풀어지는 셈이다. 여자들은 목소리가 중후한 남자를 좋아한다. 목소리가 테스토스테론과 관계가 깊어서 그런지 합창단을 연구하면 베이스가 테너보다 동일 기간에 사정하는 횟수가 더 많다.

남자들은 목소리를 가다듬으면서 사랑을 얻고자 노래를 부른다. 남녀상열지사엔 언제나 음악이 있다. 노래 주제 대부분이 사랑 타령이다. 생명은 사랑할 수밖에 없고, 생명은 사랑의 사건이므로 생명이 이어지는 한 음악은 불멸이다.

노래는 구애의 기술에서 파생되었으리라 추정된다. 번식기엔 모든 동물이 사랑의 감정뿐 아니라 강한 질투심과 경쟁심, 승리를 향한 열망에 사로잡힌다. 선조들도 선율과 박자와 가락을 사용해 타인의 정서를 자극하고 움직였고 춤과 노래와 음악 속에서 사랑을 나눴다. 사랑만큼이나 음악은 아주 먼 과거부터 발달했다. 동물들이 음정을 넘나드는 운율을 내면서 구애하듯 인간들도 분절 언어를 사용하기 훨씬 전부터 선율과 소리에 애정을 실어 보냈다.

흥겨운 음악 속에서 춤추는 동안 발산되는 냄새도 이성을 유혹하는 데 한몫했다. 땀 냄새엔 페로몬이 섞여 있다. 페로몬은 동물의 체내에서 생산된

유기화합물로 체외로 분비되고 방출되어서 같은 종의 개체에게 특유의 생리작용을 일으킨다. 동료에게 위험을 알리는 경보페로몬이나 이성을 유혹하는 성페로몬 등등이 있다. 남성의 페로몬은 겨드랑이, 항문, 가슴, 요도, 입의 분비샘에서 나온다. 여느 동물들은 서골코기관이라 불리는 특화된 후각 구조를 통해 페로몬 신호를 받아들인다. 여자들이 지위가 낮은 남자의 땀 냄새보다 지위가 높은 남자의 땀 냄새에 더 이끌린다는 연구 결과도 있다.

여자들은 남자보다 후각에 민감하고, 남자의 체취를 맡자마자 좋고 나쁨이 갈리면서 자신에게 필요한 남자를 찾는다. 인간은 주조직적합성복합체(Major Histocompatibility Complex, MHC)라고 불리는 단백질의 도움을 받아 면역체계를 유지하는데, 주조직적합성복합체가 사람마다 조금씩 다르다. 여자는 자신과 주조직적합성복합체가 상반되는 남자의 냄새를 좋아한다. 그 남자와 결합할 경우 자식은 더 건강한 면역체계를 가질 확률이 높아지기 때문이다. 여자는 자신에게 필요한 면역체계를 지닌 남자의 냄새에 반응한다. 여자보다 남자의 땀 냄새가 더 진동하는 건 남자들이 페로몬을 뿌리면서 어떻게든 번식의 기회를 잡으려 하기 때문인지 모른다.

남성 페로몬에 노출된 여자는 임신 가능성이 높아진다. 40일 동안 한 남자와 두 번 이상 동침한 여자는 그보다 잠자리를 덜 가진 여자들보다 배란 확률이 훨씬 더 높아졌다. 일주일에 최소 한 번 이상 남자와 성관계를 가지면서 남자의 페로몬에 영향을 듬뿍 받으면 생리 주기가 일정해졌고 배란 이후 황체기에 에스트로겐이 더 많이 분비돼 임신 가능성이 높아졌다. 임신이 가능한 기저체온도 상승했다.

그리스에서는 26~42세의 남자 38명에게 페로몬 합성물이 첨가된 로션을 나눠주고 한 달 동안 꾸준히 바르도록 한 뒤 변화를 연구했다. 실험 참가자들은 어떤 로션인지 모른 채 성경험을 보고했는데, 이전보다 애무와 성기 삽입을 더 많이 했고, 여자들과 비공식으로 만난 횟수도 더 많았으며, 여자 옆에 드러누워 있던 시간도 더 길었다. 이전보다 자위를 더 하거나 적게 하지는 않았다. 페로몬의 영향으로 성충동이 강해져 성애 경험이 증폭된 게 아니었다. 여자들이 남자의 페로몬에 영향을 받아서 일어난 결과였다.

남자의 페로몬과 관련된 부위엔 보통 체모가 굵은데, 현대에 들어서 문화의 압력으로 몽땅 제거되고 있다. 머리카락 말고는 어떤 털도 용납하지 않으려는 무모한 분위기마저 조성된다. 음모를 없애려는 음모가 있는 것처럼 겨드랑이, 성기, 항문마저 무모지대가 되는 실정이다. 털은 다 필요해서 있는 것인데, 털에 대한 수치심이나 혐오가 현대사회에서 강하게 범람한다. 털이 여성에게는 훨씬 엄격하게 금기시되지만 아직까지 남자에게는 용인되는 상황이긴 하다. 가슴에 털이 수북한 남자를 좀 징그럽게 생각하면서도 은근히 남자답게 여기는 분위기가 남아 있다. 털이 남자다움과 연결되기 때문에 남자들은 턱이나 인중에 발모제를 바르며 털을 무성하게 한 뒤 관리하기도 한다.

인류 사회에서 얼굴의 덥수룩한 수염은 성숙한 남성의 상징이었다. 남자들은 턱수염, 콧수염, 구레나룻을 통해 성숙함을 과시해왔다. 특히 턱수염은 하관을 강조해 더욱 남자답게 보이는 효과가 있어서 남성성을 강조하려는 남자들은 턱수염을 기른다.

남자들은 테스토스테론의 영향으로 대머리가 될 확률이 여성보다 훨씬 높다. 머리털이 난 자리가 뒤로 밀려나고 숱이 줄어 머릿속이 휑해지면 남성미가 확 떨어진다. 대머리가 되면 성선택을 받지 못할 가능성이 치솟기 때문에 남자들은 탈모 예방을 위해 발버둥 친다.

외모 관리와
남성 통제

　여남을 살피면 성별 이형성이 유달리 심한 부분이 있다. 외모에 대한 심리이다. 다수의 남자들이 자기 정도면 괜찮다고 평가한다. 반면에 다수의 여자들은 스스로 부족하다고 여긴다. 남자나 여자나 타인보다 자기 능력이 더 뛰어나고 더 착하고 자신을 좀 더 특별한 존재로 여기는 편향이 있는데, 외모에서만큼은 성차가 확연하다. 이건 이성 관계에 자신감 있게 임해야 그나마 번식 확률이 높아졌던 남자 선조들의 기질이 이어지면서 발생하는 현상이다. 남자들에게는 근거 없는 자신감이 탑재되어 있다.

　여자들의 습관적 외모 비관은 남성중심사회에서 외모에 대한 혹독한 평가를 듣고 내면화해서 자신을 긍정하기 쉽지 않은 현상인 동시에 외모 관리에 더 치중하게 하면서 외모 가치의 하락을 어느 정도 막아주는 효과를 갖는다. 대중매체의 확산으로 너무나 비현실적인 몸매의 여자들이 등장하고, 기술 발전으로 잡티 하나 없이 전시되는 사진들에 노출되면서 여자들은 기가 죽는 가운데 화장품을 구매하고 운동하면서 매력 자본을 키운다.

　요즘엔 남자들도 꾸미는 데 공을 들인다. 미용노동의 측면에서도 성평등이 구현되는 양상이다. 자신의 경제력을 과시하면서 안정된 성격을 지닌 전통적인 남성이 아니라 외모를 꾸미면서 여자에게 성적 매력을 선전하는 대중광고 속 남자들은 달라진 시대상을 반영한다. 돈과 시간을 들여 외모를 가꾸는 도시 남자가 대거 등장했다.

　자본주의는 여성을 상대로 한 미용산업이 포화 상태가 되자 남성의 육체를 새로운 시장으로 개척했다. 자본주의는 욕망과 공포를 기반으로 작동한다. 몸을 가꾸면 건강해지고 더 멋있어진다는 광고의 이면엔 몸을 가꾸고 다듬지 않으면 낙오된다는 두려움이 내포되어 있다. 여자들의 경제력이 향상된 만큼 잘생기고 멀끔한 외모를 지닌 남자를 고용하려는 흐름이 세차게 불거졌다. 아무래도 매력 자본이 높은 이성에게 접대 받을 때 기분이 좋고 돈을 더 쓸 가능성이 높다. 남녀노소 가리지 않고 매력 자본을 높이는 일은 현대인에게 필수 과제가 되고 있다. 자신의 능력을 개발하는 가운데 몸도 경쟁력이라는 자기 계발 논리가 확산되면서 남자들은 무거운 쇳덩이를 들었다 놨다 하며 비지땀을 흘린다.

많은 남자들은 몸뿐 아니라 인상도 관리하면서 성적 매력을 발휘한다. 남자들은 지위가 높고 명망 있는 것처럼 연출한다. 사회에서 권력과 경제력을 쥔 사람들은 하나같이 판에 박은 듯 보수적인 칙칙한 옷차림으로 일관한다. 보수적인 정장 차림은 책임감 있고 근면하며, 안정된 중상류층 출신이라는 징표이다. 기존 체제에 반항하는 남자들은 튀는 옷차림을 통해 또래 남자들보다 우위에 서더라도 취업을 앞두고는 어김없이 우중충한 색감의 옷을 입게 된다. 남자가 때때로 화려한 옷을 입으면서 공공연하게 성적 과시를 하지만 여기엔 소수의 여성만이 매력을 느낀다. 많은 여자들은 남자의 총천연색의 번지르르한 옷차림을 난잡함의 징표로 여긴다. 중후한 정장 차림이 성공의 상징이므로 여자들은 남자의 안정된 옷차림을 선망한다. 반면에 동성애 남자들은 상대 남자의 자유로운 옷차림에서 묻어나는 성적 개방성을 싫어할 가능성이 여자들보다 적다. 남자가 여자의 외모에 관심이 강렬하듯 동성애 남자도 다른 남자의 외모에 관심이 지대하다. 상대 남자의 외모를 따지는 가운데 자기 외모를 관리해 매력을 발휘하는 동성애 남자들은 색감이 유달리 뛰어나 패션이나 예술 쪽에서 두각을 나타내곤 한다.

인간은 성적 이형성이 아주 두드러지지는 않아 옷으로 구분하는 관습이 내려오고 있다. 기독교 경전을 보면 남자의 의복을 여자가 입지 말라는 신의 명령이 있을 정도다. 토마스 아퀴나스는 남장한 여자는 중죄인이라고 선언했다. 죽음의 위협이 있거나 겁탈당할 위기에만 여자는 남장이 허락되었다. 성차별에 모멸감을 느낀 여자들은 남장하면서 자신의 재능을 펼치려했다. 신윤복이 남장 여자였다는 주장이 나오는 까닭도 당시 조선시대에 여성 억압이 신랄했고 지독했기 때문이다. 1980~1990년대의 여대생들이 옷차림이나 말투를 남자처럼 했던 까닭도 성에 따른 제약에서 해방되고픈 몸부림이었다.

여성이 변장하는 까닭은 성차별에서 벗어나기 위함이라면, 남성이 변장하는 까닭은 책임감에서 벗어나기 위함이다. 남자들은 남자라는 무거운 옷을 벗어던지고 싶을 때가 한두 번이 아니지만, 막상 여자 옷을 입으면서 남자의 틀을 벗어나려 하면 '비정상 변태'로 취급된다. 복장도착자란 명칭은 남자에게만 붙는다. 여성운동에 힘입어 여자들은 자신이 바라는 역할과 정체성을 선택할 가능성이 있고 얼마든지 남자 옷을 입을 수 있지만, 남자들은 여전히 남자다움이라는 굴레에서 옴짝달싹 못하고 있는 지경이고 여자옷을 입으면 신고당할 가능성이 높다.

넥타이는 남자에게 착용되는 대표 장식물로서 남자들에게 덧씌운 굴레이다. 남자들은 이상한 끈으로 목을 졸라 묶은 뒤 출근한다. 넥타이는 남근과 매우 비슷하다. 생김새부터 닮았고 떡하니 가운데에 달린 채 밑으로 축늘어진 것도 유사하다. 성기를 함부로 꺼내면 안 되듯 넥타이를 맨 남자는 처신이 조심스러워진다. 남자 회사원들은 정해진 규범대로 넥타이 길이를 조정하면서 사회에서 부과하는 규범에 충실히 자신을 끼워 맞춘다. 넥타이는 남자의 일상을 붙들어 매는 말뚝 노릇을 한다. 그저 목을 졸라 몸을 답답하게 하는 수준이 아니라 삶을 통제하는 기능을 한다. 타이tie란 말 자체에 속박과 구속한다는 뜻이 담겨 있다. 넥타이를 목에 매면서 남자들은 자유를 묶어둔다. 남자 직장인들은 스트레스를 받으면 넥타이를 풀려고 한다. 또한 회식 때 넥타이를 내팽개치면서 자신을 옭아매던 규범과 도덕을 벗어던진다. 넥타이는 남자를 구속하는 규율 장치다. 남성은 자신이 세상의 권력에 묶여 있는 만큼 여성을 속박한다.

독일에선 매년 알트바이버altweiber 축제가 열린다. 하루 동안 여자들이 남자들의 넥타이를 마음대로 자를 수 있다. 남자의 넥타이를 자른다는 건 그동안 여자들을 짓누르던 남성의 상징질서를 거스르며 해방되겠다는 뜻이 담겨 있다. 이날만큼은 여자들의 일탈에 너그럽다. 넥타이를 자르는 행사가 중세부터 시작되었다니 넥타이의 상징질서는 그만큼 오래된 셈이다.

남자의 외관이 좀 더 자유로워질 필요가 있다. 많은 남자들의 생각이 굳어 있는데, 이는 몸이 경직되었기 때문이다. 몸이 오그라들면 정신 역시 우라지게 우그러진다. 겉모습이 자유롭다고 생각까지 자유롭지는 않겠으나 생각이 꽉 막혔는데 외관이 자유로울 리는 없다. 찍어낸 것 같은 남자들의 머리모양이 으스스한 이유다. 남자들은 어릴 때부터 골목마다 가위를 들고 지키는 경찰이 있는 것처럼 머리를 짧게 자른다. 실제로 머리를 기르면 귀찮은 일들이 빈번하게 발생한다. 미국의 작가 말콤 글래드웰은 머리를 기르자 전에는 그런 적이 한 번도 없었는데 속도위반 딱지를 받기 시작했으며 특별조사를 받기 위해 공항안전선에서 끌려나오기 시작했다. 단지 머리카락이 길어졌을 뿐인데 대우는 판이해졌다.

자유롭다는 현대사회에서도 남자들에게 두발을 짧고 단정하게 하라고 암묵의 요구를 보낸다. 어려서부터 몸에 대한 닦달을 거치면서 남자들은 누가 시키지 않아도 권력의 입맛에 맞게 자신을 뜯어 맞춘다. 몸에 대한 결정권이 자신에게 없다는 사실을 어려서부터 겪은 남자들은 자신의 삶 또한 세상에 순치시킨다. 두발 규제를 당하는 남학생은 자신의 몸을 지배하는 권력체제에 발끈하기보다는 약간의 허용범위가 더 있는 또래 여학생에게 화를 분출한다. 정말 투쟁해야 하는 대상은 남자의 머리카락을 함부로 자르면서 지배하려는 세상의 권력인데도 말이다.

남자들의 복사해서 붙여 넣은 것 같은 짧은 머리는 권력의 손아귀에 남자들이 붙잡혀 있다는 사실을 나타낸다. 남자들의 옷차림과 머리모양은 그 사회가 얼마나 자유로운지를 알려주는 가늠자이다. 억압이 가해지면 자유로워지기를 바라면서 꿈틀댈 수밖에 없다. 남자들도 세상의 통제와 간섭에 거리낌을 느끼며 거북할 수밖에 없는데, 그러나 많은 남자들은 누군가 가윗날을 자신의 머리에 들이댈 때 느꼈던 섬뜩함은 잊어버리고 자신의 독특함을 표현하는 타인에게 대패를 들이대며 윽박지르는 꼰대가 된다. 서로가 서로를 감시하며 헐뜯는 사회 분위기가 이뤄지고, 모두들 비슷한 표정에 비슷한 머리, 비슷한 옷차림에 비슷한 욕망을 가지고 살아간다.

6

폭력과

전쟁

다른 생명을
사냥하는 인간

인간이 먼 과거에 직립보행을 시작한 건 다른 유인원과 분기하는 결정적인 사건이었다. 유인원이 주먹을 쥐어 앞발로 삼는 주먹 보행을 하는 것과 달리 인류의 조상은 허리를 세우고 팔을 양옆으로 흔들면서 걸었다. 지금으로부터 200만 년 전, 아프리카에선 적어도 세 종의 오스트랄로피테쿠스가 동시대에 살았다. 그들은 소규모로 무리 지어 돌아다녔고, 여타 동물과 조금씩 차이가 발생했다.

직립보행은 신체 구조의 혁신이었다. 허리를 곧추세우면서 목 위에 무거운 머리의 균형을 잡아야 하는 부담이 생겼고 나이가 들면 허리나 무릎에 탈이 나게 되었지만 기운 소모가 덜해 오래 걸을 수 있게 되었다. 직립보행하면서 인류의 신체는 진화를 거듭했다. 걸을 때 발바닥 앞쪽으로 땅을 박찰 수 있는 해부 구조가 되었고, 보행 속도를 유지하는 생체 기능이 발달했으며, 공기의 저항감을 줄이면서 앞으로 나아가는 신체 형태로 진화했다. 머리와 눈썹 그리고 페로몬을 분비하는 겨드랑이나 사타구니를 제외하면 털이 사라져갔다. 온몸에 땀샘이 늘어나 벌거벗은 몸 표면이 빨리 식었다. 털로 뒤덮인 동물은 땀을 식히기 위해 움직임을 멈출 수밖에 없는데, 헐벗은 인간은 좀 더 수월하게 땀을 식히면서 수렵에 성공했다.

오랜 세월 남자는 늑대라고 간주되었다. 그런데 성적인 면에서 남자를 늑대에 견주는 건 적절한 비유가 아니다. 늑대는 일부일처제를 충실하게 지키는 동물이다. 남자가 늑대라는 표현은 그저 늑대에 대한 혐오가 남성에게 투사되었을 뿐이다. 그럼에도 늑대와 남성의 비교는 나름 통찰력이 있다. 늑대는 사회성이 높은 동물로서 무리 지어 습격한다. 인간도 비슷하다. 부족 사회의 전투 방식을 보면 매복과 기습을 통해 피해를 최소화하고 살상은 최대화한다. 침팬지들도 매복과 기습을 통해 다른 동물을 사냥해 동물성 단백질을 확보한다.

맨주먹으로 호랑이나 곰 같은 맹수와 싸워 이기기란 어려운 일이었다. 혹여나 이기더라도 치명상을 입었다. 하지만 인간은 집단을 이루었다. 초식동물은 서로에게 별 관심 없이 상호 보호를 목적으로 무리를 지을 뿐인데, 인간은 역할 분담과 더불어 무기를 사용했다. 집단을 이룬 인간 앞에 적수가 없었다. 야수가 탐내던 동물성 단백질 덩어리 인간이 협동 능력을 통해 먹이사슬 최상위 포식자가 되었다. 인간이 새로운 지역에 진출하면 기존의 맹수들이 멸종했다.

대형 동물을 죽이는 남자는 영예를 포획했다. 예컨대 아마존의 쿠베오 부족을 보면 재규어 사냥에 능숙한 남자의 지위가 가장 높았다. 재규어를 많이 잡을수록 추장으로 추대될 가능성이 올라갔다. 추장은 재규어의 이빨로 만든 커다란 목걸이를 하고는 아르마딜로로 만든 허리띠를 찼다. 쿠베오족의 남자들은 육아엔 관여하지 않고 과묵하게 아마존 숲을 돌아다녔다. 음식 만드는 여자를 돕다가 들키면 두고두고 놀림감이 되었다.

사냥은 남성의 임무였고, 남성이 더 잘했다. 남자는 어깨 힘이 더 좋아 창이나 돌을 잘 던질 수 있을 뿐만 아니라 날아가는 표적을 눈으로 뒤쫓거나 낚아채는 데도 뛰어난 면모를 보인다. 원시시대부터 성별에 따른 행동은 달랐을 테고, 남자들이 대형 동물을 사냥하면서 더욱 강인한 체력과 민첩한 몸놀림, 두려움을 억제하는 마음가짐이 공고화되었을 것이다. 물론 선사시대의 여자들은 과일과 채소만 거두지 않고 사냥에도 나섰다. 홍적세인류의 화석 기록을 보면 성별에 따른 몸집의 차이가 아주 크지는 않다. 이건 날렵하고 용감한 여자들이 남자들 못지않게 사냥에서 활약했으리라 조심스레 짐작할 수 있는 증거이다. 하지만 대다수 여자들은 위험한 사냥에 나서기보다는 작은 동물들을 사로잡는 데 주력했을 것이다.

동물을 대하는 태도에선 성차가 뚜렷하다. 남자들은 사냥과 낚시에 관심이 크다. 동물 학대는 남성이 더 많이 저지르는 경향이 있다면 여자들은 동물보호운동에 훨씬 큰 관심을 갖는다. 동물보호활동가의 성비는 150년 동안 전혀 변하지 않았다. 심지어 여성의 사회 진출이 제한되었던 영국의 빅토리아시대에도 동물복지 기관의 종사자 가운데 80퍼센트가 여성이었다. 이처럼 여자들이 동물보호에 적극 나서는데, 귀여운 외모의 동물에게 더 큰 관심이 쏠리는 편향이 발생한다.

동물보호는 아주 중요한 일이지만, 동물과 인간이 평화로이 공생하기란 쉽지 않은 일이다. 인간은 동물을 분류하고 성격을 파악해서 이용하고 착취하고 먹으면서 번성했다. 동물보호운동가도 날아드는 모기를 죽이고 팔에 붙은 벌레에 기겁한다. 알베르트 슈바이처는 모든 생명체를 경애하라는 사상을 전파했지만 뱀을 쏘고자 언제나 총을 소지하고 다녔다. 인간과 동물을 차별하지 않는다고 말한 헨리 데이비드 소로는 남자의 역사에서 사냥꾼이 최고이던 시절을 거치기 마련이라고 이야기했다. 사냥하고 싸우는 건 성장과정에서 자연스러운 일이라며 오히려 사냥을 해보지 않은 소년들을 안타까워했다. 엽총을 한 번도 쏘아보지 못한 소년은 인정이 많다는 뜻이 아니라 제대로 교육을 받지 못했다는 뜻이라며 동정을 금치 못했다.

인류 사회에서 사냥은 싸움과 더불어 고대사회의 남성성이 발휘되는 분야였다. 능숙하게 사냥하고 승리를 위해 싸움하는 건 남자들의 직무였다. 사냥과 싸움은 약탈의 성격을 지니고 있다. 남자의 사냥과 여자들의 채집은 성격이 확연히 다르다. 여자들의 채집은 노력하는 만큼 수확할 수 있었다면 남자들의 사냥은 상황에 따라 천차만별이었다. 능력을 발휘해 사냥 성공을 높이는 남자들이 두각을 나타내면서 위신이 올라갔다. 용맹함을 발휘하면서도 전략이 뛰어난 남자들이 지도자가 되었고, 그들은 명예와 영광을 얻었다.

선사시대엔 고기를 동등하게 분배했다. 동물의 시체는 금세 썩기 마련이라 어서 먹어 치워야 했고, 사냥에 성공하면 마을에서 축제가 열렸다. 고기를 함께 먹는 일이 워낙 오랜 전통이라 오늘날에도 잔치가 열렸는데 채소와 나물만 잔뜩 있으면 사람들은 실망한다. 인간은 고기를 통해 흥겹게 흥분한다. 과거에 남자들이 어깨를 으쓱한 채 여자들에게 허풍 섞어서 자신의 사냥 실력을 으스댔듯 현대에도 남자들은 여자들에게 환심을 사고자 고기를 대접한다.

인간은 동물성 단백질에 강렬하게 끌린다. 인류사 내내 동물성 단백질은 얻기 어려운 귀한 자원이었다. 선사시대에 대부분의 영양분이 여자들의 노동에서 충당되었으니 수렵채집사회가 아니라 채집수렵사회로 명칭을 바꿔야 한다는 주장이 있을 정도다. 그럼에도 수렵채집사회라고 부르는 까닭은 남성중심사회의 편향성이기도 하지만 수렵이 인간 사회에서 특별한 위상을 점유하기 때문이다. 육식을 자주 하고자 남자들은 협력했고, 사냥 기술과 무기를 발달시켰다. 고기를 익혀 먹고자 불을 활용하면서 소화력이 나아졌고, 병균이 소독되면서 건강이 개선되었다. 동물성 단백질을 섭취하면서 대뇌도 발달했다. 육식을 빼놓고 인류사를 논할 수 없다. 비록 오늘날은 너무나 많은 고기를 먹으면서 여러 문제가 생기고 있지만, 선사시대 조상들의 갈망이 고스란히 이어지기 때문에 인간은 고기를 보면 환장한다.

고기를 확보하고자 인간은 사냥 기술을 발전시켰는데, 문제는 동물만 사냥하지 않았다는 점이다. 인간도 사냥감이었다. 초기 인류의 유골엔 상처가 자주 발견된다. 인간을 잡아먹은 식인문화도 최근에 와서야 근절되었다. 인간에게 가장 무서운 존재는 야생의 맹수들이 아니라 타인이었다. 인간 중에서도 특히 남자가.

공격성과
범죄

　모든 사회에서 장난치듯 싸우고, 거칠게 놀며, 침을 습관처럼 뱉고, 욕지거리를 늘어놓으며, 무기를 들고 다니고, 폭력 오락을 즐기며, 다른 사람을 괴롭히고, 폭력 범죄를 저지르고 살인하는 성별은 대개 남성이다. 이런 성차는 영장류에서도 나타나고, 시공간을 넘어서도 발생한다. 현대의 여자들이 상스러움을 따라잡고자 노력하고 있지만 그 격차는 아직도 크다.

　인류학자 마거릿 미드는 남성의 폭력성이 타고나지 않는다며 반기를 들었다. 미드는 뉴기니에서 만난 원시부족을 소개하면서 성역할은 임의로 부여되고 남성이 꼭 폭력적이지는 않다고 주장해 여성해방운동에 영감을 주었다. 하지만 마거릿 미드의 연구는 터무니없을 정도로 엉터리였다. 미드는 아라페시족 남자들이 여자를 차지하고자 창을 던지는 전투를 봤음에도 아라페시족 남녀 모두 온화하다고 평가했다. 아라페시족 청년이 성인의 자격을 얻으려면 누군가를 죽여야 했다. 먼두구모르족 여자들은 잘 먹고, 다른 부인들보다 더 맛있는 음식을 준비하는 방법으로 자신의 공격적인 충동을 표출한다면서 먼두구모르족은 남녀 모두 폭력적이라고 미드는 평가했다. 또

챔블리족의 남자들이 화장하는 것을 보고는 여성스럽다면서 남녀의 성역할이 완전히 뒤집혔다고 설명했다. 그런데 챔블리족 남자들의 화장은 살인자에게 주어지는 격식이었다. 아라페시족, 먼두구모르족과 마찬가지로 챔블리족의 청년 남자들이 적을 죽이는 건 어른으로 인정받기 위한 필수 조건이었다. 마거릿 미드를 통해 얼마든지 여자다움이나 남자다움을 구성할 수 있는 사례라고 알려진 세 부족의 남자들과 여자들은 문명사회에서 만나는 남녀와 그리 다르지 않았다.

남자는 목숨을 걸고 적들을 물리쳐왔고, 전사의 명예와 지위를 얻었다. 시몬 드 보부아르는 여자에게 덧씌워진 가장 나쁜 저주가 빛나는 전투의 대열에서 제외되었다는 점이라고 말했다. 인간이 동물 위에 설 수 있었던 건 생명을 위험에 노출시켰기 때문이고, 인류 사회는 생명을 낳는 성이 아니라 죽이는 성에게 더 높은 가치를 부여해왔다고 보부아르는 설명했다.

남자들은 서로를 죽여왔고, 그 습성은 사라지지 않았다. 대중매체를 접하지 않은 수렵채집부족들을 연구했더니 남자들이 죽음이나 무기에 관한 꿈을 훨씬 많이 꿨고, 훨씬 더 사납게 싸웠다. 남자들끼리 연합해서 영역을 확장해 나갈 때 같은 편이 아닌 남성의 살해는 대체로 이익이었으므로 위험 부담이 크지 않을 경우 적이 될 수 있는 남자를 미연에 죽이려 들었다.

마고 윌슨과 마틴 데일리는 여러 사회를 대상으로 살인 기록을 분석했더니 남성 대 남성의 살인이 여성 대 여성의 살인보다 30~40배 더 많았다. 오스트레일리아, 브라질, 독일, 캐나다, 보츠와나, 덴마크, 케냐, 영국, 웨일스, 스코틀랜드, 나이지리아, 멕시코, 인도, 아이슬란드, 우간다, 미국의 12개 지역, 자이르, 영국의 13세기와 14세기, 19세기의 미국에서 하나같이 똑같았다. 수렵채집사회부터 부족사회, 중세 봉건국가에서 현대에 이르기까지 지구의 36개 인류 집단으로부터 수집된 통계에 따르면 같은 성에 의해 일어난 살인의 92~100퍼센트를 남자가 저질렀다. 어떤 사회에서도 여자들 사이의 폭력이 남자들 수준에 근접하지 않았다. 교도소를 들여다보더라도 남자들로 바글바글하다. 남성이 여성보다 교도소에 수감될 확률은 16배나 높다.

남성이 폭력 범죄를 엄청나게 저지른다는 사실은 모두가 알지만 미리 막은 적은 없다. 남성의 폭력 범죄는 마치 당연하고 자연스러운 상수처럼 구조화되어 있다. 강간은 말할 것도 없고 절도나 강도, 유괴, 폭행, 살인 같은 물리적 폭력 범죄는 대개 남자의 소행이다. 미국의 범죄 통계를 보면 남자가 여자보다 심한 폭행을 저지를 확률은 6배, 살인은 9배, 무장 강도는 10배, 강간은 78배 높았다. 비폭력 범죄에서도 성차는 뚜렷하다. 약물 과용은 5배, 도박죄로 체포될 확률은 6.5배, 방화는 7배, 장물 매매는 7.5배, 시설물 파손은 8배, 부랑죄로 체포될 확률도 8배, 주정하다 포박될 확률은 8.5배, 가택침입 절도는 10배, 자동차 절도도 10배, 무기 소지를 해서 연행될 확률은 13배, 사기 칠 확률은 13.5배 높았다. 화폐 위조도 2배, 횡령죄도 1.5배 높았다. 여자들이 앞선 범죄 영역은 두 분야다. 10대 시절 가출과 성매매뿐이다.

물론 현대에 들어서 여성 범죄가 늘어나는 추세이긴 하지만 오히려 폭력 범죄, 특히 살인죄로 체포된 범인 가운데 여성의 비율은 조금 더 낮아졌다. 더구나 여성이 저지른 폭력과 살인의 대다수는 남성이 가하는 폭력의 대응이거나 남성이 주도할 때 동참하면서 발생했다. 여성의 절도 범죄 건수가 늘어났어도 여전히 대다수 절도는 남자들이 저지른다. 단순히 가난해서 훔치는 것이라면 도둑의 다수는 여성이어야 하는데, 현실은 그렇지 않다. 강도나 특수절도 대부분의 범인이 남성이고, 강도 살인은 거의 남성 범죄다. 돈과 자원이 필요한 건 남성이나 여성이나 비슷한데 남자들만 강도 행각을 벌인다.

남의 재산을 빼앗는 범죄의 성비 역시 성차와 연관된다. 여자는 가난해서 양육에 허덕이더라도 번식의 가능성 자체가 크게 줄지는 않는데, 가난한 남자는 번식 가능성이 대폭 감소한다. 남자는 여자들보다 여분의 자원을 절실히 원한다. 생존에 필요한 양보다 더 많은 자원을 보유해서 과시하면 적응도가 높아진다. 남자들이 절도나 강도 범죄에 여자들보다 흥미를 보이는 이유다. 강도 살인의 가해자가 남자이듯 강도 살인의 피해자 역시 남자가 많다. 남자가 더 많이 살해되는 이유는 남자가 강도를 저지르는 이유와 겹친다. 강도가 간절히 원하는 돈과 자원은 피해자에게도 절실하다. 남자는 재산을 빼앗기지 않으려고 여자보다 끈질기게 저항하고, 때때로 무모하게 맞선다. 다른 남성에게 굴욕당하면서 순순히 뺏기는 걸 견딜 수 없어서 저항하다 강도 사건이 강도 살인 사건으로 치닫곤 한다.

영국의 범죄학자 에이드리언 레인은 터키의 휴양지에서 새벽 세 시쯤 인기척을 느껴 깨어났다. 당시 그는 침입 절도의 90퍼센트 정도는 물건만 가지고 가기 때문에 도둑이 든 걸 알아도 갖고 가게 내버려둔 뒤 경찰에 신고하는 것이 그나마 위험에 처하지 않고 물품을 돌려받는 방법이라고 가르쳤다. 이론 지식이 현실에서 실천하기 어렵다는 사실을 레인은 몸소 증명했다. 레인은 곧장 침대에서 뛰쳐나가 침입자를 붙잡아 싸웠고, 흠씬 두드려 맞았으며, 목이 잘릴 뻔했다.

에이드리언 레인은 여성과 남성 사이엔 무시할 수 없는 근본적인 차이가 있으며, 뇌의 차이가 범죄의 성차를 어느 정도 설명해줄 수 있다고 주장한다. 인간의 뇌를 비교하면 대부분 비슷하지만 미세하게나마 뇌 구조와 생리학 구성뿐 아니라 화학 성분이나 발달상의 특성에서 성차를 보인다. 성장하고 발달하는 과정에서 각 개인의 뇌는 독특해지고, 굳이 여성의 뇌나 남성의 뇌로 뚜렷하게 나뉘지 않더라도 약간이나마 유의미한 차이가 발생한다.

전두엽 부분은 자기통제와 미래 계획을 관장하면서 반사회성 행동을 억누르는 기능을 하는데, 여성에 견줘서 남성은 안와전두엽 회백질의 양이 12.6 퍼센트 적다. 더구나 전두엽은 20대 초반까지 성장하는데, 이 말은 20대 중반까지는 사태를 주의 깊게 고찰하면서 위험을 가늠하며 자기조절하는 능력이 미숙할 수 있다는 뜻이다. 젊은 남자들이 왜 자기통제력이 떨어지고 폭력 범죄를 쉽게 저지르는지 신경과학으로 어느 정도 설명된다.

남자들은 대개 지나친 자신감에 경도되어 있다. 일군의 학자들은 낮은 자존감을 지닌 사람이 폭력을 저지른다고 믿었는데, 연구를 해보니 폭력은 과잉 자존감의 문제였다. 깡패, 골목대장, 배우자 구타자, 연쇄 강간범, 증오 범죄 가해자, 사이코패스 등등은 지나치게 높은 자존감 점수를 기록했다. 지나친 자신감은 타인을 얕보고 세상을 왜곡해서 인식한다. 말썽을 피우는 대다수 남자들은 근거 없는 자신감 때문에 문제를 일으킨다.

스트레스에 대한 반응의 성차도 남자들이 범죄를 저지르게 만드는 측면이 있다. 2007년에 노벨 의학상을 받은 이탈리아의 유전학자 마리오 카페키는 스트레스 반응에 성차가 있다는 확실한 증거를 제시했다. 스트레스를 받으면 여자들은 자해하는 반면에 남자아이는 타인을 해치는데, 그 이유가 생리학에서 어느 정도 설명되는 셈이다. 마리오 카페키의 연구는 자기 경험에서 비롯되었다. 굶주린 채로 거리를 헤매면서 그는 타인에게 폭력을 휘둘렀다. 또한 열악한 상황에서 스트레스를 받을 때마다 폭력으로 반응했다. 길거리 싸움을 벌이던 마리오 카페키가 사회의 지원을 받아 훌륭한 학자가 되었다. 마리오 카페키의 사례는 폭력과 범죄를 어떻게 해야 줄일 수 있는지에 대한 영감을 준다.

싸움 실력에
가치를 부여하는 이유

치고받는 몸싸움은 남자아이들의 본능이다. 부모와 교사가 친구들과 사이좋게 지내라고 당부하거나 근엄하게 혼내도 다툼을 근절시킬 수 없다. 남자들의 공격성은 사회문화에서 조장하기도 하지만 도리어 사회의 호전성 자체가 남자들의 본능에서 비롯된 결과일 때가 많다.

싸움에 대한 남자들의 관심은 굉장하다. 싸움 구경이 가장 재미있는 구경거리라는 말이 있을 만큼 사람들은 격투가 벌어지면 다들 열띠게 구경한다. 과거 로마시대엔 검투사의 대결을 즐겼다. 현대에서도 권투와 격투기에 열광하고, 조직폭력배가 패싸움 벌이는 영화를 재미있게 관람한다. 남자들은 피 터지는 싸움에 흥분하며 쾌락을 느낀다.

싸움에 대한 흥미는 인류사보다 훨씬 오래되었으리라 추정된다. 모든 생명체가 다른 개체와 싸움을 벌인다. 개미들조차 걱정거리 없는 맑고 고요한 날이면 모의 전투를 벌인다. 한쪽이 겁을 먹으면 전투놀이는 곧장 끝이 난다. 개미들은 가짜 전투를 통해서 진짜 전투를 대비한다. 여느 포식동물들도 어릴 때부터 형제들과 몸싸움하며 장차 치러야 할 결투를 연습한다. 인간과 가까운 침팬지에게서도 싸움 실력은 중요하다. 아들을 강하게 키우고자 아비 침팬지는 싸움을 붙인다. 상황이 너무 험악해지는 바람에 어미 침팬지가 싸움을 뜯어말릴 정도다. 인간 아버지도 아들이 밖에서 맞고 오면 위로하기보다는 상대 녀석을 흠씬 때려눕히고 오라고 채근하는 경우가 있다. 한심한 아비의 한숨 나오는 행태이긴 하지만 어쩌면 아들에게 남자들의 세계가 얼마나 가혹한지 지독한 방법으로 알려주고 있는지 모른다. 대결은 남자들의 일상이고, 주먹다짐은 모든 남자들이 겪는 통과의례이다.

대부분의 포유류에서 수컷은 암컷보다 더 크다. 싸움의 빈도와 양상이 빚은 신체의 차이다. 덩치가 크면 싸움에 유리하므로 몸집은 수컷에게 아주 중요하다. 모든 영장류의 종에서 송곳니의 크기도 암수의 주요 차이다. 수컷은 날카로운 송곳니를 사용해 맹렬하게 싸운다. 인간은 팔과 몸으로 싸웠다. 세계 어느 곳이든 남자가 9퍼센트 더 크고 몸무게도 20퍼센트 정도 더 나가며 상체 근육은 50퍼센트 정도 더 많다. 심지어 통증 민감성을 줄이고 상처치유를 돕는 비타민 K나 트롬빈 같은 응고인자가 남성의 혈액에 더 많다. 싸움의 고통을 감소시키려는 적응의 결과다.

싸울 때 남자들은 생생한 흥분에 도취된다. 데이비드 핀처 감독의 〈파이트 클럽〉을 보면, 신상품 가구를 구매하며 삶의 공허함을 달래려 하지만 불면증에 시달리던 남주인공(에드워드 노튼)이 거친 남자(브래드 피트)를 통해 길거리 싸움에 입문하며 인생의 전기를 마련한다. 남주인공은 여태껏 경험해 보지 못한 생생한 짜릿함을 맛보는데, 인류사 내내 많은 남자들이 싸움이나 격한 신체 활동에서 황홀경을 체험했다. 선사시대 남자들은 마약성 물질까지 사용하고는 도끼나 창을 들고 나섰다. 물론 싸움은 두려움을 유발한다. 얼마 전까지만 해도 근접전을 앞두고 두려움을 잠재우고자 약간의 술을 섭취하는 일은 대부분의 군대에서 관습이었다.

왼손잡이의 비율이 여성보다 남성이 두 배 높은 까닭도 주먹다짐과 연관되어 있다. 대부분 인간은 왼손잡이가 익숙하지 않기 때문에 왼손잡이 남자는 싸움에서 유리하다. 육박전을 자주 벌이는 원주민 사회를 조사한 결과 왼손잡이 비율이 더 높다는 연구 결과도 있다. 남자의 신체엔 억겁의 시간 동안 벌어진 남성 대 남성의 폭력이 고스란히 각인되어 유전된다.

남자의 몸에서 다량으로 분비되는 테스토스테론도 폭력과 상관관계가 있다. 테스토스테론이 남자의 폭력성 자체를 유발하진 않지만 다른 남자와 누가 더 우세한지 경쟁하는 데 열중하게 만든다. 뇌신경을 보면 공격성을 담당하는 뇌 회로와 외부를 탐색하는 뇌 회로는 가까이에 있고, 강하게 상호작용한다. 남자들은 타인의 도전을 기꺼이 받아들일 뿐만 아니라 심지어 맞서 싸울 남자를 적극 찾아 나선다. 남자는 경쟁과 싸움을 생각하면 테스토스테론이 뿜어지면서 흥분되고, 옆에 여자라도 있으면 그 농도는 더욱 짙어진다. 테스토스테론의 농도는 수컷의 위계 서열과 상관관계가 있고, 위계 서열은 공격성과 상관관계를 보인다. 테스토스테론은 공격 성향을 촉진할 수 있으므로 폭력의 발생을 예측하는 중요 변수이다.

예로부터 싸움 능력에 따라 얻을 수 있는 사회자원이 달랐다. 강한 남자가 더 많은 자원을 얻었고, 명예와 지위를 쟁취했으며, 더 많은 자손을 가질 수 있었다. 여자들은 싸움 실력이 있는 남자를 선호했다. 남미의 야노마미족에서는 살인하면 우노카이로 불리는데, 야노마미족의 여러 마을에서 얻은 자료를 분석한 결과 우노카이는 다른 남자들보다 평균 2.5배 이상의 아내가 있었고, 세 배가 넘는 자식을 거느리고 있었다. 인류 사회를 보면 대부분의 폭력은 아직 서열이 정해지지 않았고, 성적 갈망이 폭발하는 15~30세의 젊은 남자들이 저지른다. 세계 어디든 싸움이 생존과 번식에 직결되었다. 여전히 싸움 실력에 대한 평판은 남자들에게 중요하고, 남자들은 타인의 싸움 실력에 관심이 아주 많으며, 싸움을 잘하는 남자는 금세 유명해진다. 서열이 정해지면 싸울 일 자체가 별로 없어진다. 영화 〈전사의 후예〉를 보면 뉴질랜드의 마오리족은 산업사회에 적응하지 못하는데, '또라이 제이크'라고 불리는 남주인공은 근방에선 아무도 함부로 대하지 못한다. 마피아나 야쿠자도 평판을 높이려 한다. 그러면 싸울 일도 줄어들고 이익을 쉽게 도모할 수 있다. 상대에 대한 정보가 없다면 서로 눈싸움을 벌이다가 주먹이 날아간다. 선사시대에 남자들이 마주치면 험악한 기류가 흐르다 난투극이 벌어졌듯 오늘날에도 쳐다봐서 기분 나쁘다거나 어깨를 부딪쳐 화가 나 주먹다짐하다가 수많은 남자들이 연행된다.

인류 사회에서 평판은 폭력에 맞서 확실하게 응징하는 능력에 달려 있었다. 인간 세상에서 이해관계는 충돌할 수밖에 없고 타인을 저지하지 않으면 손해 보는 일이 빈번했다. 남자들은 자신을 보호하기 위해서라도 혹독한 보복이 뒤따른다는 걸 광고할 필요가 있었다. 만만하게 보였다가는 다른 남자들의 표적이 되었기 때문에 남자들은 일부러 물건을 부수며 소리를 지르고 난리법석을 떨면서 난폭함을 과시했다. 구경꾼이라도 있으면 아주 사소한 마찰 때문에 발생한 다툼도 한층 과격해졌다. 정부가 강력한 공권력으로 갈등을 중재하면서 남자의 폭력성이 감퇴하고 있으나 여전히 지구 마을 곳곳엔 공권력이 유명무실하거나 허술한 곳이 너무도 많다.

미국에서는 자신이 주먹싸움을 보통 이상으로 잘한다고 생각하느냐는 질문을 수십 년에 걸쳐서 조사했다. 남자들은 평균 53퍼센트가 그렇다고 답했고, 여자들은 평균 26퍼센트가 그렇다고 답했다. 여자들도 과거보다는 싸움에 대한 자신감이 꽤나 상승해서 20퍼센트 초반이던 답변이 30퍼센트까지 올랐다. 그런데 남녀 불문하고 자신이 살고 있는 지역이 어디냐가 중요한 변수였다. 타인에 대한 신뢰도와 유대감이 낮은 곳에서 호전성이 높았다. 공권력에 대한 불신이 높은 지역에 사는 사람들은 싸울 태세를 훨씬 잘 갖추고 있으며 몸소 정의를 실현하려는 경향이 강하게 나타난다. 폭력의 빈도와 양상은 사회정의의 문제이기도 한 것이다.

잔혹 문화 속에서
사내다움을 표출하는 남자들

성장기의 남자들은 살얼음판을 걷듯 위태로울 때가 많다. 학창 시절에 혈기 넘치는 남자들은 서로에게 상처를 입히는데, 남자들의 싸움에 아무런 목적이 없는 건 아니다. 남자들의 싸움은 인정투쟁의 일종이다. 젊은이들 사이에서 싸움을 잘하면 권위를 획득한다. 인지과학자 스티븐 핑커는 어릴 때 딱히 날렵하지 않아 체육시간에 불명예를 얻었다. 그러나 그는 아픔을 두려워하지 않았다. 주먹세례가 쏟아져도 치고받을 수 있었던 스티븐 핑커는 싸움으로 명예를 회복해서 따돌림을 당하지 않았다고 회고한다.

세계 어느 곳이든 소남들은 서로의 싸움 능력을 금세 파악하고, 그에 따라 서열이 정해진다. 연상호 감독의 영화 〈돼지의 왕〉을 보면 맹수에게 물어뜯기는 돼지같이 학교 폭력에 시달리는 주인공들에게 '돼지의 왕'이 나타난다. 돼지의 왕은 착하게 살아서는 힘을 가질 수 없고 괴물이 되어야만 학교폭력에서 벗어날 수 있다고 자극한다. 한 주인공은 자신을 괴롭히는 애들보다 더 악해져야 그들을 이길 수 있다고 생각한다.

오랜 세월 동안 남자들의 세계에선 싸움을 통해 암묵의 지위 체계가 형성되었고, 남자들은 자신들이 만들어놓은 잔혹 문화에 감염되어 감수성이 말살되었다. 잔혹 문화는 힘과 지배력을 가진 남자가 우월하다고 단정하고, 그런 힘을 숭배하도록 남자들을 몰아붙인다. 청소년 남자들은 전통 남성상에 부합되지 않을까봐 두려워한다. 사춘기의 소남들은 자신의 체격이나 힘, 또는 성적인 능력 면에서 취약하다는 사실을 자각한다. 다른 남자애들한테 괴롭힘의 대상이 되거나 잔인한 공격을 받을 수 있다는 불안이 휘몰아친다. 때문에 호신술을 익히고 운동을 통해 자신을 보호하는 힘을 키운다. 유하 감독의 〈말죽거리 잔혹사〉에서도 남주인공(권상우)은 몸을 단련해서 폭력에 맞선다.

남자 청소년들은 대범하고 단단한 척 굴지만 사실 마음은 유리성처럼 연약하다. 작은 일에도 산산조각 나면서 큰 상처를 받는다. 잔혹 문화는 여성스러운 특성을 수치스럽게 여기고, 남자들은 여성스럽고 연약한 기질을 배척하려고 몸부림치면서 자기 내면의 부드러움을 짓이긴다. 잔혹 문화 속에서 남자들은 태도가 뻣뻣해지고, 부모와도 신체 접촉을 꺼린다. 남자들은 친근한 관계를 회피한 채 남자들의 잔혹한 세계로 도주한다. 여성스러움의 혐오는 동성애에 대한 혐오와 결부된다. 10대 청소년들은 동성애의 개념조차 제대로 모르면서 동성애를 거의 질병처럼 인식하며 질겁한다. 남자답지 못한 아이는 동성애자를 비하하는 말이 별명으로 붙기 마련이고, 모욕과 조롱이 가해진다.

성문제는 특히 청소년 남자들에게 혼란을 가중시킨다. 성에 대한 관심이 폭발하면서도 성을 희화화하는 분위기가 남자 청소년들 사이에 퍼져 있다. 청소년 남자들은 여성스러워지면 남자의 세계에게 퇴출될 수 있으므로 여자들과 거리를 두면서 여성에 대한 비틀린 의식을 갖기 십상이다. 문제는 여자에게 끊임없이 관심이 생기고 욕망하게 된다는 점이다. 소남들은 소녀에게 짓궂은 장난을 치며 괴롭히는 방식으로 관심을 표명한다. 미성숙한 남자는 여자가 도통 이해되지 않는 데다 여자에게 무작정 끌리는 자신도 이해가 되지 않는다. 혼란과 불안이 격렬히 요동친다. 두려움은 상대방의 말과 행동을 제대로 이해하지 못하고 왜곡해서 지각하게 만든다. 여자가 무엇을 좋아하는지도 모른 채 접근했다가 거절당하면서 남자들은 치욕을 느낀다. 강한 척하지만 나약하기 짝이 없는 남자들은 상처를 입고 여자를 증오한다.

잔혹 문화 속에서 남자들이 성장했기에 좀처럼 타인의 고통에 감정이입하지 못한다. 강남역 살인사건이 일어나 여자들이 시위할 때 젊은 남자들은 공감하기는커녕 손사래를 쳤다. 여자들이 겪는 무수한 공포에 남자들이 얼마나 무지한지를 드러내는 사회현상이었다. 남성이 여성의 불안과 두려움을 인지하지 못하는 건 남자들의 일상에선 폭력이 다반사이기 때문이다. 어릴 때부터 집에서 매 맞고 학교에서 체벌당하고 또래끼리 주먹다짐하고 군대에서 가혹 행위를 겪은 남자들은 폭력에 둔감한 편이다. 남자들은 교사의 매질이나 군대에서 받은 얼차려같이 권위에서 가해진 폭력이 얼마나 지독했는지 '폭력의 추억경쟁'을 펼치기까지 한다. 또래에게 당한 폭력은 치욕이지만 권위가 매개되어 가해진 폭력은 자신의 반항성을 보여주는 증거이므로 자신을 만만하게 보지 말라는 일종의 선전이 된다.

남자의 세계에서는 폭력이 일상이므로 남자들은 다른 남자를 보면 무의식중에 긴장하고 방어 태세를 갖추게 된다. 문제는 낯선 남자도 한껏 긴장해서 똑같이 경계한다는 점이다. 독버섯처럼 퍼져 있는 잔혹 문화 속에서 남자들은 폭력의 숙주가 되어버리곤 한다.

남자들의 세계를 들여다보면 폭력을 유발하는 압력이 있다. 바로 동료 집단이다. 독일의 101예비경찰대대를 보면 동료 집단의 압력이 어느 정도인지 짐작할 수 있다. 101예비경찰대대 구성원들은 히틀러의 열혈 추종자이기는커녕 나치에 반감이 더 컸던 평범한 남자들이었다. 후방에서 치안경찰 업무를 위해 차출된 그들에게 유대인 사살 임무가 내려왔다. 대부분 대원들이 혐오감을 느꼈지만 대열에서 이탈한 대원은 거의 없었다. 단지 명령 불복종에 따른 대가가 두렵기 때문이 아니었다. 불쾌한 일이라고 자신이 하지 않는 건 동료에게 불쾌한 일을 떠넘기는 무책임하고 이기적인 일이었기 때문이었다. 임무를 수행하지 않으면 사살에 가담한 동료들을 비난하는 것처럼 비칠 수 있었다. 사실 거부자들은 동료들을 질책한다는 인상을 주지 않고자 자신이 너무 나약해서 임무를 수행할 수 없다고 변명했다. 학살에 가담한 동료를 문제 삼지 않고자 자신을 비하했다. 사살 임무를 회피한 대원은 다른 대원들의 사나이다움을 확인시켜주는 역할을 하면서 용인되었다. 대원들은 차마 어린이는 쏠 수 없어서 집결지로 데려가거나 일부러 빗나가게 쏘기도 했으나 비겁하다는 조롱을 참을 수 있는 남자는 별로 없었다.

남자는 다른 남자들에게 남성성을 평가받는다. 남자들의 자긍심은 남성 집단의 인정에 의존한다. 남성 집단은 사내다움을 보이라고 부추긴다. 남자다움은 전시되고 광고되고 연기되어야 한다. 남자들은 비겁하다는 소리를 듣는 것보다는 자신의 손에 피를 묻히는 쪽을 선택한다. 베트남전쟁은 수많은 민간인을 살상한 추악한 전쟁이었을 뿐 아니라 미국마저도 너무나 큰 피해를 입은 전쟁이었는데, 존슨 대통령은 고집스레 전쟁을 이어갔다. 측근들조차 베트남전쟁에서 승리할 수 없고 국내외에서 여론이 심상치 않다고 충고했는데도 존슨 대통령은 전쟁 종식을 거부했다. 그 이유는 반공주의 때문만도 아니었고, 선거에서 이기기 위해서만도 아니었다. 사내답지 못하다고 여겨질까봐 두려웠기 때문이었다. 비록 실패한 전쟁이더라도 겁쟁이라는 손가락질이 두려워 피해만 커지는 전쟁을 멈추지 못했다.

다행히도 남성성 과시에 대한 강박은 감소 추세이다. 20세기 중후반부터 생물학 용어들이 우리의 일상으로 파고들면서 우세 경쟁하는 일을 성찰하게 했다. 남자들끼리 경쟁을 통해 얻는 영광이나 명예라는 말의 사용 빈도는 영미권에서 150년 동안 꾸준히 줄어들었다. 인간은 본능대로 결정된 존재가 아니라 본능 자체를 조명하고 반성하는 능력이 있다. 바로 그 덕에 본능이 우리를 나쁜 방향으로 이끌 때 고분고분 끌려가지 않고 뿌리칠 수 있다.

배우자를 구타하는
남자의 특징

폭력엔 관성이 있다. 남자들끼리 치고받던 폭력은 약자나 여자를 향하기 일쑤다. 사회에서 폭력이 난무하는데 가정이 평화롭다면 그게 더 신비한 노릇이다. 이병률 시인은 어둑어둑한 밤이면 이 집 저 집에서 여자들의 울음소리와 비명을 메아리처럼 들었다. 김민정 시인은 "아버지는 오늘도 쥐약 먹은 개처럼 날뛰었다"는 시를 썼다.

가정 폭력은 지위와 경제력, 정치 성향이나 종교를 넘어서 일상화되어 있다. 심지어 노무현 전 대통령도 초조감과 불안감에 휩싸이면 아내에게 손찌검을 하곤 했다. 스스로 기억하기에도 부끄러운 일이 아닐 수 없다고 깊은 반성을 통해 노무현은 아내에 대한 폭력을 멈췄지만, 아직도 많은 남자들이 통절히 반성하지 못하고 있다. 남자가 자신의 공격성을 가다듬지 않으면 가정은 격투기장이 된다. 사회에서 치이는 남자든 성공한 남자든 가정에서 폭력을 저지르는 건 비슷하다. 아비의 폭력은 자식들의 가슴에 멍울을 남기기 마련이고, 많은 자식들이 어른이 되어서도 앙심을 품고 산다.

인류사에서 아버지가 저지른 폭력의 상흔은 무서우리만큼 깊게 각인되어 있다. 오죽하면 재해를 일으켜 인간을 몰살하는 신을 기독교도들은 아버지라고 부르고, 종교를 환상이라고 치부한 프로이트도 인간의 정신에서 자아를 닦달하는 초자아가 무서운 아버지의 형상을 하고 있다고 주장했다. 폭력이라는 나쁜 피가 부계 혈통을 타고 이어진다. 아버지를 미치도록 싫어한 아들은 자신의 아버지처럼 폭력을 휘두른다. 양익준 감독의 영화 〈똥파리〉가 그려내듯, 아버지들 중엔 집에만 오면 자신이 김일성인 줄 아는 똥파리들이 많았다. 똥파리를 쫓아내는 일도 필요하지만 못지않게 중요한 일이 똥파리가 꼬이지 않도록 똥을 치우는 일이다. 왜 이토록 가정 폭력이 발생하는지 고찰하는 일은 똥파리가 생기지 않도록 똥을 치우는 일이 될 수 있다.

암컷을 향한 수컷의 폭력은 유인원에게서 자주 목격되므로 단지 인간만의 문제는 아니다. 특히 침팬지와 인간의 행태는 흡사하다. 수컷은 잘 알고 지내던 암컷을 구타한다. 표면상으론 여러 이유로 구타가 발생하지만 그 밑바닥의 핵심은 지배권이다. 침팬지의 수컷과 인간 남자는 상대의 성을 통제하고자 폭력을 사용한다. 남녀 사이의 폭력은 신체의 비대칭 때문에 생기는 게 아니다. 고릴라 수컷은 암컷보다 두 배 넘게 크지만 암컷에게 난폭하게 굴지 않는다. 구타하지 않아도 지배하고 있기 때문이다. 침팬지 암컷이나 인간 여성은 완전하게 지배당하지 않는다. 얼마든지 기만하면서 다른 씨를 수태할 수 있다. 수컷들의 암컷을 통제하려는 뿌리 깊은 욕구에서 여성을 향한 폭력이 발생한다.

모든 문화권에서 남자가 여자에게 폭력을 저지른다. 아프리카의 !쿵족에서도 아내 구타는 흔했다. !쿵족의 여성 니사에겐 딸 나이가 있었다. 나이는 사춘기 이전에 결혼했는데, 남편의 줄기찬 성행위 요구에 시달렸다. 나이가 초경을 겪는 동안 성관계를 거부하자 남편은 격분해 강제로 성관계하려고 밀어 넘어뜨리다가 나이의 목이 부러져 죽었다. 니사는 분통한 마음에 족장에게 심판을 구하자 나이의 남편은 성관계를 거부해 벌어진 일이라고 변명했다. 족장은 초경할 때는 성관계하지 않고 기다려야 했다면서 다섯 마리의 염소를 니사에게 가져다줄 것을 명했다. 선사시대에 여자들이 어떤 대우를 받았을지 짐작할 수 있는 일화이다.

남편의 아내 구타는 베르코의 법칙을 따른다. 혈연과 관련된 가정 폭력에 비해 남자끼리의 폭력이 시대와 문화에 따라 변동이 더 크다는 법칙이다. 공권력이 사람들을 중재하고 인간의 자기통제 능력과 공감 능력이 향상되면서 타인을 향한 폭력 행위는 급감했다. 인류 사회에서 폭력은 빠르게 줄고 있는 데 비해 배우자나 자식, 부모나 형제에게 가하는 폭력의 감소세는 더딘 편이다. 가정에서의 폭력도 줄어드는 추세이지만 가족끼리는 서로 신경을 긁고 부딪치다 보니 늘 비슷한 비율로 폭력이 발생한다.

여성을 향한 폭력은 방치되어왔다. 여자는 재산으로 간주되었기 때문이다. 자신의 재산을 자기 뜻대로 하는 주인의 행태에 다른 사람이 간섭할 수 없었다. 결혼한 남자는 폭군으로 돌변했다. 남편은 아내를 가르치는 훈육의 수단으로 주먹을 사용해왔다. 존 스튜어트 밀은 세상에서 노예제가 폐지되는 가운데 여성은 여전히 예속당한 노예라고 지적했다.

가정 폭력이 급감한 데는 여성운동가들의 공로가 크다. 그동안 부부 사이의 폭력은 개인사로 치부되면서 외부에서 손쓸 수가 없었으나, 여성운동가들이 끊임없이 문제를 제기한 끝에 가정 폭력에 대한 인식이 바뀌었다. 가정 역시 인간들이 모여 만든 또 하나의 사회이므로 공권력이 개입하기 시작했다. 구타당하던 여자들에게 쉼터가 제공되었고, 상습적으로 폭력을 저지른 남편이 처벌됐다. 인간을 함부로 할 수 없다는 인식이 높아질수록 자연스레 가정에서도 아내에 대한 존중감이 높아졌다. 페미니즘은 남자들에게도 좋은 영향을 미쳤다. 여자가 떠나려고 해서 남자가 광분하며 위협할 때 여자는 탈출하고자 남자를 살해하기도 했는데, 공권력 덕분에 여자가 좀 더 수월하게 남자의 손아귀에서 빠져나오게 되자 극단의 폭력 사태가 줄었다. 남자가 아내나 여자친구에게 살해당할 확률이 6분의 1로 감소했다.

최근엔 뇌 연구를 통해 새로운 대책도 모색하고 있다. 홍콩의 임상신경학자 타티아 리는 배우자 학대를 저질러 복지기관과 정신과의원에 위탁된 남성을 연구했다. 아내를 구타하는 남편들에게 언어 실험과 시각 실험을 하게 하면서 기능적 자기공명영상으로 촬영했더니 여러 결과가 관측되었다. 아내 구타자는 부정적인 정서 자극에 대응하는 데 더뎠다. 그들은 일반인들보다 부정적 정서를 담당하는 편도체의 활성화가 훨씬 높았고, 전전두엽은 덜 활성화되었다. 위협적인 그림을 볼 때 배우자를 학대하는 남자들은 물체 인식과 공간 인식에 민감한 후두엽과 측두엽 그리고 두정엽이 지나치게 반응했다. 이건 위협적인 자극에 노출될 때 아내 구타자가 일반인보다 훨씬 높은 수준의 시각적 각성을 체험한다는 뜻이다. 아내를 때리는 남편들은 철저하게 계획한 뒤 폭력을 행사하는 게 아니라 예상치 못한 도발에 폭력으로 대응한다는 특징을 보인다. 아내를 구타하는 남편은 외부 자극에 과민하게 반응하고, 자신을 통제하는 능력이 일반인보다 낮다. 아내의 잔소리나 남편을 경멸하는 표정에 아내 구타자의 주의력은 쉽게 흔들리고, 깊게 생각하지 않은 채 감정을 격화시키며 폭력으로 반응하는 것이다.

이 연구 결과는 배우자를 학대하는 남자들을 어떻게 대해야 할지 새로운 시야를 터준다. 여성운동가들의 노력으로 가정 폭력의 문제가 공론화되었으나 여성주의 관점에서 마련된 재활교육은 신통한 효과를 보지 못하고 있다. 많은 경우 배우자 구타는 건강하지 않은 뇌를 지닌 남자가 자신을 통제하지 못할 때 발생한다. 배우자 구타 근절을 위해서라도 처벌하면서 재활교육을 시킬 뿐 아니라 신경생리학의 관점을 도입해 인지치료도 병행할 필요가 있다.

성비가 깨지는 건
지옥문이 열리는 일

세상에서 여자와 남자는 비슷하게 태어난다. 자연계의 성비를 보면 거의 1:1인데, 왜 그러한지 다윈도 설명하지 못했다. 영국의 과학자 도널드 피셔는 성비가 왜 1:1로 수렴하는지 밝혀낸다. 남성이 많아 여성이 짝을 구하기 쉬우면 딸을 낳는 유전적 성향을 가진 사람의 유전자가 확산되는 데 유리해진다. 그렇게 딸을 낳는 유전적 성향이 퍼지면 적었던 여자들이 많아져 성비가 평형상태에 도달해 딸을 낳는 이점이 사라진다. 마찬가지로 남자가 적으면 비슷한 과정을 거쳐 평형상태에 도달한다.

자연에서 성비는 자연스레 1:1을 이루게 되는데, 인류 사회는 아들과 딸을 동등하게 대하지 않았다. 아들을 중시했다. 한자를 보면 딸을 뜻하는 글자가 없을 정도다. 아들을 선호했던 만큼 사람들은 아들을 낳으려고 했다. 아리스토텔레스는 왼쪽 고환은 딸을 낳게 하고 오른쪽 고환은 아들을 낳게 한다는 당대의 믿음에 영향 받아 아들을 낳고 싶으면 왼쪽 고환을 묶으라는 조언을 남겼다. 또 아리스토텔레스는 여자들이 남성같이 생각하려고 노력하면 태아가 아들이 될 가능성이 높아진다면서 고환을 묶어 맨 남편을 아내도 도우라고 충고했다. 아리스토텔레스의 아들 낳는 방법은 18세기가 거의 끝나갈 무렵까지 반박되지 않아 유럽의 남자들은 자신의 왼쪽 고환을 고통스레 묶었다.

남아선호는 왜 일어날까? 생물학자 로버트 트리버스와 수학자 댄 윌러드는 상황에 따라 선호하는 자식이 다를 수 있다고 밝혀냈다. 딸은 낳을 수 있는 자식의 수가 한정된 반면에 아들은 자식을 엄청나게 얻을 수 있다. 물론 딸은 짧게라도 남자와 관계를 가져서 한 명이라도 아이를 낳을 수 있다면 아들은 아예 자식을 얻지 못할 수도 있다. 여성이 유전자를 보다 확실하게 대물림한다면 남성은 유전자가 기하급수적으로 퍼질 수 있지만 아예 끊어질 수도 있다. 그렇다면 인간은 상황이 좋을 때엔 유전자의 확산 가능성이 더 큰 아들을 선호하고, 여의치 않을 때엔 안정되게 유전자를 이어줄 딸을 선호하리라고 트리버스와 윌러드는 예상했다. 실제로 자연을 관찰하면 많은 동물들에서 트리버스와 윌러드의 추정이 사실이라고 확인되었다.

인간 사회에서도 들어맞을까? 인류학자 밀드러드 디크먼은 19세기의 인도와 중국, 중세의 유럽을 연구했더니 딸이라는 이유로 살해하는 일이 최상류층에서 집중되었다고 밝혀냈다. 부유한 집안의 남자들은 일부다처나 축첩제도를 이용해서 자식을 많이 얻을 수 있으므로 최상류층에선 아들을 선호했다. 부유하면 여러 자식을 키울 수 있는데도 시집보낼 때 지불해야 하는 어마어마한 지참금 때문에 딸을 살해했다. 최상류층에서 아들은 자산이지만 딸은 미래의 재정 부담이었다. 어느 정도 트리버스와 윌러드의 가설이 맞는 셈이다.

그런데 트리버스와 윌러드의 주장대로라면 하류층에선 반대로 여아선호와 함께 남아살해가 일어나야 하는데, 남아라고 해서 죽이는 예는 찾을 수 없다. 영아살해는 여아든 남아든 가리지 않고 죽이거나 여아를 더 많이 죽이거나 둘 중 하나이다. 세계 곳곳에 퍼져 있는 상류층의 남아선호와 여아살해를 보면 트리버스와 윌러드의 이론이 들어맞는 것 같지만, 하층에서 남아살해가 이뤄지지는 않는다. 트리버스와 윌러드의 이론이 자연계에선 관철되지만 인간 사회에서는 반쯤만 들어맞는 셈이다.

그럼에도 트리버스와 윌러드의 통찰이 아예 기각될 수는 없다. 인간은 여아를 선호할 때 아주 미묘한 방식으로 성비를 조절하는 것으로 보인다. 산모가 위험을 느낄 때 태아가 아들이라면 유산되는 경우가 많다. 인류 사회에서 재난이 닥친 이듬해 출생한 아기들을 보면 성비가 깨져 있다. 예컨대 미국에서 9.11테러가 발생했을 때 대거 유산이 일어났는데, 대다수가 아들이었다. 남아는 여아보다 산모의 체내에서 더 많은 양분을 가져가고, 남성 호르몬의 과잉 분출로 산모의 면역계를 더 훼손하면서 산모에게 부담을 준다. 위기의 상황이 들이닥치면 산모는 딸을 낳으려는 본능을 발현하는 것으로 추측할 수 있다.

가난한 집안에서 딸을 좀 더 선호한다는 증거들도 있다. 20세기 초에 유산이 어떻게 분배되었는지 유언장을 연구했더니, 부유층은 아들에게 재산을 더 많이 물려주는 경향이 있다면 재산이 적은 사람들은 아들과 딸에게 고르게 분배해주었다. 두 명의 인류학자가 미크로네시아 군도를 연구한 결과 지위가 낮은 부모들은 딸과 주로 시간을 보냈는데 지위가 높은 부모들은 아들과 시간을 보냈다. 한 인류학자가 1720년부터 1869년까지 기록된 독일 시골의 족보를 분석했더니, 지주계급에선 딸의 영아사망률이 높았으나 토지 없는 백성들 사이에선 아들의 영아사망률이 높았다. 부모들이 선택적으로 투자하면서 간접적으로 영아살해를 초래한 결과라고 추정된다. 북미에서 행해진 또 다른 연구에 따르면, 아들과 딸을 대할 때 계층 차이가 발생했다. 부유한 집안의 여자들은 아들에게는 열의 아홉 꼴로 모유를 먹였으나 딸에게는 열의 여섯 꼴만 모유를 먹였으며, 수유기간도 아들은 3.9년이었고 딸은 3.2년이었다. 반면에 가난한 집안의 여자들 가운데 절반이 딸에게 모유를 먹였으나 아들에게는 분유를 줬다. 나머지 절반은 아들과 딸 모두에게 모유를 먹였으나 수유기간이 아들은 3.5년, 딸은 4.3년이었다. 가난한 가정은 딸에게 더 투자한다는 얘기이다.

물론 가난해도 딸을 중시하기보다는 아들을 우대하는 지역이나 사람들이 많다. 남아선호는 인류 사회의 결혼 행태 그리고 전쟁과 결부되어서 파생된 습속으로 보인다. 전통사회에서 부모들은 자식을 재산처럼 여겼는데, 아들은 계속 소유할 수 있었지만 딸은 다른 집에 보내야 했다. 딸을 낳는 일이 자산 증식에 도움 되지 않는다고 느꼈기 때문에 여아가 살해되었다. 수렵채집부족에서도 딸이 남편을 따라 시댁으로 가는 사회여서 여아살해가 흔하게 벌어졌다. 여기에 더해 전쟁이 성비를 깨드리는 원흉이었다. 이웃 집단과 전쟁이 숱하게 벌어졌고 부족은 남자를 선호했다. 그러나 여자가 적고 남자가 많아지면 성비의 불균형에 따른 폭력 사태가 악화됐다. 여자가 필요한 부족은 이웃 부족을 습격해 여자를 빼앗으려고 했기 때문에 분쟁의 강도는 더욱 악화됐다. 여성에 대한 대우를 높이고 여성이 많아지면 많은 문제가 한꺼번에 해결되는데도 인간은 당장 자기의 이익을 위해 여아를 살해하고 남아선호를 포기하지 않았다. 알아서 하라고 놔둘 경우 개인의 선택은 전체의 공동선과 충돌한다.

남자로만 종족을 재생산할 수는 없다. 성차별이란 자신이 딸을 낳아 기르지 않고 다른 집에서 여성을 키워주길 원하는 이기심의 발로다. 남아선호 현상은 무임승차자 문제와 꽤나 상통한다. 무임승차자 문제란 공공재로 이익을 보는 사람이 대가를 지불하지 않으면서 결국 공공재의 공급이 줄어드는 현상을 말한다. 여아살해는 여자들에게 지원하지 않은 채 번식만 하려는 극단적인 기생의 행태이다. 국가 공권력이 적극 개입해 여아살해를 엄혹하게 처벌하면서 인권 감수성이 확산되어야 비로소 여아살해를 줄일 수 있다.

수렵채집사회부터 농경사회까지 영유아살해는 주기적으로 은밀하게 행해졌다. 적극적인 육아를 받지 못한 채 방치되어 죽거나 여러 사고사로 위장되어 숨이 끊어졌다. 산업화 이전의 수백여 사회의 인구통계를 보면 성비가 깨져 있었다. 그만큼 여자아이들이 살해되었다는 뜻이다. 성차별 없이 동일한 영양 공급과 돌봄을 받았다면 무려 1억 명의 여성이 더 살아 있을 것이라고 경제학자 아마르티아 센은 추정치를 내놓았고, 2005년에는 인구학자 크리스토프 길모토가 자연 출생 성비가 유지되었다면 1억 6300만 명의 여성이 더 살고 있을 거라는 수치를 산출해 발표했다. 여아살해 악습이 근절되지 않은 상황에서 태아 성감별과 낙태 의료기술이 도입되자 1980년대부터 동유럽과 아시아권에서 임신중절이 엄청나게 이뤄졌고, 인구구성에서 짝을 구하지 못하는 잉여의 남자들이 대거 생겨났다.

여아살해는 여성의 생명을 말살하며 인간의 존엄을 해치는 폭력이자 더 큰 폭력을 잉태하는 폭력이다. 성비가 깨지는 건 지옥문이 열리는 일이다. 여아낙태가 자행되면 당연히 어떤 남자들은 짝을 구하지 못한다. 공공연하지는 않더라도 은밀하게 벌어지는 일부다처제 때문에 가뜩이나 부족한 결혼 적령기의 여성은 더욱 부족해지고, 남자들의 갈등과 분쟁은 격화된다. 인도에서도 특정 지역의 성비를 보면 살인율을 알 수 있다. 살인율은 빈곤율보다 성비의 불균형과 훨씬 강한 상관관계를 보인다. 최근에 인도 델리의 여성개발연구센터는 성욕 배출구가 없는 미혼의 남성이 많아지면서 여성이 직면한 위험이 더 커졌다는 보고서를 발표했다. 인도의 그악스러운 강간 범죄는 불균형한 성비를 배경으로 일어나는 것이다. 남아선호와 여아살해는 사회에 악몽이 되어 귀환한다.

중국은 산업화 이전에 여아살해가 광범위하게 이뤄진 데다 부자들의 축첩으로 혼인 연령에 짝을 찾지 못한 남자들이 수두룩했다. 남성 가운데 5분의 1이 미혼으로 지냈으리라 추정된다. 젊고 가난한 미혼 남자들은 벌거벗은 몽둥이란 뜻의 광곤光棍이라 불렸다. 광곤은 비적 무리의 주축이 되거나 별별 사건 사고를 일으켰는데, 특히 성범죄를 자행했다. 현대의 중국도 여전히 성비 불균형의 고통을 겪고 있다. 1가구 1자녀 정책으로 여아 낙태가 무분별하게 이뤄져 짝을 구하지 못한 남자들이 대량으로 양산되었고, 난동을 부리며 흉기를 마구 휘두르는 사건이 급증했다. 살인범의 이력을 보면 대다수가 성비 불균형이 극심한 동부 출신이고, 실직 상태에 놓인 이들도 제법 있다. 처형되기 전에 한 남자는 삶에 좌절감을 느꼈고 부자와 권력자에게 복수하고 싶다고 소리쳤다. 한국의 지존파가 연상되는 대목이다.

불만에 찬 남자들이 저지르는 범죄에 골치 아픈 정치권력은 암묵적으로 성매매를 조장한다. 일례로 영국 정부는 한 세기에 걸쳐서 죄수 16만 8000명을 오스트레일리아 식민 유형지로 추방했는데, 매춘부도 다수 보냈다. 중국은 성비가 불균형한 만큼 성매매도 엄청나게 이뤄진다. 성매매 규모가 전 세계 1위이다.

전쟁의 동기는
여성

한때 전쟁의 기원을 바라보는 상이한 두 관점이 대립했다. 홉스는 자연 상태에서 모든 인간이 이익과 안전 그리고 명성을 두고 투쟁한다며, 내부의 평화를 강요하는 국가권력을 창조해야 고통으로부터 구제될 수 있다고 주장했다. 루소는 자연의 풍부한 자원을 평화롭게 이용하던 인간 사회에 사유재산이 생겨나고 계급과 국가가 성립되어 문명의 병폐로서 전쟁이 발생했다고 주장했다. 전쟁이 홉스에겐 인간의 원초적 상태라면 루소에겐 타락의 결과이다.

루소의 주장에도 귀 기울일 만한 통찰이 있으나, 홉스의 주장이 인류사를 더 충실히 설명하는 쪽이다. 비록 과거 선조들이 모두 가난하고 힘들고 잔인하고 단명하지는 않았지만 사람 사이를 중재하는 공권력이 형성되지 않았을 때 인간끼리 조화롭게 지내기란 쉽지 않다. 특히 남자들은 자신의 욕망 충족을 위해 폭력과 범죄도 마다하지 않았고, 여성은 남자들이 언제나 욕망하는 대상이었다. 여성의 희소성 문제는 남자들의 반목과 전쟁에 원인이 되어왔다. 남자들은 약탈하듯 여성과 관계를 가지려 했고, 자신의 여자를 빼앗겼다고 느낀 여자의 친족들은 상대 남자 집단의 여자들을 상대로 복수했다. 복수는 복수를 부르면서 끝없이 악순환했다.

인류 사회를 들여다보면 여자들이 집단을 이뤄 이웃 마을을 습격해 여자들을 몰살한 뒤 남자를 납치해 성노예로 만든 적은 단 한 번도 없었다. 반대로 남자들은 이웃 부족에 쳐들어가 남자들을 학살하고는 여자들을 겁탈하기 일쑤였다. 민수기 31장 17절에서 18절엔 모세가 미디안 사람들을 모두 죽이되 처녀들은 살려두라고 명령했고, 건국되고 얼마 안 있어 로마의 남자들도 사비니의 여자들을 납치했다는 일화가 전해진다. 여성 납치 때문에 전쟁을 벌였다는 얘기는 그리스 신화에도 있다. 테살리아의 왕 펠레우스와 바다의 요정 테티스의 결혼식에 올림포스의 신들이 초대받았는데, 불화의 신 에리스는 초대받지 못했다. 뿔이 난 에리스는 향연에 나타나 황금 사과를 던졌는데, 거기엔 가장 아름다운 여신에게 바친다는 글이 적혀 있었다. 헤라, 아테나, 아프로디테는 최고로 아름답다는 명예를 결코 양보할 생각이 없었다. 세 여신이 누가 가장 아름다운지 묻자 난감해진 제우스는 트로이의 왕자 파리스에게 결정권을 떠넘겼다. 세 여신은 각자 파리스를 찾아가 미모를 뽐내는 가운데 보상을 제안했다. 헤라는 아시아의 만방을 다스리는 지배자가 되게 해주겠다고 약속했고, 아테나는 모든 전쟁의 승리를 보장했으며, 아프로디테는 가장 아름다운 여성을 주겠다고 유혹했다. 파리스는 아프로디테에게 황금 사과를 넘겼고, 메넬라오스의 아내 헬레네를 차지했다. 그리스 연합국은 헬레네를 찾아오고자 트로이를 침공했다. 납치한 파리스만 문제가 아니었다. 트로이를 침공한 그리스 동맹군의 총지휘관 아가멤논은 성노예 반환을 거절함으로써 재앙을 유발했고, 그리스의 맹장 아킬레우스는 전리품으로 받은 여성을 갈취했다가 나중에 28명의 다른 여자들로 되갚았다. 옛이야기가 그러하듯 모세와 파리스, 아가멤논과 아킬레우스가 실존 인물은 아닐지라도 당대 여성이 어떤 대우를 받았을지는 짐작할수 있다.

유전자를 확산하려는 남자들의 본능은 전쟁의 원인이 되었다. 인류학자 나폴레옹 섀그넌에 따르면, 야노마미족에선 주로 번식의 기회와 관련해서 싸움이 발생했다. 마을에서 벌어지는 결투는 주로 간통 때문이었다. 마을 사이의 혈투도 여성 납치 때문에 발생했다. 야노마미족은 싸움이 벌어지면 가까운 친족을 지원하기 위해 달려간다.

짝을 구하지 못한 남자들은 군대에 친근감을 느낀다. 전쟁이 터지면 사망확률이 대폭 상승하지만 어차피 가만히 있어봤자 번식할 가망이 높지 않으니 이판사판의 심정으로 참전한다. 평소라면 다른 남자들이 얻었을 여자를 차지할 가능성이 생긴다. 지위가 불안정한 젊은 미혼 남자들은 늘 공격성이 강한 집단이고, 또 그들은 염불보다는 잿밥에 관심이 많은 승려처럼 전리품을 목표로 군인이 되곤 했다. 이스라엘의 역사학자 아자 가트는 약탈과 성적 모험이 남자들의 주된 참전 동기였다고 설명한다. 적지 않은 남자들이 성적 결핍으로 참전하기 때문에 포화 속에서 집단 성폭력이 벌어지기 십상이다.

오늘날엔 군대에서 전쟁 강간을 방지하기 위해 노력하고, 강간이 발생할 경우 꽁꽁 감추거나 부인한다. 이런 행태가 위선일지언정 그만큼 인류 문명이 진보한 결과이다. 불과 얼마 전까지만 해도 대놓고 전쟁 강간을 저질 렀다. 적의 영토를 점령한 직후에 벌어지는 약탈과 강간은 전사들이 획득한 권리이자 용맹의 보상으로 간주되었다. 젊고 아리따운 여성 포로는 지휘관이 먼저 성관계할 권리가 있었다. 2차 세계대전에서 독일의 침공으로 최대 희생자가 발생한 소련은 전세가 역전되어 독일의 소도시나 마을에 들어가자마자 사흘 동안 약탈과 강간을 벌였다. 하지만 나흘이 지나서도 약탈하고 강간을 저지르다 발각되면 엄벌에 처했다. 벨라루스의 작가 스베틀라나 알렉시예비치는 2차 세계대전에 참전한 여자들을 취재했는데, 한 여성은 성폭행당한 독일 여자가 다리 사이에 수류탄이 박힌 채 알몸으로 누워 있는 걸 목격했다고 털어놓았다. 밤새 윤간당한 젊은 독일 여자 다섯 명이 소련 지휘관을 찾아온 적도 있었다. 지휘관은 대대 병사들을 정렬시킨 뒤 범인을 찾으면 곧장 총살시키겠다고 엄포했다. 독일 여자들은 더 이상 피를 보는 일을 원하지 않는다며 울기만 했고, 각자 커다란 빵을 한 덩어리씩 받아 돌아갔다. 동독에서만 최소 200만 명의 여성이 소련 병사들에게 강간당했으리라고 추산되고, 그들 중 상당수가 여러 차례 강간당했다.

집단강간은 집단학살과 짝을 이루어 발생했다. 얼마 전에도 보스니아, 르완다, 콩고에서 집단학살과 집단강간이 병행되어 일어났다. 조금 더 거슬러 올라가면 방글라데시 독립전쟁 중에 파키스탄군이 집단강간을 저질렀고, 동유럽을 침략했던 소련군도 그러했으며, 일본군은 무참히 중국인들을 도륙하는 가운데 집단강간을 저질렀다. 1차 세계대전에서 벨기에를 침략했던 독일군도 집단으로 강간했다. 종교와 문화를 뛰어넘어 집단강간이 발생한다.

아테네의 작가 아리스토파네스는 풍자극 『리시스트라타』를 발표했다. 이 희극에서 아테네 여자들은 그리스 전역의 여자들과 결탁해서는 전쟁을 멈추지 않으면 성관계하지 않겠다고 성파업 선언을 한다. 모욕에 대한 분개심과 적에 대한 불안, 상대보다 우세를 점하려는 욕망 등등이 전쟁을 유발하지만 성이 더 강력한 영향을 미치는 요인임을 아리스토파네스는 꿰뚫어본 것이었다. 여자들이 전쟁하는 남자들과 관계하지 않는다는 발상은 기발하지만 현실에선 이뤄진 적이 없었다. 대부분 여자들은 약해 빠진 샌님보다는 거친 전사를 욕망했다. 영국의 영장류학자 리처드 랭엄은 남자의 악마성에 대항해서 여자들이 보복하고 반항도 했지만 협조하기도 했다고 지적한다. 여자는 학대당하기를 원치 않고 남자들의 거칠고 나쁜 면을 그리 좋아하지 않으나, 그 거칠고 나쁜 면은 또한 자기 이익의 실현 가능성을 높이는 특성이므로 여기에 여자들은 매혹된다. 나쁜 남자들은 다른 남자들로부터 여자를 더 잘 지켜주고 자식들을 안전하게 보호해준다. 더군다나 악마 같은 남자 사이에서 태어난 아이는 아버지를 닮아 거침없이 세상에 나가 자신의 유전자를 퍼뜨릴 것이다.

이웃 부락을 쳐들어가 여자를 납치하거나 점령해서 강간을 저지를 때 여자들은 새로운 지배자들을 받아들였다. 더 강한 힘을 지닌 남자 곁에 있는 게 생존과 번식에 도움이 되었다. 이건 남자 교도소에서 강간을 당한 피해자가 강간범을 보호자로 받아들이면서 감옥 생활을 좀 더 편하게 하는 것과 비슷하다. 여성이 폭력성이 강한 남자를 받아들이는 행태는 유인원과 공유하는 속성으로 보인다. 고릴라 수컷은 자기 핏줄이 아닌 새끼를 자주 죽인다. 암컷을 유혹할 수 있기 때문이다. 암컷은 자기 자식을 죽인 수컷에게 매혹된다. 암컷이 꼭 가해자 수컷을 받아들여야만 하는 건 아니다. 다른 무리를 선택해 들어갈 수도 있으나 암컷은 가해자 수컷의 옆에 남아 그의 새끼를 낳는다. 이런 성향 때문에 새끼의 아비가 버티고 있어서 성공 확률이 거의 없는데도 새끼를 살해하려고 덤벼드는 수컷 고릴라가 있을 정도다.

혹여나 성공해서 아비 수컷을 물리치고 새끼를 죽이면 암컷을 차지할 수 있기 때문이다. 고릴라의 수컷들은 자신의 힘을 과시하면서 암컷에게 자신과 유대를 맺으면 안전하리라고 광고하는 셈이다.

남자들은 다른 남자를 물리치고 여자를 빼앗아 오고자 전쟁을 벌여왔다. 승자들은 남자를 학살했고 여자를 겁탈했다. 거다 러너는 피정복 여성에게 행해진 강간이 가부장제도의 구조 속에 구축된 필수 관행이라고 주장한다. 계급관계가 형성되기 전 이웃 부족을 습격해 여자들을 강간하면서 가부장제가 시작되었다는 설명이다. 거다 러너는 포로 여성의 성노예화가 결혼과 순결을 여성의 명예로 간주하는 가부장제의 발달 과정의 한 단계였다고 설파한다. 남자들이 잡아온 여자를 통제하거나 자기 부족의 여자들을 보호하는 과정에서 여자들은 소유물처럼 되어갔다. 아주 고릿적부터 여성의 재산화 또는 사물화가 일어난 것이다. 여성이 성노예가 되면서 인간을 종속시키는 방법이 정교해졌다. 정복자들은 피정복인을 하층계급으로 만들기 위해 상징과 언어를 다듬었다. 인간이 노예 상태를 견딜 수 있음을 알게 되었고, 노예를 다스리는 기술이 발전되며 계급제도와 가부장제가 공고화됐다. 자신의 아내와 누이, 자녀들의 순결을 보호하지 못하는 남자는 가부장으로서 권위를 상실하기 때문에 정복자의 강간은 여자를 지키지 못한 남자에게 불명예를 선사하는 행위가 되었고, 정복자들은 여자들을 겁탈하면서 피정복 남자들을 상징적으로 거세시켰다. 칭기즈칸은 적을 정복하여 눈앞에서 쓸어버리고는 그들의 아내와 딸을 움켜쥐고 안는 즐거움이 최고의 쾌락이라고 말했다.

대부분 사회는 여성을 노예처럼 통제하는 가부장제였고, 여성을 통해 남성성을 확보했다. 프란츠 파농은 남성성을 되찾으라고 흑인 남자들에게 요구했다. 남성성을 되찾는다는 건 해방을 위해 맞서 싸우고 유린당한 흑인 여자들의 존엄을 회복한다는 의미였으나 백인 여성에 대한 폭력으로 나타났다. 백인 남자들이 흑인 여자들을 강간해왔다는 사실에 격분한 나머지 복수하고자 백인 여자들을 겁탈한 것이었다. 인종차별과 경찰 폭력에 맞서 무장 방어를 한 블랙팬서의 지도자 엘드리지 클리버는 회고록에서 백인 남자들의 법률과 가치체계를 거역하고 그들의 여자를 더럽히기 때문에 강간을 통해 최고의 만족을 얻었다고 적었다. 흑인의 존엄을 지키겠다고 무기를 들었지만 정작 백인 여자들의 존엄을 말살했는데 유수 언론들은 하나같이 엘드리지 클리버의 회고록을 상찬했다. 흑인 여자들이 받은 고통을 백인 여자들에게 되갚은 엘드리지 클리버의 사례는 일본제국에 분개하면서 일본 여자들을 강간해 복수하자는 일부 한국 남자들의 심리와 흡사하다. 일본 여자들을 강간하고 싶다는 일부 한국 남자들은 일제의 인류 범죄에 격분하는 것이 아니라 그저 자신의 남성성과 가부장성을 상실한 데 대한 울화통을 터뜨리는 것이다.

일본이 저지른 악랄한 전쟁범죄에 대한 철저한 참회를 요구하는 만큼 한국도 성찰할 필요가 있다. 종군 위안부는 일제만 두었던 게 아니라 한국군도 두었다. 예비역 장성들의 회고록과 참전자들의 증언에 따르면, 국군 장병들은 한국전쟁 중에 24인용 야전 막사나 분대 천막 앞에서 위안대를 이용했다. 리영희도 종군 위안부를 두고 장교와 병사 사이의 싸움질을 떠올리며 자신도 모르게 웃음이 나는 작은 일화라고 술회했다. 군과 성은 떼려야 뗄 수 없다. 군부대가 집결된 지역 주변엔 집창촌이 형성되어 있다. 심지어는 오랜 세월 한국에서 인기가 좋았던 '우정의 무대'를 35년 동안 진행한 이상용은 방송에 나가지 않는 2부에서 스트립쇼보다 더 야한 공연이 펼쳐졌다고 언급했다.

일본군 위안부엔 납치나 인신매매 또는 사기나 협박을 통해 데려간 여자들이 대거 포함되어서 한국군 위안부나 한국군 주변에 있는 집창촌의 성격과 분명 다른 점이 있다. 그러나 한국군 위안부나 집창촌의 여자들 가운데 순전히 가고 싶어 간 여자가 얼마나 되겠는가? 남자들의 사기를 진작시키고자 여성을 착취하는 방식은 흡사한 측면이 있는 것이다. 전쟁이란 괴물은 남자들만 집어삼키는 게 아니라 날카로운 이빨로 모든 여자들을 물어뜯는다.

낭만화된
전쟁의 실상

전쟁은 남자의 영역이었다. 역사를 통틀어 조사해보더라도 모든 사회에서 거의 대다수 군인과 지휘관이 남성이었다. 21세기에도 지구 전체 군인의 97퍼센트, 전투 군인의 99.9퍼센트가 남성이다. 징집제도가 폐지된 사회의 남자들조차 전쟁영화에 열광한다. 전쟁은 남자들의 본능을 건드린다. 남자들은 어릴 때부터 전쟁놀이를 좋아한다. 소년에게 군대 훈육을 시행하는 보이스카우트가 광범위한 호응을 얻었다. 허먼 멜빌은 모든 전쟁은 남자아이 같고 실제로 남자아이들이 전쟁을 치른다고 얘기했다.

인류사는 전쟁사였으므로 강골의 남자들이 선호되었다. 예컨대 그리스 도시국가들은 몸에 장애가 있는 아이들은 죽게 내버려두거나 일찌감치 제거했다. 몸이 약한 남자는 지도자의 자리에 오를 수 없었고, 인간으로서 존중받지도 못했다. 그리스의 권력층은 적과 맞서 싸우면서 남성성을 과시했고, 그리스 남자들은 시민인 동시에 전사였다. 페르시아가 2대에 걸쳐서 엄청난 병력을 이끌고 쳐들어오지만 그리스를 이길 수 없었다. 노예들의 군대가 아무리 세더라도 긍지를 지닌 자유인의 상대가 될 수는 없었다.

남자들은 적들을 잔인하게 죽이고는 훼손된 신체를 확보해 용맹의 증거로 삼았다. 머리카락이 붙은 두피를 벗겨낸 걸 스캘핑scalping이라고 하는데, 원시사회에서부터 광범위하게 벌어졌다. 화석화된 인간의 뼈에서도 스캘핑의 흔적이 발견된다. 독일의 오프네트 동굴엔 34명의 절단된 두개골이 차곡차곡 쌓여 있었는데, 7500년 전의 전리품 수급 저장소였으리라고 추정된다. 확보한 적의 머리는 현대의 훈장 같은 용도였고, 적의 머리를 자른 뒤 치켜들면서 환호하는 행위는 인류의 오래된 행태였다. 쿠엔틴 타란티노 감독의 영화 〈바스터즈: 거친 녀석들〉을 보면 특공대원들은 나치 100명의 두피를 벗기라는 명령을 받는다. 유대인으로 조직된 특공대는 나치의 머리 윗부분을 칼로 도려내면서 공포를 선사한다.

임진왜란 때 일본군이 한반도에 사는 수많은 사람들의 코를 베어간 것도 스캘핑의 일종이다. 도요토미 히데요시의 무장들은 부피가 큰 머리가 아니라 코를 잘랐고, 도요토미 히데요시는 일일이 그 숫자를 센 뒤 영수증과 감사장을 써주고는 소금에 절여 일본으로 가져갔다. 도요토미 히데요시를 받드는 신사 근처의 코무덤에는 조선인 126,000명의 코가 묻혀 있다.

인류사 내내 전쟁의 광란 속에서 남자들은 잔혹하게 야만성을 분출했다. 인류사는 전쟁으로 점철되었고, 땅을 많이 차지한 왕을 위대하다고 평가했다. 역사 교과서는 영토를 넓히고 이웃 부족을 섬멸한 정복자를 영웅으로 가르친다. 국제연합교육과학문화기구(UNESCO)가 지정한 세계유산을 보면 군사 구조물이나 전승 기념물이 3분의 1에 이른다.

인간은 상대가 악이라고 믿으며 죽인다. 문제는 상대편도 이쪽을 악이라고 믿는다는 점이다. 그렇다면 전쟁은 천사와 악마의 싸움이 아니다. 상대가 악이라고 믿는 악마들이 서로 물어뜯으면서 벌이는 악행이 전쟁이다. 인류는 선이라는 이름으로 너무나 많은 악을 저질렀다. 전쟁은 자칭 선이 저지르는 악의 끝판왕이다. 미국의 역사학자 하워드 진은 선을 위해 싸운다고 믿으며 2차 세계대전에 공군으로 참전했다가 환멸을 느꼈다.

현대로 올수록 평화를 지향하는 움직임이 나타났고, 실제로 전쟁의 빈도가 줄어들어 전 세계 인구 가운데 대다수가 참화를 겪지 않게 되었다. 그런데도 여기에 어깃장을 내는 남자들이 꼭 있기 마련이다. 나폴레옹 이후로 오랜 평화가 찾아왔는데 무난한 일상을 거북해하면서 전쟁 찬양 사조가 생겨났다. 보수주의에 고착되었든 자유주의를 찬동했든 남자 지식인들은 물질에 탐닉하는 나약한 풍조를 정화시키고자 전쟁이 필요하다고 역설했다.

헤겔은 사회 경직으로부터 국가를 구원하므로 전쟁이 끔찍하지만 필요하다고 생각했고, 존 러스킨은 전쟁이 예술의 근본이자 인간의 모든 미덕과 재능의 근본이라고 주장했으며, 전쟁이 거의 언제나 사람들의 마음을 넓히고 인격을 향상시킨다고 알렉시스 드 토크빌은 역설했다. 에밀 졸라는 전쟁을 치르는 나라는 번성하고 무기를 내려놓는 나라는 곧 망한다고 목소리를 높였다. 아서 코넌 도일은 셜록 홈스의 입을 통해 전쟁은 냉혹해 많은 사람이 포화에 스러지겠지만 전쟁은 신이 일으키는 바람이므로, 전쟁의 폭풍이 지나고 나면 더 깨끗하고 튼튼하고 훌륭한 땅이 햇살 아래 놓일 것이라고 선전했다. 윌리엄 제임스는 남녀공학과 동물애호의 세상, 무한한 산업주의와 뻔뻔한 여성주의 세상은 꼴 보기 싫다면서, 존엄함도 용맹도 조소도 없는 세상에서 탈출하기 위해 전쟁의 대가를 치를 만하다고 말했다. 윌리엄 제임스는 새로운 정력과 배짱으로 군인들이 남자다움을 충성스레 고수하며 국가 건설의 주춧돌이 되어야 한다고 힘주어 말했다. 또 그는 징병제를 통해 곱게만 자라는 귀공자를 소집해 탄광과 주물소, 해양 어선과 건설 현장으로 보내 그들의 유치함을 벗겨내자는 제안도 내놓았다.

내로라하는 지식인들의 거창한 주장 속엔 남자를 이용하고 착취하려는 권력의 욕망이 도사리고 있다. 여태 남자들은 개인의 이익을 희생하라고 강요받으면서 민족이나 국가를 위해 소모되었다. 무기와 전술의 발달로 전쟁의 치사력은 급등했고, 국가권력은 개선된 행정체계를 발판으로 남자들을 체계적으로 동원했다. 많은 군인들이 소모되어도 계속 공급되었다. 남자들은 강제로 병역을 치르는 가운데 죽거나 불구가 되었다.

아무리 이념을 주입시켜도 자신의 목숨을 내버리면서까지 처음 보는 이국의 낯선 남자를 죽이고픈 남자는 거의 없었다. 당연히 전쟁이 일어나면 탈영병이 속출했고, 모든 군대는 명령에 불복하는 병사를 처형했다. 이념으로 똘똘 뭉친 것 같았던 독일의 나치군조차 1차 세계대전에서 처형한 병사 수보다 1000배나 더 많은 병력을 처형했다. 나치 군대는 힘차게 군가를 불렀지만 행진하는 도중에 비겁한 탈영병이라는 죄목과 함께 내걸린 아군의 시체들을 계속 볼 수밖에 없었다. 어쩔 수 없이 전투에 참가하다가 망가진 남자들이 수두룩했다. 베트남전쟁에서 사망한 군인보다 전쟁이 끝난 뒤 자살한 군인이 더 많고, 미국 노숙자들 가운데 절반 남짓이 베트남전쟁에 참여했던 군인이라는 연구 결과도 있다. 역사책을 들추면 억울하게 희생된 남자들의 소리 없는 비명으로 들끓는다.

전쟁의 참담함을 일찍이 깨닫고 반전운동을 펼친 선구자들은 당대엔 겁쟁이라고 조롱당했다. 미국에서 엠마 골드만이 징병 반대 연설을 하면 남자 군중들이 엠마 골드만을 둘러싸고는 옷을 벗기자며 위협했다. 버트런드 러셀은 대부분의 사람들이 전쟁의 광기에 마비될 때 반전운동을 벌이다 대학에서 해고되고 감옥에 갇혔다.

평소라면 살인은 처벌당하지만 군인이 되어 무수하게 살인하면 훈장을 받는다. 사람을 죽이지 말라는 문명사회에서 체화된 규범을 전쟁은 파기시킨다. 일본제국이 야만을 저지르던 시기에 일본 안에선 반전운동을 펼치던 평화주의자들이 엄혹하게 처벌됐다. 일본에 침략당해 고통당한 한국도 총을 들지 않는 남자들을 이적행위라고 간주하고는 오랜 세월 감옥에 가두었다. 국가는 애국이란 이름으로 폭력과 살인을 강요했다.

전쟁의 역설을 연구하는 학자들도 있다. 무기 개발을 통해 과학기술이 발달하고, 기존의 정치제도가 붕괴하면서 새로운 변화들이 태동하며, 전쟁을 매개로 더 큰 국가가 형성되어 평화를 향한 기반이 조성된다는 것이다. 전쟁의 고통은 너무나 막대하지만 그 고통을 대가로 분명 어떤 효용이 있을 수는 있다. 또한 누군가는 전쟁 통에 엄청난 이득을 그러쥔다. 그래서 전쟁은 계속 발발한다.

한국전쟁을 보면, 미국이 주요 국가로 참전했으나 미국 사회에서는 거의 언급되지 않는다. 미국뿐 아니라 한국에서도 별로 문제 제기하지 않는 건 비슷하다. 한국전쟁의 승자가 누구이고 피해자는 누구인지 심도 있게 질문하지 않는다. 남한에서만 약 130만의 군인과 민간인이 죽었고 북한에서는 250만의 군인과 민간인이 죽었을 만큼 한국전쟁은 수백만의 사상자와 엄청난 수의 이산가족을 만든 비극이었다. 그러나 누군가에겐 희극이었다. 위기를 겪던 이승만 정권은 한국전쟁을 통해 미국의 경제 지원을 받으며 산업토대를 구축할 수 있었고, 반공주의를 국가이념의 반석이 되도록 만들었다. 한반도를 피바다로 만든 김일성 일당은 정적들을 숙청하고 병영기지처럼 북한을 만들면서 세습 독재의 기반을 닦았다. 미국과 일본도 이익을 얻었다. 일본의 전후 부흥은 한국전쟁의 병참 물자를 생산해 수출하면서 이뤄졌다. 일본의 전 수상 요시다 시게루는 한국전쟁을 신이 내린 선물이라고 평했다. 미국의 맥아더 장군도 한국이 우리를 구해주었다고 말했다. 브루스

커밍스는 뉴딜 정책이 미국 제1차 국가 부흥의 계기였고 한국전쟁은 제2차 국가 부흥의 계기로 작용했다고 분석했다.

전쟁에서 피해를 받는 사람과 이익을 얻는 사람이 같지 않다. 리영희는 한국전쟁 중에 권력을 등에 업고 전선에서 빠져나가는 이들의 빈자리를 채우고자 총알받이로 끌려오는 신병의 행렬을 날마다 보았다. 억수같이 쏟아지는 비를 맞으면서 우의를 어설프게 입은 채 소총 한 자루를 멘 오합지졸을 보면서 리영희는 눈물이 복받쳐 올랐다. 중학교 이상 다니던 사람은 손 들어보라고 소리치자 100여 명 가운데 세 명만이 거수했다. 리영희는 죽지 말라고 말하지 못했고 잘 싸우라고도 하지 못했다.

발터 벤야민은 억눌린 사람들을 통해 우리가 알 수 있는 교훈은 현재의 비상사태가 예외 상태가 아니라 정상 상태라고 꼬집은 적이 있다. 세상엔 억눌린 사람들이 너무나 많고, 그들에게 고통은 일상이다. 전쟁을 찬송하는 남자가 있다면 그가 어디에 속해 있는지를 보면 된다. 언제나 전방으로 몸소 가지 않은 채 어떤 이익을 얻을 수 있는 남자만이 전쟁을 부르짖는다. 그들을 뺀 대다수 사람들에게 전쟁은 재앙이다.

군대를 갔다 온
남자의 마음

국가는 부족과는 비교할 수 없을 만큼의 대규모 공동체이고, 국가에 충성하는 일이 개인의 이익에 반할 때가 있다. 전쟁이 그렇다. 전쟁에서 승리하고자 수많은 사람들이 시체가 된다면 과연 그 승리가 누구를 위한 것인지 알 수 없지만, 국가는 국가주의를 조장하면서 희생을 강요한다.

예부터 남자들은 노역하고 군역을 담당했지만 근대로 접어들면서 더 큰 권력을 갖게 된 국가는 남자들에게 희생정신마저 주입시켰다. 남성성은 숭고한 대의를 추구하는 태도로 규정되면서 남자들이 국가를 위해 헌신해야 한다는 생각이 강화되었다. 국민개병제가 이뤄지면서 남자들은 징집되어 민족과 국가를 강렬하게 체감했다. 군사연구가 클라우제비츠는 전쟁이란 칼로 하는 정치이고, 정치는 칼 없는 전쟁이라고 했다. 군대는 애국심을 부과하면서 타국을 적대하게 만드는 정치 학교였고, 남자들의 정신세계를 주조한 국가 거푸집이었다.

군대는 전쟁을 위한 조직이므로 승리를 목적으로 집단생활을 하게 된다. 군인은 쓸데없는 생각을 하지 않도록 쓸데없는 일을 쉴 새 없이 해야 한다. 왜 해야 하는지 모른 채 부조리한 임무를 수행하다 보면 인간성이 차차 약해진다. 살인 기술을 반복 숙달하다 보면 적을 별다른 가책 없이 기계처럼 죽일 수 있게 된다. 베르톨트 브레히트는 『남자는 남자다』에서 남자가 군대에서 어떻게 재조립되는지를 보여준다. 거절할 줄 모르는 순박한 남주인공은 머릿수를 채워달라는 간곡한 요청 때문에 군인 무리에 합류하게 된다. 원치 않았어도 군대에 속하자 남주인공은 전쟁기계로 변한다.

남자들은 적을 죽이지 않으면 자신이 죽는다는 살벌한 위협 속에서 전문 살인병기로 제조된다. 영국의 소설가 조지프 콘래드의 원작을 바탕으로 프랜시스 코폴라 감독이 만든 영화 〈지옥의 묵시록〉을 보면, 커츠 대령(말론 브란도)은 육사 수석 졸업에 무수한 훈장을 받은 최고의 장교인 데다 인간성도 아주 좋았지만 바로 그렇기 때문에 문제가 된다. 커츠는 군대 체제에 너무 충실한 나머지 자기 자신마저 버린다. 가장 무서운 공포라는 적을 상대하다가 영혼이 갈가리 찢겨나간 커츠는 사람들을 공포에 질리게 만드는 인물이 된다. 군대는 정신이상에 살인광이라고 판단하고서 커츠를 제거하려고 하지만 다른 군인들도 제정신이 아니다.

아무렇지 않게 타인을 죽이려면 이미 자기 마음부터 파괴되어야 한다. 병영은 개인의 자율성을 압살하고 집단을 위해 희생하게 만드는 전체주의가 작동된다. 폭력성은 외부로 분출되기 전에 내부에서 먼저 폭발할 수밖에 없다. 전쟁을 준비하면서 온갖 불안과 분노가 터져 나오기 마련이다. 부하에게 가해지는 폭력이 장려되진 않지만 어느 정도 용인된다. 상명하복하면서 전장으로 뛰어들기 위해서는 개인의 고유한 자존감을 짓이길 필요가 있기 때문이다. 군대에서 인권은 유린되기 쉽다. 철학자 강신주는 군복무 중에 부당한 모욕과 폭력을 견딜 수밖에 없었다면서 변기를 혀로 핥던 때의 모멸감을 털어놓았다. 강신주는 자신의 감정을 지닌 인간이 아니라 명령대로 움직이는 인조인간이 되어갔고, 첫 휴가를 나오자 주변 사람들은 경직된 강신주를 보고서는 놀랐다.

일본에서는 고참병이 신참병을 교묘한 방법으로 심하게 괴롭혔는데 장교는 병사를 단련시키는 측면으로 간주해 관여하지 않았다. 수치와 모욕에 단련된 병사들은 천황에 대한 충성심을 별로 주입하지 않아도 저돌적인 국가주의자로 변했다. 혹독하게 괴롭힘을 당한 젊은이는 나중에 더욱 극렬한 고문자로 변했다. 일본제국주의에 침략당해 35년 동안 식민지였던 한국에도 일제 병영의 악습이 이식되었고, 일본군 출신의 군인들이 한국 군대에 대거 유입되면서 부조리한 병영문화가 난무했다. 더구나 군인 출신의 독재자들이 한국 사회를 군홧발로 짓밟으며 지배하자 군대 내 가혹 행위는 당연한 문화로 고착화되었다. 군대를 간 남자들은 피해자였다가 가해자가 되었다. 윤종빈 감독은 영화 〈용서받지 못한 자〉에서 왜 남자들이 군대를 잊으려 하는지, 그렇지만 잊히지 않고 끝없이 발목 잡히는지를 그려낸다.

물론 병영 악습은 한국만의 문제는 아니다. 스탠리 큐브릭 감독의 〈풀 메탈 재킷〉을 보면 미국 해병대 신병교육관은 입소한 병사들을 구더기와 쓰레기라고 부르면서 모독한다. 군대 내부의 폭력과 부조리를 견디지 못하면 충실한 군인이 될 수 없으므로 부적격자를 걸러내기 위해 잔혹한 방법을 쓴다. 군대에선 구타와 가혹 행위가 불문율이다. 로브 라이너 감독의 영화 〈어 퓨 굿 맨〉은 해병대에서 전출을 요구하는 편지를 작성한 병사가 살해된 사건을 다룬다. 군 검사(케빈 베이컨)가 죽은 병사가 아주 꼼꼼한 계획에 따라 살해되었다고 주장하자 변호사(톰 크루즈)는 불문율에 따라 발생한 일이라고 변론한다. 군대에서도 공식적으론 폭력을 인정하지 않으나 불문율로서 용납될 수 있다. 군대의 기강을 위해 폭력이 불문율처럼 작동한다. 다수의 군인들이 무좀에 시달리듯 가혹 행위는 무좀처럼 군대에 퍼져 있고 좀처럼 퇴치되지 않는다.

지성의 전당이라 불리는 대학에서도 군사주의가 활개를 친다. 남자들이 많은 체대나 공대는 말할 것도 없고 여자들이 많은 간호대학에도 군대문화가 침투해 들어가 있다. 이등병이 선임의 눈치를 보면서 자신을 검열하듯 새내기들은 선배들의 닦달에 괴로워하면서 자신을 점검한다. 괴롭힘 당하던 이등병이 악질 선임병이 되듯 후배들도 선배가 되면 자신이 당했던 걸 고스란히 후배에게 되갚는다. 대학의 군대문화는 수치스러운 잔재로 질타되기는커녕 취업을 위해 조장되는 지경이다. 대학의 군대문화는 한국 사회의 뒤틀린 20세기의 흔적이다. 한국의 근대화는 군사작전을 치르듯 진행되었다. 군사독재 시절에 사람들은 산업역군으로 총동원되어 생산공정에 투입되었다. 군대는 다양한 사람들을 획일화시키고 균질화시키는 장치로 기능했고, 경제 발전에 나름 이바지했다. 남자들은 군복무한 뒤 산업 전사가 되어 활약했다. 수출 경쟁은 전쟁 같았고, 한국의 경제 발전이 지상의 과제였던 만큼 남자들은 태극 전사로 호명되어 애국심과 애사심을 분출해야 했다.

군대를 갔다 와야 사람 된다는 말이 공공연하게 유통된다. 이 말은 군대 경험이 없으면 사람으로 취급하지 않겠다는 폭력성을 내포하고 있지만 별 문제의식 없이 사용된다. 군복무한 남자들은 위계질서와 복종, 무력 사용의 필요성을 중요하게 여길 가능성이 훨씬 높고, 문제를 해결할 때 군대식의 효율성을 높이 평가하면서 군인의 태도로 세상을 대한다. 전장에서 돌아온 병사들이 아내를 구타하거나 연인에게 폭력을 저지르는 빈도가 높으며 성범죄를 일으킬 확률이 높아진다는 연구 결과도 있다.

군인들은 휴가 때 술을 억병으로 마셔댄다. 군복무하면서 겪은 억울함에다가 자신이 저지른 폭력에 대한 죄책감이 뒤엉키면서 고통스럽기 때문이다. 남자들이 군대 일화를 얘기하고 또 얘기하는 건 상처를 조금이라도 치유하려는 몸부림이자 자기 안의 응어리를 풀어내려는 씻김굿인지 모른다. 군대를 갔다 온 남자의 마음엔 나라를 지켰다는 자부심보다는 자신이 얼마나 고생했는지 알아주지 않는 세상에 대한 원망이 강하게 자리하고 있다. 한국의 남자들은 누가 군대에서 더 고통받았는지 비교하면서 피해의식마저 경쟁을 펼친다. 군생활의 고통은 훗날 상징 화폐처럼 기능한다. 해병대나 공수부대, 특전사처럼 남들이 보기에 더 힘든 부대 출신이면 고통의 부자가 되어 남들을 업신여기는 데 기여한다. 남자들은 자신을 끌고 간 '국가라는 아버지'의 멱살을 잡으면서 도전하는 대신에 희생양을 통해 자신의 고통을 달래려 한다.

군대에선 절제와 인내를 가르친다고 하는데, 대다수 남자들이 군대를 갔다 온 한국에서는 조악하고 상스럽고 무례하기 짝이 없는 일들이 날마다 펼쳐진다. 군대는 안보와 국방을 내세우며 남자들을 부리기 좋은 인간으로 만든다. 고상하고 자유로운 인간이 아니라 윗사람의 명령엔 굴종하지만 아랫사람에겐 가혹한 인간을 길러낸다.

군의 땟물을 벗고 사회로 나와봤자 다시 군기를 재충전해야 한다. 사회는 좀 더 세련된 형태의 군대다. 대개의 회사는 시키는 대로 빨리 움직이고 군대문화에 적응한 군필자를 우대한다. 군대에서는 총을 들고 전쟁을 준비했다면 사회는 총소리 없는 전장의 한복판이다.

7

운동과
건강

모험과
놀이를 원한다

모든 포유류가 놀이한다. 포유류 새끼들은 놀이를 통해 두렷한 소득 없이 상당량의 기운을 소모하는데, 놀이란 앞날에 있을 사냥이나 포식자로부터 도망치는 일, 같은 편끼리의 협력 등의 과제를 수행하기 위한 훈련이다.

성별에 따라 즐기는 놀이 종류가 다르다. 여러 연구에 따르면 원숭이 새끼들의 장난감 취향은 인간 아이들과 흡사하다. 수컷 원숭이 새끼가 칼이나 차 같은 장난감에 끌린다면 암컷 원숭이 새끼는 포근히 껴안을 수 있는 장난감을 갖고 놀기 좋아한다. 딸에게 인형을 사주고 아들에게 군인 장난감을 사주는 건 어느 정도 부모의 고정관념이 반영된 결과이지만 딸과 아들이 그런 장난감을 부모에게 요구하기 때문이기도 하다. 부모가 성평등 취지에 맞게 장난감을 주어도 아이들은 자신의 성별에 따라 가지고 논다. 여자아이는 소방차를 담요에 싸서는 돌보려고 한다면 남자아이는 인형의 머리 부분을 손으로 잡고 인형의 다리를 무기로 휘두르는 식이다. 여섯 살 때 거의 대부분 여자아이들은 사회관계와 가족 관계에 초점을 맞추어 상호작용하며 관계 맺는 역할극 놀이를 하지만 남자아이들은 역할극을 별로 하지 않거니와 하더라도 전장에서 싸우는 영웅놀이를 하고 싶어 한다. 일찍이 남자애들은 규칙을 정하고 서로 편을 나누어 승패를 정하는 놀이에 흥미를 보인다. 어릴 때부터 남자애들은 뛰고 쫓아서 잡거나 신체를 사용해 상대를 제압하는 놀이에 관심이 많고, 놀이를 통해 위계 서열이 어느 정도 정해진다. 운동 실력은 싸움과 더불어 어린 시절의 남자애들에게 평판을 안겨준다. 운동을 잘하는 남자애들은 또래 남자애들에게 선망의 대상이 되고, 여자애들도 운동 잘하는 사내아이를 호감 어린 시선으로 바라본다.

대부분의 놀이집단은 동갑내기로 구성되는데, 운동 실력이 뛰어나고 성숙한 아이가 모임을 주도한다. 이건 선사시대부터 쭉 이어지는 습성이다. 과거에 다양한 연령대가 뒤섞인 아이들의 무리에서 나이가 많은 아이가 어린 아이들을 돌봤고, 어린 아이들은 나이 많은 아이를 관찰하면서 무의식중에 많은 걸 익혔다. 어머니를 통해서는 적합한 남자다움이 무엇인지 알 수 없었던 과거의 남자아이들은 동네 형을 통해 남자다움을 익혔다. 소년은 몇 살 더 많은 형들에게 강하게 끌린다. 비록 형들이 짓궂게 굴어도 끈질기게 따라다닌다. 남자들에겐 성숙한 다른 남자를 경탄하면서 모방하려는 욕구가 있다.

남자들은 좀처럼 가만히 있지 못한다. 특히 혈기가 넘치는 젊은 시절엔 다른 남자들과 몸을 부대끼면서 놀고 싶어 한다. 주의력 결핍이나 과잉행동장애 증세가 나타나는 남학생에게 체육시간을 충분히 주면 좋은 효과를 보인다. 남자들은 다른 남자들과 뛰어다닐 때 이루 말할 수 없는 만족감을 느낀다. 뜀박질은 남자들의 아련한 본능이고, 땀 흘리고 나서 찾아오는 휴식은 아늑한 환희다. 선조 여자들은 채집 활동을 하면서 덩이줄기와 뿌리를 골라내며 수다를 떨었고, 과거의 습성은 오늘날 여자들이 가까운 사람과 쇼핑할 때 얻는 쾌감으로 고스란히 이어진다고 유추할 수 있다. 또한 여자들은 집에 놓아둘 여러 가지를 모으고 자신의 보금자리를 안락하게 꾸미는 데 즐거움을 느끼는데, 이건 아주 오랜 세월 여자들이 이러한 일을 해왔기 때문이다. 마찬가지로 남자들은 기나긴 세월 외부 활동을 했고 거기서 쾌락을 느낀다. 어릴 때부터 남자들은 안전한 세계를 떠나 미지의 세계를 탐험하려 든다.

진정한 남자는 모험과 놀이를 원한다고 니체는 주장했다. 남자는 전투를 위해 양육해야 하고 위험하기 짝이 없는 장난감으로서 여자를 원한다고 니체는 서술했다. 니체의 여성관은 고리타분한 구닥다리지만 남자에 대한 평가는 나름 일리 있는 면이 있다. 평화와 안전을 중시해야 하지만 지나치게 평화롭고 안전한 건 남자들에게 권태의 고통을 유발한다. 흥미로운 운동경기의 기회를 충분히 제공하지 못하면 남자들은 지루함 속에서 괴로워하다가 위험천만한 짓을 저지를지도 모른다. 남자들은 일상의 따분한 긴장에서 벗어날 수 있는 모험과 놀이를 원한다.

모든 남자들이 전부 모험과 놀이를 원하는 건 아니다. 움직이기 싫어하는 남자들도 있다. 그 남자들은 몸을 쓰지 않는 다른 분야에서 자신의 재능을 뽐내는데, 그렇다고 스포츠에 전혀 관심이 없는 건 아니다. 시인 이상은 자신을 20세기의 스포츠맨이라고 자칭했다. 튼튼한 신체이기는커녕 결핵에 시달리다가 요절한 이상조차 스포츠가 최첨단의 문화로서 강력한 위력을 지녔음을 감지하고 반어처럼 표현한 것이다. 현대사회를 앞서서 살려고 한 이상은 남들이 자신에게 실망할까봐 스포츠맨인 것처럼 보이려 했다. 남자들은 평소에 운동하지는 않더라도 뛰어난 운동선수를 구경하며 감탄한다. 야구 경기장을 꽉 채운 관중들 가운데 태반은 정식 규정의 야구를 몸소 해본 적이 없더라도 대리만족한다.

스포츠 구경에도 남자의 특징이 나타난다. 남자는 선수 하나하나의 기록과 세부지표까지 챙기면서 숫자에 굉장히 민감하게 반응한다. 생물학자 스티븐 제이 굴드는 왜 4할 타자가 없어졌는지 연구하다가 평균 수비율이 향상되었다는 통계수치를 접하면서 계속 흥분했다. 4할 타자가 왜 나오기 힘들어졌는지 여러 정보와 자료를 인용해서 자세히 설명하는 건 스티븐 제이 굴드가 야구광이기 때문이기도 하지만 성별이 남성이기 때문이다. 운동선수의 연봉은 얼마이고 예전에는 어디 소속이었다가 얼마의 이적료를 받고 옮겨 갔는지 남자들은 지대한 관심을 갖는데, 이런 수치를 일일이 기억하는 여자는 별로 없다. 대부분의 여자들은 스포츠 스타의 이름을 알더라도 왜 남자들이 그토록 관심을 두는지 진심으로 이해하지는 못한다. 남자는 경기 자체를 즐기는 가운데 누가 더 우월한지 중요하게 여기고, 스포츠는 바로 경쟁의 우위를 증명하기 때문에 남성을 매혹시킨다. 한동안 메시가 더 낫냐 호날두가 더 낫냐를 두고 수많은 남자들이 논쟁을 벌였던 이유도 남자는 최고가 누구인지 확인하려는 강박이 있기 때문이다. 스포츠에선 누가 더 잘하는지에 따라 대우가 차등되고, 이건 오랜 세월 이어진 남자의 사회생활과 비슷하다. 남자들은 내부 경쟁을 통해 위계 서열을 갖춰서 집단을 이루고는 다른 집단과 경쟁해왔고, 스포츠도 경쟁하면서 대결을 펼치기 때문에 남자를 광분시킨다. 남자들은 외부의 적과 경쟁해야 하는 상황이라면 내부의 차별과 서열을 기꺼이 감내한다. 스포츠에서 최상위 선수와 하층 선수 사이의 엄청난 연봉 차이에 남자들은 능력에 따른 포상의 차이라고 여기며 문제의식을 갖지 않는다.

남자들은 운동선수를 영웅처럼 대한다. 학력과 연령과 지역과 생활 형편과 상관없이 남자들은 뛰어난 운동선수에게 열광한다. 좋아하는 선수의 이름이 붙어 있는 옷을 큰돈을 들여 사 입고, 좋아하는 선수의 연봉을 마치 자신의 업적인 듯 동일시하면서 만족감을 얻기까지 한다.

남자가 여자보다
운동을 더 잘한다

    싸움하듯 놀고 놀이하다가 싸우는 일은 영장류 어린 수컷들 사이에서 아주 흔하게 발견된다. 어릴 때부터 누가 시키지 않아도 남자애들이 엎치락 뒤치락 몸을 부대끼며 논다면 여자애들은 언어로 소통하며 논다. 가장 두드러진 성차 가운데 하나가 어린아이들의 놀이 행태이다. 아이들은 같은 성별의 아이가 적다면 이성의 아이들과도 어울리지만 일정 수를 넘어가면 같은 성별끼리 어울리려고 한다. 남자애들은 남자애들처럼, 여자애들은 여자애들처럼 논다.

    남자애들에게 놀이란 거의 운동과 다름없다. 남자들의 놀이가 운동으로 특화되어 있을 만큼 남자들은 운동을 좋아하고 여자들보다 더 잘한다. 유도나 권투 같은 대결 운동은 말할 것도 없고, 축구나 농구 같은 구기종목이나 수영, 달리기 같은 기초 체육에서도 성차는 현격하다. 100미터 단거리 경주뿐 아니라 마라톤에 이르기까지 모든 달리기 종목에서 가장 뛰어난 열 명의 남녀 기록을 평균 내면 남성이 11퍼센트 정도 더 빠르다. 100미터 여자 세계기록으로는 남자 경기에 참가 자격조차 획득할 수 없고, 10,000미터 달리기에서 여자 세계 최고기록으로는 가까스로 올림픽 남자 선수 참가 기준을 통과한다. 운동 능력의 차이는 단지 체형의 차이에서 빚어지는 건 아니다. 여성은 골반이 넓어서 달리는 데 불리한 체형이나 초장거리 울트라마라톤 참가자의 체격은 성별에 따른 차이가 아주 적은데도 11퍼센트의 격차는 그대로 존재한다.

    성별의 차이 가운데 던지기 기록은 유달리 그 차이가 크다. 길에서 무작

위로 남자 1000명을 고르면 998명이 여성의 평균보다 공을 더 세게 던진다. 수렵채집하며 살아가는 오스트레일리아 원주민들은 전투와 수렵을 위해 여자아이들에게도 던지는 법을 가르친다. 원주민 여자아이들은 던지는 법을 숙달하지 않은 여자아이들에 비해 훨씬 잘 던지나 또래 원주민 남자아이들보다는 세게 던지지 못한다. 여자아이들이 더 일찍 성숙해서 몸무게가 더 나가고 키가 더 컸는데도 그러하다. 여성이 고도로 훈련을 받으면 아무런 연습도 하지 않은 남자보다 더 잘 던지게 되지만 동일하게 훈련을 받은 남자와는 현격한 차이를 보인다. 올림픽 창던지기 종목을 보면 남성용 창이 더 무거운데도 남자 선수들이 30퍼센트 더 멀리 던진다. 여성이 던진 야구공의 공식 세계 최고속도기록은 105킬로미터인데, 웬만한 남자 청소년이 조금만 연습하면 쉽게 던지는 속도다. 미국 야구를 보면 평균 구속이 150킬로미터를 웃도는 투수가 즐비하다.

남녀의 운동 능력에 차이가 발생하는 원인 가운데 하나는 테스토스테론이다. 테스토스테론의 양이 많아지면 여자들도 운동 실력이 향상된다. 육상 기록 추이를 보면 1970~1980년대 여자 선수의 기록이 대폭 향상되었는데, 테스토스테론 덕분이었다. 20세기 중후반은 냉전의 시대였고, 공산권 국가들은 자본주의 국가들을 앞지르고자 여자 선수들에게 약물을 복용시켰다. 도핑 검사가 체계화되어 있지 않아 운동선수의 약물복용이 공공연했고, 동구권 여자 선수들은 기록을 갱신해갔다. 단거리나 근력을 사용하는 종목의 여자 세계기록은 거의 1980년대에 이뤄졌다. 예컨대 던지기 종목에서 역대 최고기록을 낸 여자 선수 상위 80명 가운데 75명은 1970년대 중반에서 1990년대 사이에 포진해 있고, 대부분 동구권 출신이다. 동독의 투포환 선수는 법정에서 약물 투여가 당국에 의해 지속적으로 이뤄져왔다고 증언했는데, 너무나 과도하게 스테로이드 주사를 맞은 탓에 신체가 남성화되어버려 성전환수술을 받고 남자로 살고 있었다. 스테로이드는 테스토스테론 유사물질이다.

여러 종목에서 여자 선수들의 호르몬 비율을 세 달 동안 측정한 결과를 보면, 최고의 성적을 내는 선수들이 그렇지 않은 선수들에 비해 테스토스테론 농도가 두 배 이상 높은 수준으로 계속 유지되었다. 테스토스테론 수치가 감퇴하면 운동 실력은 저하된다. 남성에서 여성으로 성전환해서 호르몬요법을 받은 사람은 하나같이 예전 운동 기록을 낼 수 없게 된다. 테스토스테론이 정확히 어떤 영향을 미치는지 확신하는 과학자는 없다. 다만 테스토스테론이 운동 실력 향상에 영향을 미친다는 사실이 분명히 관찰될 뿐이다. 테스토스테론은 근육을 만드는 데 관여하고 경쟁심을 자극하기 때문에 운동 능력 향상을 이끈다고 추정할 수 있다.

남자와 여자의 운동 능력 차이는 단지 테스토스테론 하나 때문만은 아니다. Y 유전자가 있다는 것으로도 운동 능력 향상의 사례가 발견된다. 안드로겐은 남성 호르몬을 총칭하는 용어로 테스토스테론 말고도 다른 종류도 있다. 안드로겐을 이용하지 못하는데도 Y 염색체를 갖고 있어서 운동 실력이 출중한 선수가 있다. 바로 안드로겐 불감증 여자 선수다. 원래 XY 유전자를 갖고 있어 자궁 안에서 남성 호르몬의 영향을 받아 1차 성징이 일어났어야 했는데, 남성 호르몬 수용체가 결핍된 탓에 남성 호르몬을 수용하지 못해 남자의 체형으로 변이되지 않고 그대로 여자가 된 것이다. 안드로겐 불감증 여성은 2차 성징이 나타날 수도 있고 외관상 여자처럼 보이더라도 모두 불임이다. 여성 선수들을 조사하면 안드로겐 불감증을 지닌 XY 여성의 비율이 높다. 1996년 애틀랜타 올림픽에서는 여자 선수 3387명 가운데 7명이 안드로겐 불감증으로 드러나 480분의 1의 비율을 보였다. 5회에 걸쳐 올림픽에 참가한 여자 선수를 조사한 결과 421명에 1명꼴로 Y 염색체를 지녔다. 보통 안드로겐 불감증은 20,000~64,000분의 1의 비율이다. 남성 호르몬을 아예 이용하지 못하지만 Y 염색체를 지녔다는 것만으로 여자 '운동선수'로 활약하는 것이다.

여성과 남성의 운동 능력 차이는 사회에서 더 조장된다. 남성이 운동하기 더 편한 환경이다. 운동을 일상화한 남자들이 많고, 남성은 강하다는 표상이 지속된다. 강함이라는 건 남성에게 자긍심의 원천이지만 한편으론 여성을 비하하는 원인이 되기도 한다.

과거사를 뒤져보면 남자의 뛰어난 운동 실력은 여성을 차별하는 데 악용됐다. 대중매체는 남자의 몸과 운동 능력을 정교하게 전시했고 남성을 우월하게 그려냈다. 남자 선수들의 기량은 남성의 우월성과 지배성으로서 선전되었다. 여자들은 경기를 관람하면서 선망과 아울러 열등감을 갖지 않을 수 없었다. 성평등 시대에 여성운동가들이 스포츠에 문제의식을 갖는 이유이고, 남자들 역시 스포츠를 통해 여성에 대한 차별과 멸시가 강화되지 않는지 성찰할 필요가 있는 21세기이다.

스포츠는
현대문명의 공예품

여자들이 싫어하는 남자의 3대 이야기가 있다. 첫째는 군대 얘기, 둘째는 축구 얘기, 마지막으로 군대에서 축구 한 이야기이다. 남자들은 전쟁에 임하듯 운동경기를 관람하고, 경기일 뿐인데 전쟁에 비견되어 한일전이라 불린다. 조지 오웰은 수단 방법을 가리지 않고 승리만 추구하는 현대 스포츠가 총성 없는 전쟁이라며 우려를 표명했다.

운동경기는 전투와 비슷한 면이 많은데, 운동이 전투 능력을 연마하기 위해 창설되었기 때문이다. 올림픽 종목은 전시에 요구되는 기술을 평시에 점검하는 전투준비태세였다. 그리스인들은 전투기술을 향상시키고자 여러 종목을 고안해 시민을 훈련시켰다. 현대의 올림픽 종목도 전투기술에서 파생되었거나 여전히 전투기술과 다름없는 종목이 대부분이다.

남자들은 전쟁을 준비하면서 운동했고, 운동을 통해 폭력성을 통제했다. 폭력성은 인간에게 꿈틀대는데, 폭력성을 문명화한 것이 스포츠이다. 스포츠는 사회에서 허용된 호전성과 공격 욕망의 표현이라고 사회학자 노르베르트 엘리아스는 진단한다. 특정한 형태의 영국식 놀이를 뜻하는 스포츠라는 단어가 전 세계로 확산된 과정은 인간의 폭력성이 세련되고 합리적인 형태로 변형되어 일상 속에 배치되는 문명화과정이었다.

맨 먼저 영국에서 스포츠가 확산된 데에는 여러 요인이 있다. 영국은 가장 앞서 산업화가 일어난 국가이자 막강한 공권력을 갖춘 제국으로서 인간의 폭력을 일찍이 규제했다. 중앙행정부의 감독이 강력해지자 폭력 빈도가 줄어들었고, 폭력성은 문명화된 형태로 스포츠에서 구현되었다. 또한 영국은 공립학교에서 스포츠를 이용해 규율을 주입했다. 영국 공립학교는 교육의 방점을 예배당과 운동장에 두었다. 올바른 윤리 의식을 예배당을 통해 주입시켰고, 규칙 준수하며 경쟁하는 경험을 운동장을 통해 전수했다. 남자들이 성실한 노동자로 만들어지는 과정에서 스포츠는 경쟁의식과 신체 단련, 규칙 준수와 자기규제를 연습하는 과정으로 이용됐다. 자본주의가 급격히 발달하면서 만인의 만인에 대한 투쟁으로 치닫는 위험을 감지한 영국은 무절제를 비난하면서 체조를 통해 규율을 부과했다. 체조의 성과 덕분인지 '영국 신사'라는 고유명이 생겼다. 매슈 아널드는 영국이 주변 국가들보다 산업기획과 체육 그리고 자유를 빨리 시작했고 높은 성공을 거두었다고 자평했다. 자기 계발서의 원조 『자조론』을 쓴 새뮤얼 스마일스는 진정한 신사는 상스럽게 굴어서는 안 된다고 강조했으며, 개인의 성실과 활력 그리고 강직함을 통해 국가의 진보가 이뤄진다고 설파했다. 새뮤얼 스마일스의 권고는 일반 대중에게 엄청난 영향을 미쳤고, 그의 책은 영국과 미국에서 큰 성공을 거두면서 자기 계발 분야의 성서가 되었다.

다른 나라들도 체육을 강조했다. 장 자크 루소는 남자들에게 늘 운동을 시켜서 강하고 건강하게 키우라고, 일단 강해지면 이해력이 뛰어난 남자가 될 거라고 얘기했다. 한반도에서도 조선이 패망한 건 문약 때문이라며 상무정신과 연결시켜서 체육을 강조했고, 군사독재 시절에도 체육과 상무정신을 부각시키며 국민체조를 보급해 신체를 단련시켰다. 보이스카우트도 소년들을 재료로 삼은 인격 공장 구실을 톡톡히 했다. 산업화가 진행되는 지역이면 어김없이 보이스카우트가 전파되어서 순종성과 인내력, 의무에 대한 헌신과 충성심을 교육시켰다.

규율이 부과된 남자들은 평소에 공격성을 조절하다가 스포츠를 통해 감정을 발산했다. 남자들이 스포츠에 열광하는 이유다. 문명화가 이뤄지면서 인간의 삶은 평이하게 안락해진 만큼 다른 남자들과 몸을 부딪치면서 생겨나던 흥분이 줄었다. 스포츠가 위험을 동반하면서 적을 무찌르는 아찔한 쾌감을 대리만족시켜준다. 인류 문명은 자연의 위험한 원자핵분열을 전기로 이용하듯 인간 안의 위험한 폭력성을 오락으로 이용한다. 스포츠는 인간의 오래된 폭력성으로 빚어낸 현대문명의 공예품이다.

동물행동학자 콘라트 로렌츠와 니콜라스 틴베르헌, 정신의학자 앤서니 스토 등은 인간의 공격 충동이 해롭게 분출될 수 있다고 일찍이 경고했다.

그들은 공격 충동이 쌓였을 때 배출구가 없으면 무시무시한 폭력으로 뿜어진다고 주장했으나 공격 충동을 무조건 발산해야만 하는 건 아니다. 스트레스가 별로 없는 환경이라면 공격성은 굳이 표출되지 않는다. 하지만 스트레스가 별로 없기란 쉽지 않고, 스트레스는 남자들 안에 잠든 폭력을 일깨우는 자명종 구실을 한다. 문명이 발달하면서 자기통제 능력이 향상되었어도 인간은 자신을 철두철미하게 지배하지는 못한다. 살면서 생기는 스트레스는 자체 정화되지 않고 폭력으로 분출될 수 있는데, 이때 스포츠가 폭력을 대신한다. 스포츠엔 일상에서 느끼기 힘든 과격한 움직임과 격렬한 대립이 있다. 자기통제를 완화하면서 공격성을 어느 정도 뿜어내도 된다. 때론 자기통제가 지나치게 헐거워져서 운동경기 중에 싸움이 벌어진다. 중세 영국에서는 걸핏하면 유혈사태가 일어나 축구 금지령이 자주 내려졌다. 지금도 경기 중에 소동이 일어나는데, 사태가 심각하지는 않다. 야구선수들이 흥분해 자리를 박차고 뛰쳐나오더라도 자신들 옆에 잔뜩 쌓여 있는 방망이를 들고 나와 휘두르지는 않는다. 그만큼 인간은 문명화된 것이다.

스포츠는 남자들의 욕망을 반영하면서도 욕망의 분출구로서 활용된다. 스포츠를 통해 남자들의 욕망은 조장되고 조작된다. 남성성을 길들이는 일은 언제나 권력의 관심사였고, 권력은 남자들의 폭력성을 통제하는 방책으로 스포츠를 이용한다. 이를테면 뉴질랜드에선 남성성 과잉에 문제의식을 갖고 남자들을 온순하게 길들이는 데 럭비가 기여했다. 뉴질랜드의 거친 남자들은 스포츠에 열중한 만큼 일상에서 폭력을 덜 분출했다. 군사독재 시절 한국도 영화, 섹스와 함께 스포츠를 통해 남자들의 관심을 조종했다.

명문 축구단 FC 바르셀로나 역시 비슷한 역할을 해왔다. 바르셀로나가 있는 카탈루냐 지방은 분리독립을 추구하는 지역으로 스페인 정부로부터 오랜 세월 탄압받았다. 그러나 카탈루냐인들은 자신들과 비슷한 처지의 바스

크인들과 달리 해방단체에 가입하거나 마드리드 은행장을 납치하거나 폭발물을 터뜨려 자유에 대한 갈망을 드러내지 않았다. 레알 마드리드와 FC 바르셀로나의 경기에서 소란을 피우는 데 그쳤다. 바르셀로나에 떠도는 우화가 있다. 독재자 프랑코의 탄압에 감옥에 갇힌 두 남자가 있었다. 이들은 레알 마드리드와의 시합을 보고자 탈옥했다. 접전 끝에 바르셀로나가 승리해 두 탈옥수는 승리의 환희를 만끽했다. 레알 마드리드를 격파해 만족한 두 사람은 감옥으로 다시 들어갔다.

위대한 공동체를 제공하는 스포츠

인간은 자기 집단에 애정을 느끼는 본성이 있다. 공동체에 귀속되어 자긍심을 향상시킬 때 스포츠가 이바지한다. 많은 사람들이 자국 선수의 기록을 마치 자신의 성취처럼 느낀다. 운동선수의 업적을 개인의 노력에 따른 영광이라기보다는 민족과 국가의 성취로 판단하고 기쁨을 느끼는 건 열등감이 심한 나라일수록 강하게 나타난다. 과거에 한국도 그러했다.

일제의 압제에 시달리던 때에 손기정 선수의 올림픽 마라톤 금메달 소식에 한반도의 사람들은 감격했고 열광했다. 소설가 심훈도 벅차올랐다. 심훈은 새벽에 배달된 호외 신문을 읽으면서 이렇게 금메달을 땄는데도 우리가 약한 민족이냐며 울컥해 글을 썼다. 독립운동가 김구도 손기정의 마라톤 우승 10주년 기념식에서 자신은 손기정 때문에 세 번 울었다고 이야기했다. 일제 침략기에 사람들의 자아 인식은 나라를 빼앗긴 패배자였는데, 손기정의 승리는 이 모든 것을 송두리째 뒤집으면서 세계열강을 상대로 민족의 우수함을 증명하는 소식이었다.

많은 나라에서 스포츠를 국가의 대리전이라고 인식하기 때문에 운동선수의 활약은 민족의 우월함으로 둔갑한다. 자국 선수를 자기 집단의 대표로 여기면서 우쭐해지는 즐거움이 발생하는 것이다. 집단으로 분류해서 사고하고 행동하는 집단성은 인간의 본능이다. 모든 포유동물 집단 가운데 영장류의 사회성이 가장 발달했다. 인간의 사회성은 다른 동물과 비교할 수가 없어서 초사회성이라 불린다. 도덕심리학자 조너선 하이트는 인간의 90퍼센트는 침팬지와 같지만 10퍼센트는 벌과 같다고 비유했을 정도다. 집단성이 가동되면 인간은 벌처럼 행동한다.

집단성은 지역과 시대마다 강도가 약간 다를 수 있다. 예컨대 벼농사하는 지역에서 집단성은 더 강화될 수밖에 없다. 단기간에 노동력을 집약해야 하는 벼농사는 마을과 친족 단위의 집단성을 심화시켰다. 벼농사가 확산된 수천 년 동안 농업문화권은 집단주의를 신봉할 수밖에 없었고, 동아시아권의 유교는 바로 집단주의를 두엄 삼아 우거진 사상이다.

한편으론 집단성에 약간의 성차가 있을 수 있다. 남자들이 집단을 이룰 때 구심점이 있기 마련이고, 구심점은 대개 외부에 대한 적개심이다. 남자들은 적대하는 이웃 부족에 대항하며 공동체를 방어했다. 집단이 융성하면 그만큼 혜택 받고 집단이 패배하면 자신도 나락으로 떨어졌으므로 남자는 이기주의를 억누르며 집단에 헌신했다. 여자 역시 집단의 번영과 상관관계가 있었으나 약간의 개별성이 있었다. 여성은 근친상간을 피하고자 태어난 집단을 떠나 다른 집단으로 갔기 때문에 소속집단에 충성하는 경향이 덜했고, 이웃 부족에게 패배했을 때 남자는 몰살당해도 여자는 살려두었다.

여성의 관점에선 집단을 위해 희생해서 얻는 이익이 남자들만큼 크지 않았다. 오늘날에도 여성은 자기 집단을 떠나 이주한다. 페미니즘의 구호 가운데 "여성에게 조국은 없다"는 버지니아 울프의 발언이 자주 회자되는데, 이 구호는 국가가 여성을 차별해왔다는 통찰인 동시에 여성이 집단에 대한 귀속감이 덜하다는 사실을 반영한다.

남자들은 조직과 자신을 동일시하면서 높은 충성심을 보인다. 사회생활에서 남자다움은 경쟁을 통해 위계 서열을 맺은 뒤 헌신하는 태도로 간주된다. 남자들은 의리와 충성에 관심이 많고, 배신자를 매우 싫어한다. 공익을 위해 내부 고발한 사람이 따뜻하게 환영받지 못하는 까닭도 많은 남자들이 내부 고발자를 배신자로 인식하기 때문이다.

자기 집단에 대한 충성심은 근현대사에선 국가주의와 민족주의로 표출되었고, 때로는 이념과 결부되었다. 남자들은 민족성을 남성성이나 용맹함으로 정의하고, 민족에 대한 투철한 헌신을 강조해왔다. 애국심을 뜻하는 영어 patriotism의 첫음절 patrio는 부계나 남자를 뜻하는 접두사이다. 애국심 자체가 남성적인 것으로 정의되는 셈인데, 실제로 애국심은 남성적인 공격성과 연결된다. 호전성이 강한 남자일수록 다른 집단과의 경쟁에서 승리하고자 내부 결속과 애국심을 중시한다. 남자들의 집단성은 개인의 이기주의를 억누르며 무리의 이기주의를 도모하는 부족주의이다. 평소에 자애로운 사람일지라도 한 집단에 속하면 대적 집단을 배척한다. 팔이 안으로 굽듯 인간은 자기 집단의 우월성을 믿어 의심치 않는 부족주의에 함몰되기 십상이다. 부족주의는 다른 집단과 경쟁하는 과정에서 자신의 집단이 더 많은 자원을 확보하려는 본능에서 파생했다. 집단에 대한 갈망은 집단의 광기에 취약하다. 폭력성이란 불씨는 집단성이란 화약과 만나면 맹렬하게 폭발한다. 혼자서는 못 할 행동을 무리 지어서는 과감하게 저지른다. 부족주의 성향이 강한 사람일수록 인종주의, 업보, 운명, 카스트, 범죄에 대한 강경책, 군사주의, 기존 권위와 위계질서 수호에 더 끌린다.

　남자는 어릴 때부터 또래집단의 영향을 크게 받고, 의리를 중시한다. 또래집단의 영향력은 언어학습에서 뚜렷하게 나타난다. 아이들은 부모의 억양이 아니라 또래집단의 말투를 배운다. 또래집단은 어떻게 행동해야 하는지를 알려주고 요구한다. 유년기 남자 집단에서 남자다운 행동은 거의 의무이다. 여자아이 집단에서도 여성스러움을 조장하고 요구하지만 여성스럽게 행동하지 않는 아이에게 좀 더 너그럽다. 반면에 남자아이들은 불과 세 살반 정도 되었을 때부터 여자 놀이를 하거나 여자처럼 구는 남자아이를 놀리고 따돌린다. 네 살이 넘어가면 여자아이랑 노는 남자아이는 거부 대상이다. 걸음마를 시작하는 시절부터 남자아이들은 남자다움과 여자다움을 분간하고, 남자다움에 속한 행동을 하려고 들며, 옆에 있는 남자아이가 남자다운 행동을 해야만 친구로서 대한다. 다양성을 이해하고 포용하기까지는 지난한 교육이 필요하다. 성별에 따른 전형성을 강제하는 정도에 차이가 있고 집단성은 남성에게서 더 강하게 나타난다고 심리학자 주디스 리치 해리스는 설명한다.

　집단성과 사적인 관계가 충돌할 때 남녀는 도드라지게 대립한다. 여자는 친밀한 개인 관계에 큰 가치를 부여해 남자에게 가지 말라고 붙잡으면 남자는 자신을 끌어안은 여자의 손을 푼 뒤 다른 남자들과 함께 전쟁터로 향한다. 남자는 여자를 지키기 위함이라고 변명하지만 실상은 집단의 영광을 위해 싸운다. 남자에겐 집단의 영예가 사랑보다 우선순위에 있다.

　부족의 영광과 명예를 위해 목숨을 걸었던 선조의 피는 여전히 남자들에게 이어지고 있다. 현대사회에서 구단은 또 하나의 부족이고 남자들은 구단이란 부족에 가입해 열렬히 흥분한다. 응원하는 구단의 승리 여부는 이웃 부족과 벌인 전투 결과와 비슷한 기분 상태를 유도한다. 응원하던 구단이 패배하면 남자들은 테스토스테론 수치가 떨어져 기분이 처진다.

평화로워진 시대라고 해도 적과 싸울 때의 비장한 성스러움을 남자들은 원한다. 스포츠는 위대한 공동체를 현대인의 일상에 제공한다. 국가 대항전이나 오랜 맞수끼리의 대결일 때 엄청난 흥분이 일어나고, 숭고한 체험을 하게 된다. 승리를 이끈 스포츠 스타는 성스러운 영광과 거룩한 찬미를 받는다.

술 잘 마시는
모습이 남자답다?

남자들은 으레 운동하고 난 뒤 동료끼리 술 한잔하며 우애를 나누려고 한다. 남자들의 일상에서 술은 중요한 위상을 차지하고 있다.

술은 전 세계 어디에나 있으며, 인간의 몸은 알코올을 잘 흡수한다. 혈중농도 0.5퍼센트까지 허용할 수 있는 물질은 알코올 말고는 거의 없다. 주량도 남성성의 일종으로 평가받는다. 술 잘 마시는 남자는 다른 남자들에게 대단하다고 치켜세워진다. 여자들도 조금만 마셔도 얼굴이 빨개지면서 취하는 남자보다는 말술의 남자를 더 매력 있게 여기는 편이다. 여성은 남성보다 알코올 해독률이 낮고, 남자들이 음주 소비량이 훨씬 많다.

독일의 사상가 테오도르 아도르노는 남성성을 드러내는 단호한 명령권, 독립성, 남성들 사이의 말없는 맹세를 표현하는 몸짓은 불신 받아야 한다고 이야기했다. 2차 세계대전에 경악한 아도르노는 인간의 공격성과 권위주의 성격에 문제의식을 가졌고, 고압적인 남성성에 이의 제기했다. 과거에는 권력자들만 남성적인 몸짓을 했는데 민주화된 시대에는 말단 직장인도 밤늦게 담배를 피우며 독신자 숙소에서 간접조명을 켜고는 도수 높은 술을 마시면서 남성적인 몸짓을 한다고 아도르노는 우려했다.

술과 담배는 남자들에게 남자들 특유의 허세와 호승심을 일으킨다. 술과 담배에 대한 경고를 들을수록 더욱더 포기하지 못하는 남자들이 있다. 이렇게 몸에 안 좋은 걸 즐긴다는 걸 주변에 과시하려는 욕구가 무의식중에 작동하기 때문이다. 술과 담배는 청소년기부터 성년이 된 초반부에 가장 중독되기 쉽다. 이때는 자신의 지위를 높이기 위해 치열하게 경쟁하는 시기이다. 자신의 노력만큼 지위 향상은 쉽지 않고, 남들의 성공을 보면서 자신감이 떨어질 때 중독물질은 치명적인 유혹으로 다가온다.

술 잘 마시는 모습이 남자답다는 편견이 퍼져 있는 데다 남녀 관계의 진전에 술이 촉매가 되기 십상이므로 남자들은 술을 멀리하지 않는다. 여성과 술 마신다고 연애가 벌어질 리는 없지만, 여남이 함께 술 마실 때 흥겹게 흥분하면서 괜한 배짱이 생기고 감정의 조임쇠가 헐거워질 가능성이 높다. 남녀는 술기운에 취해 발그레한 얼굴을 풋풋한 연정으로 착각하기도 한다.

그러나 얼굴이 붉게 물든다는 건 알코올을 해독하는 능력이 떨어진다는 뜻이다. 술을 마셔 얼굴이 붉어지는 건 아시아인이기 때문이다. 아시아인 두 명 가운데 한 명은 술을 마시면 체온이 오르고 심장박동이 빨라지고 홍조 현상이 일어나는데, 타 지역 사람들은 술을 마셔도 얼굴색에 큰 변동이 없다. 알코올 해독률은 유전자의 차이에서 빚어진다. 아시아인 가운데 절반은 알코올을 분해해서 변환시키는 능력이 떨어진다. 인체는 각종 효소와 여러 장기를 동원해 알코올에서 열량을 뽑아내는데, 주로 간이 담당한다. 알코올을 분해해 합성된 열량은 지방으로 저장된다. 알코올을 분해한 뒤 성분을 변화시키는 능력이 떨어지는 사람은 조금만 술을 마셔도 어지러움과 메스꺼움이 동반되며 상반신으로 피가 몰린다. 알코올 분해 능력이 떨어지면 음주가 고역이라 중독될 염려가 없는데, 유럽인 가운데는 알코올을 분해하는 능력이 떨어지는 사람이 별로 없다. 그 이유는 문화와 관련 있다. 현대처럼 수도관을 통해 깨끗한 물이 공급되지 않았던 시절에 물의 오염은 심각한 골칫거리였다. 유럽에서는 발효로 생긴 알코올로 물을 소독해 사용하면서 맥주가 다양하게 발달했다. 아시아권에선 열을 가해 물을 끓여 마시면서 차 문화가 발달했다. 알코올을 섭취한 뒤 해독하는 능력에 있어서 아시아는 유럽만큼 진화의 압력이 가해지지 않았다.

아시아에선 술 권하는 문화를 통해 스스로 알코올 해독률을 높이는 남자들이 많기는 하다. 술이 잘 받지 않더라도 억지로 술 마시다가 술고래가 되어버리는 것이다. 설문 조사하면 대다수 남자들은 폭음을 어리석은 짓이라고 생각하지만 다른 사람들은 술 마시고 취하는 걸 좋아한다고 생각한다. 비록 자신은 술 마시는 걸 그리 즐기지 않더라도 남들이 음주를 즐긴다고 여기며 남들과 어울리고자 과음 문화에서 벗어나지 못한다. 이건 공산주의 정권의 말년과 비슷하다. 당시 동구권과 소련의 인민들은 불만에 가득 차서 공산당 지도부를 불신했다. 하지만 타인들은 공산주의를 여전히 지지할 거라고 생각했다. 그래서 공산 정권이 유지되었다. 남들은 폭음을 즐긴다는 지레짐작과 타인에게 괜히 눈총 받을 짓을 하지 않으려는 인간의 순응성이 결합해서 흥청망청 술문화가 수그러들지 않는다.

남자들이 술에 기대는 건 남자 세계의 경쟁 탓도 있다. 위계 서열이 심한 사회일수록 남성은 그악스레 싸우고, 그 과정에서 스트레스를 지독하게 받는다. 술은 남자들의 속을 쓰리게도 하지만 쓰라린 마음을 달래준다. 술은 우울한 삶을 버텨내게 해주는 항우울제이다. 불평등한 세상에서 술은 인간을 평등하게 취하게 만든다. 현실을 자각하고 싶지 않은 남자들은 어둠이 찾아오면 불안과 공포를 감지하고는 술병을 딴다. 복잡한 머릿속을 지우고 싶은 것이다. 취하는 건 아주 간편한 현실도피책이다. 술을 마시면 자기비판 능력이 저하된다. 술에 취하면 호탕하게 웃으면서 남자답게 군다. 무서운 현실에 치여 자부심이 쪼그라든 남자가 술만 마시면 무서운 게 없어진다.

남자는 남자로서 살기를 힘겨워한다. 남자다움이란 그저 주어지는 게 아니라 성취하고 도달해야 하는 과제이다. 화가 폴 고갱은 항상 강해야 한다는 강박, 보호자가 되어야 한다는 지겨운 역할, 무거운 짐을 질 수 있도록 어깨가 튼튼해야 한다는 압박을 토로했다. 폴 고갱은 단 1분만이라도 복종하고 약한 존재가 되기를 바랐다. 다른 남자들도 비슷하다. 술 마시면 그동안 자신에게 부과되었던 의무와 책임, 자신을 얽어매는 도덕과 강박을 잠깐이라도 내려놓게 된다. 남자들은 빨리 흥청망청 취해버리려 한다. 술은 사람이 무엇을 억압하면서 사는지 드러낸다. 평소엔 말쑥하고 말끔하며 말짱해 보이던 남자들이 술에 취하면 느닷없이 울거나 뜬금없이 하소연한다. 술은 평소에 하고 싶지만 자제할 수밖에 없었던 그것들을 하도록 만든다.

술은 쾌락을 주지만 그 쾌락은 부질없이 짧고 허약하다. 신경과학자 안토니오 다마지오는 술이 창조하는 행복감은 점점 더 짧아지다가 거의 완전히 사라져버린다고 지적한다. 술을 비롯한 약물은 뇌의 쾌락 부위를 직접 자극하면서 만족감을 주지만 장기 복용하면 쾌락은 얄팍해지고 생명은 위태로워진다. 술에 중독되면 느낌이 느낌이 왜곡되고 육체가 손상되며 질병이 생기고 끝내 죽음에 이른다. 남자들은 불콰한 얼굴이 되면 생활하면서 생겨난 불쾌함이 유쾌하게 변경되니 음주를 괜찮다고 생각하지만, 술이 빚어내는 행복감은 신체가 뇌에 알려줘야 하는 사실 정보로부터 만성적으로 일탈시킨다. 허무와 불안과 공포와 우울과 긴장은 자신이 처한 현실에 따른 진실한 반응이고, 인간은 고통을 견디면서 변화를 시도한다. 그런데 음주는 고통을 잊게 하면서 자신에 대한 정보를 왜곡시킨다. 단 한 번의 만취에도 수십만 개의 뇌세포가 파괴된다. 술 마신 다음 날 머리가 지끈거리는 건 뇌세포 연결망이 끊어진 데 따른 고통이다. 자주 음주할수록 앞날을 멀리 보며 판단하는 의사 결정 능력이 훼손된다. 가뜩이나 충동적이고 공격적인 남자들은 술 마시고 후회할 일을 저지르기 쉽다. 아일랜드에서 위스키 소비량이 반으로 줄자 살인사건 역시 반토막 났다. 술은 미래의 근시로 만든다. 술에 취해 살았던 보리스 옐친은 전용기에서 혼자서는 내려오지도 못했다. 국빈을 영접할 때 경호원들의 부축을 받아야 할 정도였다. 만취 상태의 옐친은 블라디미르 푸틴을 후계자로 정하면서 러시아의 민주주의를 암울하게 만들었다.

중독자들은 음주를 즐긴다고 착각한다. 언제든지 술을 마시지 않을 수 있다는 호언장담은 알코올 중독자들의 한결같은 변명이다. 습관성 음주란 죽음으로 가는 발걸음이지만 중독자들은 멈추지 못한다. 이들은 먼 미래에 자신이 생존할 수 있다고 생각하지 않는다. 장래가 보장되지 않는 상황에서 술의 해로움을 염려하는 건 사치스러운 일이다.

랠프 월도 에머슨은 인간이 일종의 주정뱅이 상태에 있지만 정신을 차리면 자신이 진정한 귀족이라는 사실을 깨닫게 된다고 말했다. 술에 기대지 않고 자기 삶을 담담히 당당히 살아가는 남자들이 많아질수록 사회 수준도 높아진다.

길거리에서
담배를 빨고 있는 남자들

　담배는 술과 함께 남자들의 오랜 기호품이다. 남자들은 청소년기부터 담배의 유혹을 받는다. 학창 시절에 담배를 피우면 기존 권위에 저항하며 일탈하는 분위기를 연출할 수 있다. 인정투쟁을 벌이는 청소년들은 일부러 담배를 피우며 자신을 만만하게 보지 말라는 신호를 보낸다.

　여성의 흡연율이 대폭 상승했더라도 성별에 따른 흡연율은 현격한 차이를 보인다. 흡연하면 살이 빠진다는 말에 혹해 담배를 입에 물더라도 흡연할수록 피부가 손상되는 걸 느끼고는 끊는 여자들이 많다. 특히 임신을 앞두고 여자들은 금연하려고 노력한다. 임산부가 흡연과 음주를 할 경우 다른 모든 변인을 통제하더라도 아이가 반사회적 행동을 하거나 범죄자가 될 확률이 두세 배 높다. 간접흡연도 위험하다. 나쁜 양육 방식과 다른 요소들을 감안하더라도 임신기간 중에 남편이나 동료의 간접흡연에 노출된 태아는 출산 후 행동장애를 일으킬 가능성이 치솟는다. 흡연은 미래의 희망을 까맣게 그을리는 행위다.

　남자들은 피부가 남성성 향상에 별로 중요하지 않은 데다 대중매체에서 담배와 남성성을 연결해서 보여주기 때문에 담배를 끊을 이유가 좀 적다. 다만 담배를 피우면 체력이 떨어지고 정력이 약해질 수 있다는 경고가 금연의 계기가 되기는 한다. 더구나 오늘날엔 금연의 바람이 거세다. 토머스 홉스는 건강에 좋다고 믿고 하루 종일 담배를 입에 물고 살았다. 불과 수십 년 전까지만 해도 남자들 대다수가 흡연했다. 하지만 요즘은 담배를 피우면 미개인 취급을 받는 분위기가 형성되었다. 이런 와중에도 길거리에서 담배연기를 내뿜는 사람들이 있는데, 대부분 남성이다. 남자의 흡연율이 훨씬 높은 데다 여자들이 구석진 데서 몰래 피운다는 점을 감안하더라도 남자들의 노상 흡연은 여러모로 의미심장하다.

대개 남자는 여자보다 자기중심성이 강하다. 연애 과정에서 여자들이 겪는 체험 가운데 하나가 남자의 배려 부족이다. 남자가 공감 능력이 부족하다는 건 여러 연구에서 나타나고, 아주 어릴 때부터 차이가 발생한다. 자신의 행동이 타인에게 어떤 영향을 미치는지 많은 남자들이 헤아리지 못하기 일쑤다. 길거리 흡연은 이런 남자의 단점이 도드라지게 드러나는 현상이다. 자기만의 쾌락을 위해 담배연기를 무턱대고 내뿜음으로써 다른 사람들에게 불행을 유발하면서도 자각하지 못하는 남자들이 너무나 많다.

흡연자가 가해자처럼 느껴지는 오늘날, 담배가 고독을 자초하는 자해 기구가 되는 상황이다. 주위를 아랑곳하지 않고 길거리에서 담배를 뻐금뻐금 피우는 남자들은 그 자체로 쓰라리도록 고통스러운 사회 풍경이다. 주위 사람들이 어떤 반응을 하는지 무서울 정도로 무감각한 남자들의 마음은 고독하게 마비되어 있다. 남들 따위는 신경 쓰지 않는 수많은 흡연자들의 모습은 인류 사회에서 남자들이 어떻게 살아왔는지를 얼핏 드러낸다.

한편으론 흡연자의 자리가 너무나 빠르게 위축되는 걸 넘어서 흡연자에 대한 비난이 휘몰아치는 건 다른 각도에서 성찰할 지점이다. 남자들의 노상 흡연을 엄중하게 제지해야 하지만 이와 아울러 자기 안녕에 대한 강고해진 집착에 질문을 던질 필요는 있다. 타인을 향한 매섭고 매몰찬 태도 자체가 현대사회를 고독하게 만든다. 자신의 이익만을 최우선하면서 흡연자를 원수처럼 대하겠다는 태도가 자신을 외롭게 만든다. 비흡연자들을 위해 조심해서 흡연하고, 비흡연자도 흡연자가 겪는 고충을 헤아리는 관계를 우리는 상상할 수 없을까?

세상은 흡연자가 소수자가 되는 방향으로 나아가고 있다. 담배를 으레 피우는 사회문화 속에서 당연하게 담배를 피웠듯 이제는 변화된 시대에 맞춰 많은 남자들이 담배를 끊고 있는데, 흡연을 두고 계층화 현상이 나타났다. 금연 흐름에 중상류층은 신속히 반응했다면 중하류층은 더디게 반응했다. 담배가 건강을 해치고 수명을 줄인다는 정보가 중하류층 남자들에게선 신통한 효과를 보지 못했다. 중하류층 남자들에겐 먼 미래의 건강보다 당장의 고통을 누그러뜨리는 일이 더 시급하고, 삶이 너무나 힘들기 때문에 흡연의 쾌락마저 없다면 일상을 견디기 어려울 수 있다. 삶이 위태로우면 당장 불안을 누그러뜨리는 일이 중요하다. 담배연기를 깊숙이 빨아들이면 담배에 있는 해독 물질 때문에 나른한 어지러움과 멍해지는 이완감이 생긴다. 담뱃값을 올리면 주머니 사정 때문에 어느 정도 금연 효과가 생길 순 있더라도 흡연 욕구 자체를 없앨 수는 없다. 어차피 이래 죽으나 저래 죽으나 똑같을 만큼 삶이 버겁다면 담배의 해로움은 약과이다.

쥐 실험을 통해서도 밝혀졌듯 스트레스와 중독성은 연관관계가 있다. 쥐가 막대를 누르면 중독물질을 주입받을 수 있었는데, 모든 쥐가 중독되지는 않았다. 일부 쥐만 반복해서 약물을 자기 몸에 주입했고, 약물에 중독된 쥐는 그 전에 스트레스를 받았다는 공통점이 있었다. 남자들 사이의 경쟁은 스트레스의 원흉이고, 지위가 낮은 남자들은 엄청난 스트레스에 시달리다가 여러 중독에 취약해진다. 사회 하층이거나 지위 경쟁에 따른 스트레스를 잔뜩 받는 남자들은 술과 담배에 중독되기 쉽다. 스트레스를 받은 사람은 약물이 자기 몸에서 엄청난 일을 일으키며 자신을 위안해준다고 잘못 생각하게 되고, 스트레스를 받을 때마다 약물이 자꾸 생각나게 된다. 비가 와 처마 밑에서 처량하게 피울지라도, 건물 자체가 금연 구역이라 추운 날씨에 밖에 나가 벌벌 떨면서 피우더라도, 남자들은 담배를 태우면서 자기 마음을 애태우는 고민과 고독을 누그러뜨리려 한다. 담배는 합법화된 마약이다. 담배를 끊은 사람과는 상종하지 말라는 우스개가 있을 만큼 담배의 중독성은 무시무시하다. 많은 남자들이 담배를 끊겠다고 말하더라도 속으론 담배의 유혹을 이길 수 없다는 사실을 어렴풋하게나마 인식한다.

담배가 주는 쾌락엔 아기로의 퇴행과 연관되는 지점이 있다. 아기는 엄마의 젖꼭지를 빨려는 본능이 있고, 뭔가를 물고 빨려는 본능은 여전히 우리에게 남아 있다. 흔히 '담배를 빤다'고 표현하듯 담배는 갓난아기 시절에 물고 빨았던 젖꼭지를 대체하는지도 모른다. 낯선 세상에서 불안해진 아기가 엄마 젖꼭지를 물면서 울음을 그치듯 마음이 울렁거리는 남자들은 담배를 물면서 자신을 다독이는지 모른다.

담배의 유혹은 마음의 추위와 비례한다. 주변에 칼바람이 불수록, 마음이 허할수록, 담배의 유혹은 달콤하다. 수많은 남자들이 담뱃불의 온기에 의지해 싸늘한 삶을 견디고 있는지 모른다. 아무리 강한 사람이라도 고통스러운 생 앞에서 흔들린다. 흡연자들은 담배의 불씨와 몸으로 퍼져 나가는 담배연기를 보호막 삼아 삶의 고통을 견딘다. 많은 남자들이 삶과 벌이는 고통스러운 격전에서 금세 패퇴할지 모른다는 두려움에 담배라는 무기를 놓지 못한다.

남자들은 담배를 봉수대처럼 이용하는지도 모른다. 삶이 힘겨울 때마다 담배에 불을 붙이고 연기를 내뿜으면서 긴급 구조 요청을 누군가에게 보내는 것이다.

평균수명의
격차

위생이 나아지고 의학이 발달해 평균수명이 상승하고 있는데, 남성과 여성의 평균수명은 갈수록 격차가 생긴다. 오늘날 거의 모든 사회에서 6~8년 정도 차이가 난다. 비서구권에다 민주화가 안 된 사회라면 차이는 더 확연하다. 어느 사회건 갓난아기부터 노인까지 전 연령대에서 남자의 사망률이 높다.

전체 남성 임금을 100으로 놓고 산출한 여성 임금 비율을 어떻게 하면 100에 가까워지게 할 수 있을지 고민하면서 고위직 여성 비율이 상승하도록 제도 개선에 적극 나서고 있는 반면, 남성의 환경을 개선하고 사망률을 낮춰서 평균수명의 성평등을 이뤄야 한다는 생각은 아무도 관심을 두지 않는 실정이다.

남자의 삶이 짧은 이유는 뭘까? 우선 남자들 스스로 자초한 면이 크다. 남자들은 서로에게 폭력을 저지르면서 고통스럽게 살아간다. 스트레스에 반응해 생성되는 코르티코스테로이드는 면역억제제 역할을 한다. 위급한 상황에선 일단 살아남는 게 급하니 내부 방어 체계에 써야 할 에너지를 끌어와 대응한다. 여러 형태의 압박과 폭력에 노출된 남자들은 코르티솔 같은 코르티코스테로이드로 힘을 얻으면서 불안과 공포에 맞선다. 폭력적인 현실에서 남자들은 미래의 생명을 당겨와 미리 써버리는 것이다.

남성의 신체가 본래 더 약한 점도 평균수명에 영향을 미친다. 수컷의 육체는 생존에 불리할 때가 많다. 코로나19에 감염되면 남성의 사망률이 더 높았다. 대다수 포유류 동물과 비슷하게 곤충조차도 암컷보다 수컷이 면역계가 더 약하고 기생생물 부하가 더 크고 생존율이 더 낮다.

극심한 경쟁도 한몫 톡톡히 할 것이다. 남성과 여성의 신체 차이는 남자들 사이의 경쟁이 어마어마하게 격렬했음을 의미하고, 남성과 여성의 몸집 차이가 클수록 사망률의 격차가 커진다. 타인을 이기려는 과정에서 삶의 건강이 파괴된 남자들이 수두룩하다. 출세를 욕망한 만큼 좌절했을 때의 후폭풍은 무시무시하다. 과로하며 뼈빠지게 노력했음에도 체면을 세울 만한 성취를 거두지 못한 남자들은 몸과 마음이 비틀어진다. 명함에 새겨진 몇 글자를 얻고자 삶을 쏟아부은 남자들은 자신의 업적에 도취되더라도 삶의 공허감에 시달리기 일쑤다.

위험을 과소평가하는 기질도 수명을 단축시킨다. 젊은 남자들은 위험한 일을 저지르면서 동년배 여자들보다 더 많이 죽는다. 남자가 위험에 둔감한 건 신체 자극의 둔감함과 관련된다. 남자는 심장박동과 맥박이 여자보다 덜 빠르게 상승한다. 남자는 여자보다 청각이나 촉각 등 감각기관이 덜 민감하다. 남자는 신경섬유가 더 적다. 전기피부반응 검사를 하면 여자는 남자보다 피부의 접촉에 열 배나 더 민감하게 반응한다. 똑같은 강도의 통증을 남녀에게 부과하고 대뇌를 단층촬영하면 남자의 뇌는 더 적게 활성화된다. 남자는 똑같은 물리적 고통에 덜 아프고, 피부감각이 둔해 물리적 타격을 덜 두려워한다. 남자들이 통증에 훨씬 잘 견디는 신체를 지니고 있어서 만성통증 환자는 여자들이 남자들보다 훨씬 많다.

아픔을 덜 느끼고 위험을 감수하려는 경향 때문에 젊은 남자들이 일찍 죽는 건 이해가 간다. 그렇다면 나이가 들어 결혼하고 지위 경쟁에 대한 압박이 감소하면 사망률의 차이가 줄어들리라 예상되고, 실제로 세계의 여러 나라들은 30~50대에 여성과 남성의 사망률 차이가 감소한다. 그런데 한국은 오히려 더 벌어지면서 사망률이 세 배나 더 높다. 한국의 남자들은 성공에 대한 압박과 과로, 스트레스에 따른 과음, 가정불화, 온갖 질병과 노화에 시달리면서 죽음으로 내몰린다. 특히 중년 남자들이 자살을 많이 한다는 건 화려한 한국 사회의 섬뜩한 그늘이다. 남자들은 힘겨운 상황에서도 남에게 손을 내미는 것에 수치심을 느낀다. 남자는 강인함과 독립성을 추구하면서 도움을 청한다는 발상 자체가 제약을 받는다.

남자들이 열심히 건강을 해치면서까지 애면글면하다가 일찍 죽는 건 인류사에서 늘 반복되어온 일이다. 인류 사회의 발전은 남자들의 경쟁을 동력 삼아 이뤄졌고, 경쟁에서 이겨야 했던 사회체제는 남자 구성원들을 최대한 쥐어짰다. 여성은 아이를 낳을 수 있기에 사회 재생산에 꼭 필요하지만 남성은 모두가 반드시 있어야 하지는 않았다. 강하지 않은 남자는 천시되었고, 강한 남자더라도 상황에 따라 소모품처럼 취급되었다.

남자들이 평소엔 우대받더라도 위급한 순간엔 생명 포기를 요구받는다. 일부 남자들은 명성과 재력이 엄청나서 누구보다 가치 있다고 자부할지 모르지만 급박한 상황에선 여성이 우선 구조 대상이라는 사실을 받아들인다. 예컨대, 타이타닉 침몰 때 압도적으로 여성이 더 많이 생존했다. 2등실 남자 승객은 8퍼센트만 살아남았으나 2등실 여자 승객은 86퍼센트, 아이들은 100퍼센트 살았다. 위급 상황에서 계급은 어느 정도 작용했다. 1등실에 탄 여자 승객은 생존율이 97퍼센트였는데 3등실 여자 승객은 46퍼센트였다. 그럼에도 3등실 여자 승객의 생존율이 1등실 남자 승객의 생존율보다 높았다. 1등실 남자 승객의 생존율은 33퍼센트였고, 3등실 남자 승객의 생존율은 16퍼센트에 불과했다.

남자들의 목숨이 하찮게 취급되는 현상은 남성과 여성의 대립에 고정되었던 시선을 남성과 여성을 관리하며 지배하는 사회체제로 확장시킨다. 인류 사회는 여성과 남성을 다른 방식으로 이용하면서 번성해왔다. 역사를 훑어보면 남자에게 더 많은 혜택이 주어졌지만 그만큼 노동력을 가혹하게 착취당했다. 오늘날에도 산업재해로 엄청난 수의 남자들이 다치고 죽지만, 산업현장은 여전히 남성의 안전을 그리 중시하지 않는다. 미국 노동부 통계를 보면 근무 중 사망한 성비는 열두 배 차이 난다. 세상은 남성의 안녕보다는 그들로부터 도출할 수 있는 노동력에 훨씬 흥미를 보인다. 출입국 통계에 따르면 이주 노동자의 대다수가 남성이다. 반대로 결혼 이민자의 절대다수가 여성이다. 권력은 국경을 넘는 조건으로 남성에게는 노동을 요구하고 여성에게는 성을 요구하는 것이다.

세계 여러 나라에서 정책의 여성 친화성을 높여 여성이 안심하고 살 수 있도록 노력하듯 남자에 대한 이해를 기반으로 건강 정책을 세우고 있다. 남자는 여자보다 신체의 부상을 초래하는 상황을 덜 무서워하고 건강 문제에 관심이 덜하며, 병원에도 덜 간다. 그동안 보건당국이 건강을 과신하는 남성을 비난해왔다면 이제는 남자들이 의학 지식과 의료시설에 쉽게 접근할 수 있도록 유도하는 방향으로 변하고 있다. 아일랜드를 시작으로 여러 나라들이 남성 친화성을 높인 남성건강정책을 선포했다. 앞으로 더 많아질 것이다.

고통에 대해 천착해온 작가 아서 프랭크는 통증이란 자기를 돕기 위해 생겨났다고 주장했다. 남자들이 자신의 통증을 숨기려 하지 말고 통증을 통해 건강함을 추구하면 실제로 더 건강해진다. 여자들이 아픈 사회에서 남자들 역시 탈날 수밖에 없듯 반대도 마찬가지이다. 여성이 살기 좋은 사회를 지향해야 하는 이유이고, 남자들의 건강에 좀 더 관심을 쏟아야 하는 이유이다.

남자의
분노 의존

여자들이 실제 자신의 힘보다 더 약한 척을 한다면, 남자들은 더 강한 척을 한다. 남자들은 두려움과 슬픔과 우울과 불안 등등의 감정을 좀처럼 인정하지 않으려 한다. 넬슨 만델라는 자서전에서 어릴 때부터 고통을 견디고 감춰야만 남자답다는 분위기였다고 회고했다. 부족의 성인식에서 발가벗은 소년은 창으로 할례를 받은 뒤 자신이 남성이 되었음을 소리쳐야 했다. 남성의 가장 취약한 포피를 단번에 도려내면서 참을 수 없는 고통이 들이닥치는데 청소년들은 울상을 짓지 말고 씩씩하게 자신이 남자임을 선포해야 했다. 만델라도 자신이 남자가 되었다고 소리치기 전에 몇 초간 망설였는데 그때 수치스러웠다고 털어놓았다. 옷을 발가벗고 성기 포피를 잘라내는 의식이 수치스러운 게 아니라 남들처럼 남자답게 소리치지 못한 것에 수치스러움을 느낀 것이다. 소년은 울 수 있어도 남자는 고통을 감추어야만 한다고 만델라는 썼다.

남자는 늘 자신이 괜찮은 줄 알지만 남자의 괜찮음은 편찮음일 때가 많다. 진정으로 생생하고 건강한 남자라면 다양한 감정을 적절하게 표현할 수 있어야 할 텐데, 남자들은 도통 그렇지 못하다. 겉으론 강해 보이더라도 속사정을 살피면 처참하다. 거의 탈진하거나 탈난 남자들이 많다. 고독과 우울과 짜증으로 범벅된 남자들은 분노로 반응한다. 남자들은 대개의 부정적인 감정을 분노로 전환해서 표출한다. 우울은 울화로 치밀고 불안하면 갑자기 욱하며 슬퍼도 울부짖으면서 주먹을 휘두른다. 분노는 남자들에게서 오용되고 남용되고 과용된다.

남자의 분노 의존은 타인에게 상처를 입었을 때 두드러진다. 남자들은 분노하며 복수한다. 폭력이나 성적 학대를 당한 남자아이가 커서 비슷한 짓을 저지르는 가해자가 되기 쉽다. 반면에 여자들은 두 가지 행태를 취한다. 먼저 왜 상대가 나에게 상처를 줬을지 고민하면서 상대를 이해하려고 애쓴다. 그렇지 않으면 상대에게 동정심을 유발하면서 자신을 탓한다. 여자도 분노하지만 화를 안으로 삭이다가 자기파괴 쪽으로 치닫는다면, 남자는 외부를 향해 터져 나와 주변을 불바다로 만든다.

남자에게 분노가 얼마나 뿌리 깊게 작용하는지 알 수 있는 지점은 우울 증세의 차이이다. 우울함을 호소하는 성별은 대개 여성이다. 여자는 손가락 하나 못 움직일 정도로 무기력해진다. 우울한 여자는 가까운 친구에게 전화해 몇 시간씩 자신의 세세한 고통을 시시콜콜하게 늘어놓거나 상담사를 찾아다니며 하소연한다. 우울을 통해 타인에게 도움을 받는다. 반면에 남자는 우울하더라도 우울증이라고 진단받지 않을 때가 많다. 우울증 측정에서 낮은 점수를 기록하지만 그건 우울하지 않다는 게 아니라 자신에게조차 고통을 감추며 억누르기 때문이다. 남성 우울증은 분노 조절 장애와 폭력으로 나타난다. 남자의 난데없는 폭력은 그 사람이 겉보기엔 멀쩡해 보였을지 몰라도 우울증에 뇌가 잠식되었음을 일러준다.

남자의 폭력은 우선 주변으로 터져 나온다. 인류사 내내 아내와 자식에게 남자의 폭력이 쏟아졌다. 남자들은 가정의 울타리 안에서 자신의 울화를 쏟아내었으나 요새는 가정을 이루기도 어려워지자 남자들은 특정 지역이나 인종 또는 여성 전체를 싸잡아 모욕하는 형태로 터뜨린다. 누리집에 악성댓글이 넘쳐나고 여성혐오가 득실거린다는 건 그 사회에 우울한 남자들이 우글우글하다는 방증이다. 세상의 가장자리까지 밀려나 존재감이 사라져 우울한 남자는 '묻지마 범죄'를 저지르면서까지 자신의 존재를 드러내려 한다.

우울한 상태에서도 표출되는 분노를 보면 남자의 뇌엔 분노를 관장하는 부위가 발달했으리라고 추측해볼 수 있는데, 실제로도 그러하다. 공포와 분노 그리고 공격성을 관장하는 편도는 여자보다 남자가 더 큰 반면에 공포와 분노 그리고 공격성을 제어하는 전전두엽은 여자가 더 크다. 남자는 여자보다 빨리 그리고 더 무모하게 분노가 작동한다. 남자의 편도는 테스토스테론 수용기를 많이 갖고 있어서 분노에 대한 반응이 금세 고조된다. 젊은 이들은 테스토스테론 수치가 올라가면 별 이유 없이 흥분한다. 테스토스테론 수치가 내려가면 남자들은 좀 더 차분해진다. 테스토스테론 수치가 높은 여자들도 좀 더 빈번하게 분노를 폭발하는 경향이 있다.

분노가 이토록 남자에게 과잉되어 발달한 까닭은 분노가 앞 시대 남자들의 생존과 번식에 중요했기 때문이다. 지금이야 쉽게 흥분하는 다혈질 남자는 사고뭉치라며 손사래를 치지만 과거에 적을 공격할 땐 남자답다고 평가받았다. 애덤 스미스는 적절한 분노를 결여하고 있다면 남자다운 성격에 매우 본질적인 결함이라고 서술했다. 물론 시대는 달라졌다. 예전엔 분노의 결여가 남성성의 흠으로 치부되었으나 오늘날엔 분노 과잉이 남성성의 결점 가운데 하나로 평가되고 있다. 사람들은 아기가 똑같이 울더라도 남자애라면 분노와 연관해서 해석하고 여자아이라면 두려움과 연관해서 해석한다. 남자들의 분노가 워낙 지독하니 아기의 눈물조차도 성별에 따라 다르게 해석되는 것이다. 대부분 사람들은 여자가 두려움을 느낄 때 안타까워하며 도와주고 싶어 한다면 남자가 분노할 때는 진저리를 치며 피한다. 남자의 화는 타인을 밀어내면서 자신을 궁지로 몰아넣는 행위가 된다.

분노는 타인을 불태우기에 앞서 자신의 마음을 불사르는 화염이다. 분노를 자주 터뜨리는 남자들의 마음은 잿더미가 될 수밖에 없다. 성인 남자 가운데 생생하고 말랑말랑한 마음을 지닌 남자를 찾기가 쉽지 않다. 여자들도 살다 보면 마음이 황폐해지나 여성은 고통을 호소하고 상담 받으며 치유하고자 노력이라도 하는데, 남자들은 도통 그러지 않는다. 남자들 가운데 옆에서 보면 마음의 병을 앓고 있는 게 분명한데도 자신은 멀쩡하다고 우기는 이들이 부지기수다.

남자의 심리 문제는 무지로 겹쳐져 있다. 남자들은 자신의 심리에 문제가 있다는 발상 자체를 좀처럼 하지 못하는 데다 마음을 잘 들여다보지 않아 자기 상태가 어떠한지조차 잘 모를 때가 많다. 남자들은 자동차는 꼬박꼬박 정기 검사를 받으면서도 막상 마음을 점검하지는 않는다. 외롭고 힘든 시간을 겪다 보면 마음에 생채기가 나기 마련이고, 그렇다면 고통을 치유해야 할 텐데 남자 가운데 자신의 마음에 문제가 있을 수 있다고 인정하는 경우는 정말 드물다. 자기의 문제를 자각하는 남자는 대단히 사려 깊고 용감한 사람이다.

많은 여자들이 자책과 후회로 마음이 얼룩져 있다면 많은 남자들은 오만과 이기심으로 마음이 굳어 있다. 여성은 자신을 지나치게 비하하면서 스스로를 비난하는 습성이 있다면 남성은 자신을 과대평가하면서 외부를 공격하는 습성이 있다. 남자는 자신이 옳다는 믿음이 너무나 강한 나머지 자신에게 문제가 있으리라는 생각을 아예 하지 않는다. 유대 신화에서 아담은 이브의 유혹에 넘어갔을 뿐 자신의 잘못이 아니라고 신에게 변명했다.

인간의 성정은 타고나지만 상황과 환경에 따라서 변모한다. 오늘날엔 과거처럼 분노를 터뜨리는 남자가 아니라 자신의 마음을 잘 다스리는 남자가 우대받는다. 사회문화의 압력으로 남자들의 자기 조절 능력이 향상되어가고 있다.

건강하려면
장만해야 할 삶의 기술

남자들은 대개 자신이 건강한 편이라고 여긴다. 실제로 남자들은 운동을 즐기는 데다 여자들보다 근육이 쉽게 붙기 때문에 신체가 더 탄탄할 수 있다. 그러나 건강은 단지 육체의 근육으로 결정되지 않는다. 삶의 총체에서 비롯된다. 머릿속의 생각과 삶의 방향, 일상을 영위하는 자세와 만나는 인간관계, 이 모든 걸 조화로이 아울러야 건강할 수 있다.

남자들은 몸에 좋은 음식을 먹고, 달리기를 하고, 근력운동을 하면 건강을 챙겼다고 생각하는데, 막상 중요한 점을 빼놓기 쉽다. 바로 자기 삶의 외부와의 건강한 교류이다. 자신의 몸조차도 언제나 외부와 연결되어 있다. 사회환경이 황량하고 자연이 파괴된다면 인간의 몸도 탈이 나게 마련이다. 여자들은 타인과 아주 친밀한 정서 관계를 맺는 경향이 있는데, 남자들은 지인은 많아도 관계의 깊이가 떨어지는 경향이 있다. 관계가 얕은 만큼 남자들은 친하다고 생각하는 사람과 자주 연락하지 않고 서로의 신변에 무슨 일이 있는지 모를 때가 흔하다. 타인과 내밀하게 관계를 맺지 않기 때문에 누군가와 멀어져도 남자들은 여자만큼 타격받지 않는다. 평소에도 기대지 않았으니 상대가 떠나가도 그만인 셈이다. 하지만 바로 그 때문에 남자들은 늘 마음 한구석이 쓸쓸하고 외롭다.

그리스의 한 마을엔 함께 비가를 부르는 전통이 내려온다. 그리스 여자들은 사랑하는 사람을 잃은 슬픔을 다른 여자 앞에서 즉흥의 노래로 부르면서 달랜다. 여자들이 돌아가며 비애와 한을 토해내고, 타인의 슬픔에 감정이입하면서 분위기는 최고조에 오른다. 발리섬에서도 이와 비슷한 의식이 있다. 발리의 여인들은 사랑했던 사람을 잃은 고통을 다른 사람들 앞에서 표현해 위로받는다. 한국에서도 여자들은 장례식에서 곡소리를 내며 울부짖는데, 슬픈 상황에서 울음을 터뜨리는 건 세계 여자들의 공통성이다. 이처럼 여자들은 자신의 아픔을 나누고 타인의 고통에 공감하며 서로 위로한다. 혼자 고통을 겪으면 삶이 파손되지만 함께 고통을 겪으면 관계가 더 든든해지고 새로이 삶을 시작할 수 있다. 여자들이 타인의 지지를 받으면서 고통에 무너지지 않는다면 남자들은 자신의 고통을 남에게 털어놓지 않고 혼자 끙끙대다가 무너져버린다. 어려운 문제가 생겼을 때 의논하는 상대도 대부분 여성이다. 남자는 다른 남자에게 자신의 곤경을 내보이면 속으로 자신을 경멸할까봐 두려워한다.

고독은 남자와 여자 모두에게 위험한 요인이다. 고독은 하루에 한 갑의 담배를 피우는 정도로 건강에 해롭다는 연구도 있다. 남자는 자신이 고독한 줄도 모른 채 고독을 대량으로 흡입하면서 망가진다. 특히 나이 든 남자일수록 친밀한 관계가 적기 때문에 고독의 파도가 몰아치면 일상이 싸늘하게 휘청거린다. 남자의 고독은 누구를 탓하기 어렵다. 많은 경우 자초한 결과이다. 미국의 사회학자 캐롤 타브리스는 여자들의 어떤 행동 양상은 병이라고 진단하면서 공론화하는데 남자들의 이상한 특성은 왜 질병이라고 하지 않는지 의문을 제기한다. 굳이 이름을 붙이자면, 대인 관계 장애를 지닌 남자들이 많다. 친밀한 관계를 만들지 못하고 유지하지 못하거나, 자신의 감정을 파악하지 못하고 표현하지 못하거나, 다른 사람의 감정과 필요를 헤아리지 못한 채 적절하게 대응하지 못해 상처 주는 남자들이 많다. 갈등에 대처할 때 협상보다는 권력 행사를 하거나 침묵하거나 회피하는 남자들도 있고, 좋은 일은 자신 덕이라고 믿으면서도 나쁜 일은 여자 탓이라고 책임 전가하는 남자들도 있다. 여성을 무시하면서도 일상에서 여자에게 의존하는 모순도 남자들에게서 드물지 않게 나타난다.

여자와 자주 대화하는 남자는 성찰 감수성이 올라가고 자신을 더 돌아보게 된다. 인간은 성찰이 필요하다. 타인의 고통을 경청하는 상담가도 점검받는다. 사람들의 고해성사를 듣고 사죄해주면서 새로운 전망을 제시해주는 신부나 교황마저도 고해신부를 두고 있다. 남자에게 고해신부의 역할을 해줄 사람이 필요하다. 여자는 서로에게 고해신부가 되어준다. 여성은 타고난 상담가로 뛰어난 직관과 경청 능력을 지녔다. 남자가 여자와 대화하며 많은 걸 배우는 건 자신이 미처 몰랐던 감정과 욕망마저도 여성이 읽어내기 때문이다.

남자들은 타인과 도란도란 대화하는 걸 어색해한다. 남자들이 사냥하면서 수많은 생명을 멸종시켰듯 다정한 대화가 남자들 사이에서 멸종된 것이다. 남자들이 우라질 정도로 술을 마시는 까닭은 살갑게 대화하는 능력이 덜 발달했기 때문이다. 남자들끼리 모여서 할 얘기도 딱히 없고 누군가 속사정을 꺼내더라도 건성으로 들으니, 하릴없이 술에 취해 주정 부리며 농지거리나 한다. 문화심리학자 김정운은 아무도 자신을 이해해주지 않는다고 느끼는 남자들이 큰 가슴에 머리를 처박고 울고 싶어 한다고 진단한다. 주위를 둘러봐도 자신의 내면 깊숙한 곳의 이야기를 들어주는 친구가 하나도 없는 데다 정서 공유가 민망한 남자들은 불안에 떨면서 엄마 품에 안긴 아기처럼 큰 가슴을 그리워한다는 것이다. 앤서니 기든스는 많은 남자들이 민주화된 개인 생활의 영역에서 잘 지낼 수 있는 자아의 서사를 구성할 능력이 없다고 설명한다. 단지 느낌을 표현할 능력이 없거나 감정을 잘 다루지 못하는 게 아니라 사회문화에 맞춰서 자신의 이야기를 전달하며 교류하는 능력이 여자보다 떨어진다는 것이다.

삶이 건강하려면 자신에 대한 이해를 바탕으로 타인과 적절히 대화하는 능력을 키워야 한다. 자신의 내면을 이해하고 표현하면서 타인들과 소통한다면 삶의 고통은 줄어들고 기쁨은 확대된다. 자신을 제대로 드러내야 타인과 진솔하게 연결될 수 있다. 인간의 삶에서 으뜸으로 신명나는 일은 다름이 아니라 의미 있는 타인을 만나는 것이다. 만남을 위해 우리는 꿋꿋이 일도 하고 부지런히 공부하며 성실하게 돈도 벌고 꾸준히 운동하는 것이다.

8

기질과
성향

태어날 때부터
다르다

　남자에겐 Y 염색체가 있다. 그런데 Y 염색체는 취약한 면이 있다. X 염색체 하나만 있어도 사람은 살 수 있고 X 염색체만 세 개 있어도 살 수 있으며 XYY 또는 XXY를 갖고 있는 사람도 있으나 X 염색체가 없이 Y 염색체만 갖고 있는 사람은 없다.

　초기 배아는 여성의 형태를 띤다. 포유류의 태아는 모체에서 여성 호르몬에 노출되어 성장하므로 여성을 기본으로 삼는다. 수정란에 Y 유전자가 있으면 임신 6주째에 남자로 분화되기 시작하고 8주째부터 테스토스테론이 다량 분비되어 남자로 발달한다. 저속촬영을 통해 태아의 뇌를 보면 여성성을 관장하는 세포들이 제거된다. 뇌는 가소성이 있어서 평생 변화하지만, 민감한 시기인 태아일 때 어떤 생화학 물질에 노출되느냐에 따라 성기 형태와 성정체성과 성적 취향과 성역할이 정해진다. 자궁 속에서 남성 호르몬을 수용하지 못하면 XY 유전자를 갖고 있어도 태아는 여자가 된다. 대량의 테스토스테론은 여성이라면 발현하는 유전자를 잠잠하게 만들고 테스토스테론이 없었다면 꺼져 있을 유전자를 활성화시키면서 남자로 발달시킨다. 물론 XY 유전자와 테스토스테론 말고도 X 염색체의 몇몇 유전자와 다른 염색체에 있는 유전자도 성발달에 영향을 미친다.

　맨 처음 기본형이 여성이므로 남성의 몸에도 여성의 특징이 남아 있다. 여성에겐 반드시 있어야 하는 부위이지만 남자에겐 딱히 쓸모가 있지 않은 젖꼭지가 그 예이다. 대자연은 남성과 여성을 처음부터 따로따로 분리해서 만들지 않았다. 생화학 물질을 통해 특정 유전자의 활성화 여부를 조절하면서 여성과 남성을 분화시켰다. 출생 후에도 마치 사춘기를 맞이한 것처럼 생후 1년까지는 성인 남자 수준의 테스토스테론이 분비된다. 갓난아기 때부터도 테스토스테론의 양이 크게 차이가 나서 남자 아기와 여자 아기는 행동이 다르다.

물론 테스토스테론이 암수의 행태를 결정하는 원인은 아니다. 인간은 유전자나 내분비물에 따라 정해져 있지 않고 사회 맥락과 학습에 따라 다르게 발달하기 마련이다. 그럼에도 생화학 물질의 영향력을 과소평가할 순 없다. 호르몬을 조작하면 행동양식을 어느 정도 바꿀 수 있다. 아직 출산하지 않은 암컷 붉은털원숭이에게 수컷 호르몬을 노출시키면 수컷과 흡사하게 행동한다. 인간도 비슷하다. 여성 태아에게 선천성 부신증식증이 발생하면 남성 호르몬과 유사한 물질이 다량으로 분비되는데, 여기에 노출된 여자아이들은 남자들만큼이나 잘 던지면서 움직이는 물체를 잘 추적하고, 자동차나 건축 모형 등을 더 좋아한다. 반대로 남성 호르몬에 전혀 영향을 받지 않는 터너 증후군 여성은 어릴 때 오로지 인형을 가지고 놀고, 겉모습 치장이나 집안일을 좋아하며 비록 임신할 순 없지만 아이 돌보는 일에만 몰두하는 등 지나치게 여성적인 행동을 보인다. 터너 증후군 여성은 언어 지능은 평균 여성 수준인데 수학과 공간지각 검사에서 훨씬 낮은 점수를 받는다. 방향감각이 너무 부족해 터너 증후군 여성이 외출하면 자주 길을 잃는다.

미국의 교육심리학자 카밀라 벤보우와 교육학자 줄리안 스탠리는 남녀를 다르게 만드는 환경의 근거를 찾고자 15년 동안 20만 명의 소녀와 소남을 조사했으나 아무 성과가 없었다. 카밀라 벤보우는 여러 곳에 나가 자신의 연구 결과를 발표했지만 그녀의 의견을 지식인들은 별로 귀담아듣지 않았다. 인문사회 학계에선 성차 언급을 꺼리고, 혹여나 차이가 있다면 사회문화를 통해 다른 학습을 받은 탓이라는 문화 구성주의가 득세하고 있다. 여기엔 프로이트의 위세도 한몫 톡톡히 한다. 처음엔 성정체성이 없다가 남근의 유무에 따라 나중에 남자와 여자로 발달한다는 프로이트의 주장을 여전히 많은 사람들이 믿고 있다.

문화 구성주의자들의 주장대로 인간은 문화와 학습에 크게 영향을 받는다. 하지만 사회문화를 통해 인간의 속성이 얼마든지 수정되지는 않는다. 갓난아기일 때 포경수술을 받다가 의료사고를 당해 음경과 고환을 거세하고 질을 만든 뒤 생화학 물질을 정기적으로 투여 받으며 여자로 만들어진 남자가 있었다. 성전환수술을 집도하고 성교육도 책임진 의사는 10년이 지나자 인류 역사상 전무후무한 실험이 완전한 성공을 거뒀다고 발표하면서 엄청난 권위를 얻었다. 태어날 때는 중립이던 성정체성이 성기 형태에 따라 나중에 결정되니 성전환수술과 양육 방식으로 남자나 여자를 만들 수 있는 사례로 의학 교과서에까지 실렸다. 여성계는 환호하면서 여성성과 남성성이 학습의 결과이고 여남의 차이가 만들어진다는 근거로 활용했다. 그러나 여자로서 잘 적응했다고 알려진 아이는 악몽 같은 10대 시절을 보내다가 자신이 원래 남자였다는 걸 뒤늦게 알고는 한 치의 망설임도 없이 다시 남자가 되었다.

워낙 이 사례가 널리 알려지는 바람에 갖가지 장애를 지닌 남자 신생아들이 여자로 길러졌다. 어릴 때 성전환수술을 당한 사람들을 조사했더니 절반은 다시 성전환수술을 받아 남자가 되었고, 원래 성별을 회복한 이들만이 이성과 교류하며 독립생활을 하고 있었다. 태어날 때부터 정상의 성기를 지니지 못한 아기에게 임의로 특정한 성별을 부여할 수 있다는 발상은 최근에 와서야 철회되었다. 성정체성은 이미 자궁 안에서 정해진다. 성기의 차이를 알기 훨씬 이전부터 아이들은 여성과 남성을 구분할 줄 안다. 성기 형태는 남녀의 차이 가운데 하나일 뿐이다.

여성과 남성은 절대적으로 나뉘는 이항대립은 아니고 서로 중첩되는 범주가 많으나 그럼에도 남녀의 차이는 유의미하다. 신경세포를 관찰하면 여자들은 태어날 때부터 남자들보다 더 성숙해 있다. 여아와 남아를 달래보면 여아가 자기감정을 더 잘 추스르고, 어머니나 타인의 감정을 일찍이 헤아리는 모습을 보인다. 다른 아기의 울음소리에 덩달아 쉽게 우는 아기도 여아일 때가 많다. 여자아이들은 어릴 때부터 사람들이나 관계에 대해 관심이 많고, 더 깊은 관계를 맺으려고 적극성을 보인다. 자기가 좋아하는 인형이나 물건을 빼앗기면 여자 아기들은 울음을 터뜨리는 식으로 동정심을 일으키는 방법을 더 자주 구사하는데, 남자 아기들은 육체를 사용해서 물건을 되찾는 방법을 더 자주 구사한다. 남자아이들은 낯선 환경에서 공포를 덜 느낀다. 남자애들은 부모의 품을 벗어나 외부 세계를 탐험하려 든다. 걸음마를 뗀 지 얼마 안 되었을 때 남자 아기는 무작정 멀리 가기 때문에 부모가 황급히 낚아채는 일이 벌어진다. 남자들은 위험을 과소평가하는 인지적 특성을 타고나고, 위험을 무릅쓰면서까지 도전하려는 경향이 훨씬 강하다. 이건 유아기 때부터 나타나고, 성년이 되어서도 지속된다.

문화 구성주의자들은 사회문화가 잘못되었다면서 변화를 목놓아 외치지만 사회문화는 좀처럼 바뀌지 않는다. 사회문화 자체가 인간의 본성과 여남의 차이를 재료로 삼아 형성되었기 때문이다. 인류 문화는 유연하지만 우연하게 만들어지지는 않는다. 인간의 문화는 역사와 지역에 따라 다양해도 뚜렷한 공통성이 있다. 다양성조차 인간의 본성이라는 제약을 받는다. 예컨대 남자들이 저지르는 사건 사고는 사회문화가 그렇게 조장하기 때문이 아니라 권력이 압력을 가하고 사회문화에서 억제하고자 열렬하게 교육해도 발생하는 일이다.

성차를 좀처럼 인정하지 못하는 문화 구성주의자들은 차이를 거론하는 일 자체가 차별을 정당화한다며 어떻게든 성차의 언급을 막으려 한다. 여남이 동등해야 한다는 정치적 신념을 앞세워 남녀가 똑같지 않다는 자연의 진실을 억지로 감추고 애써 가리면서 오해를 조장한다. 문화 구성주의자들은 본성이나 성차가 존재한다면 현실의 문제를 어찌할 수 없는 줄 알지만, 인간의 본성을 제대로 알아야 진정으로 효과 있는 개선책을 마련할 수 있다.

성차는 대자연이 오랜 시간 동안 빚어놓은 본능에서 파생한다. 필요하면 사회 차원에서 학습과 문화로 어느 정도 성차를 경감시킬 수 있으나 성차가 아예 무화되지는 않는다. 여성과 남성이 비슷하면서도 다르다는 걸 인정하고 오랜 세월 진화하는 과정에서 다른 방식으로 누적된 지혜가 서로에게 있음을 수용하면, 남녀는 더불어 원활하게 소통하고 조금 더 세밀하게 이해하면서 한결 더 잘 지낼 수 있다. 남녀의 차이를 이해하는 건 남성 또는 여성을 비하하거나 우월하게 떠받들기 위함이 아니라 서로 보완하며 상생하기 위한 일일 뿐이다.

남자다움은
양날의 검

그동안은 남성중심사회였다. 세상은 남자다움을 과잉으로 표출하면서 거만을 떠는 것엔 나름 관대하게 대하는 반면 남자답지 않은 남자에겐 몹시 냉혹했다. 남자다움을 발휘하지 않는 남자는 사회에 아무런 기여를 하지 않는 무임승차자로 취급했다. 사회는 나태한 권태로움보다 시끌벅적한 역동성을 원해왔고, 남자다움은 역사 내내 분출되었다.

　세상은 특정한 남자다움을 치켜세우면서 남자들을 차등했다. 남자답다고 평가받으려면 건장한 체격에 운동도 잘하고, 활달한 성격으로 적극적으로 경쟁해서 승리해야 했고, 명예와 재력이 있는 직업을 갖고 사회 중상층에 자리 잡아야 하며, 사회에서 주류의 인종으로서 다수가 믿고 있는 종교를 믿어야 했고, 결혼해서 자식을 낳고 가부장이 되어야 했다. 조건을 모두 충족시키는 남자는 소수였다. 남자다운 남자에 대한 화려한 찬탄 뒤에는 남자답지 못한 수많은 남자들의 수모가 짙게 그늘져 있다. 이 수모는 성공한 남자들만 가하지 않고 여자들도 동참해서 가했다. 여자들은 남성에게 지배당하고 싶지는 않더라도 여전히 과거처럼 보호받기를 원한다. 여자들은 남자의 능력을 중요시 여기고, 능력이 안 되는 남자는 남자로 아예 감각조차 되지 않는다. 남자들은 여자들에게 선택받기 위해서라도 남자다움을 연기하지 않을 수 없다.

　여성이 여자다움을 원하지만 자발적 강제일 때가 있듯 남자다움 역시 마찬가지다. 그나마 여자가 남성성의 매력이 강하면 털털하다며 나름 관용되지만 남자에게 여성성의 매력이 도드라지면 인간관계에서의 좌절과 자기부정에 빠지기 십상이다. 여러 연구에 따르면, 남성에게 여성 같다는 얘기는 여성에게 남성 같다는 얘기보다 훨씬 더 큰 모욕으로 작용한다.

　남성은 무거운 책임감에 무너지지 않게 무던히 애쓰면서 무척이나 남자다움을 입증하고자 무기한 무리해야 했다. 남자다워야 한다는 질타에 많은 남자들이 질식했고, 남자다움 자체에서 뿜어지는 부작용으로 여자들과 아이들도 고통받았다. 문명이 발달하고 자유주의와 민주주의가 심화되는 가운데 남자다움을 조명하고 반성하는 일이 필요했는데, 그 과정에서 남자다움 자체를 사회문제의 근본 원인이라거나 심지어는 악이라고 규정하는 일이 벌어졌다. 특히 여성운동 안에서 반남성주의가 득세하며 남성을 비하하고 공격하는 일이 발생했고, 페미니스트가 남성을 혐오하는 여자들이라는 오해를 불러일으켰다. 남성에 대한 피해의식에서 벗어나 남녀 모두에게 더 해방된 전망을 제시했다면 여성운동이 남성혐오운동으로 호도되지는 않았으리라고 벨 훅스는 안타까워했다. 벨 훅스는 성차별주의에 반대하려면 무엇을 어떻게 해야 할지 잘 몰랐으며, 기존의 남성성을 비난하고 여성화된 남성성을 제시하면서 세상의 다수를 끌어들이는 데 실패했다고 진단했다. 여성화된 남성성이라는 개념 자체가 남성성에 대한 힐난과 여성성에 대한 우월감을 기반으로 한 성차별주의가 내포되어 있어서 대안으로 부적절했을 뿐 아니라 현실에서도 거의 효과가 없었다. 미국에서 여성운동의 세례를 받은 수많은 여자들이 신념대로 아들을 부드럽게 키우려고 노력했으나 미국 남자들이 여성화되었다는 증거는 찾기 어렵다.

남자아이를 여자아이처럼 사회화시키면 세상이 더욱 나아질 것이라는 주장엔 인간의 본성에 대한 무지와 학습을 통해 원하는 대로 인간을 바꿀 수 있다는 독선이 깔려 있다. 인간의 본성은 단기간에 제조할 수 없다. 소련에서 적게는 900만에서 많게는 수천만 명이라는 어마어마한 인간을 숙청했다. 중국에서도 문화대혁명의 혼란으로 수천만 명이 죽었다. 죽은 이들은 자칭 위대한 공산주의에 적합하지 않은 사람들이었다. 부적합한 수천만 명을 제거하면서까지 이념을 위한 인간을 만들려 했고, 어릴 때부터 철저하게 사상교육을 시켰으나 인간의 본성에 무지했던 소련은 역사의 뒤안길로 사라졌다.

문명화의 과정에서 인간이 자기 절제하며 온화해지는 경향이 있으나 그렇다고 수백만 년 동안 형성된 본성이 하루아침에 바뀌지는 않는다. 암수 구분은 인간이 있지도 않았던 무려 10억 년 전 대자연에서 일어난 일이다. 우리 안에서 작동하는 심리는 인류보다 더 오래되었고, 성차는 자동으로 발현된다. 일부 페미니스트들의 주장처럼 성별의 구분 자체가 임의적이라거나 남성성이나 여성성을 없앨 수 있다는 발상은 인간에 대한 무지에 지나지 않는다. 물론 인간은 적응력이 뛰어나므로 사회 변화에 맞춰 줄기차게 달라지겠으나 그렇다고 성별 구분이 무의미한 세상이 되진 않을 것이다. 미래에는 유전자 조작으로 남성을 개조할 수 있을지도 모르지만, 성차를 경감시키거나 없애려는 의도와 그 결과는 다각도에서 심사숙고해야 한다.

남자다움은 양날의 검과 같다. 잘 쓰면 훌륭하지만 잘못 쓰면 불상사를 일으킨다. 칼이 위험하다고 해서 전 세계의 칼을 모조리 수거해서 없앨 수 없듯 남자다움을 폐기할 수는 없다. 여자아이처럼 행동하라고 해서 남자아이들이 여자아이들처럼 되지는 않는다. 남자다움이라는 아기가 더럽다면 씻겨서 새로이 단장하면 될 일이지 목욕물과 함께 아기를 내버리는 건 어리석은 일이다. 남자다움의 재구성이 아닌 남자다움의 폄훼는 일부 여자들에겐 약간의 비릿한 희열을 줄지 모르지만 남자들에게 반발을 사면서 괜한 분란을 발생시킨다.

남자다움은 독립심과 자율성 그리고 신념과 긴밀하게 연결되어 있다. 남자다운 남자는 자기통제가 강하고, 자신과 가족 그리고 공동체를 책임지려고 한다. 남자들은 자신이 해야 할 일을 잘 알고 있고, 임무를 제대로 수행하고자 노력한다. 계급문화가 뚜렷하게 형성된 영국 같은 사회의 노동자들은 책상에 앉아 정신노동하는 일을 남자답지 못한 쩨쩨한 짓이라고 여기고는 일찍부터 몸소 육체노동하면서 가족을 부양하려 한다. 남성성의 단점들에 눈감지 않되 장점들에서도 눈을 돌리지 말아야 한다.

개인주의와 여성운동의 여파로 남자다울 필요가 없다는 분위기가 확산되면서 가족부양은커녕 자기 건사조차 하지 못하는 남자들이 양산되고 있다. 학교에 가지 않고 직업도 없으며 매사에 의기소침한 남자들이 많은데, 이들에게 남자다움에 얽매이지 않아도 된다거나 자기답게 살면 된다는 조언은 그들이 선택할 수 있는 미래를 협소하게 만든다. 남자다움을 계발하고 성취하라는 조언이 필요한 경우가 분명히 있다.

적극성과
행동성

　남성성은 여러 가지를 함축하지만 공격성을 빼놓고 이야기할 수는 없다. 공격성이란 말엔 폭력의 냄새가 배어 있어서 조금 꺼려질 수 있지만, 공격성은 적극성의 다른 이름이다. 적극성과 능동성 그리고 단호함과 결단력은 남자들의 공격성과 뒤엉켜 있다. 공격성을 비난하면서 적극성을 익히려는 건 모순이다. 동전의 한쪽만 얻고 뒷면을 버릴 수는 없는 일이다. 공격성은 남성의 본능이고, 남성의 성애 방식과 긴밀하게 연관되어 있다. 신경생물학자 야크 판크세프는 거의 모든 포유류에서 번식 활동엔 수컷의 적극성이 필요하고, 수컷에게 성은 공격성과 밀접하게 연관되어 있다고 이야기한다.
　남자들의 확실한 자기주장은 공격성의 표현이다. 남자의 적극적인 자기주장은 타인과 불화를 일으킨다. 남자들은 타인의 반대를 예상치 못하고 자기주장에 열을 올리는 게 아니다. 반대하는 타인을 무찌르고자 핏대를 세우며 자기주장을 펼친다. 남자에게 세상은 투쟁하고 개척하고 획득해야 하는 장소이다. 남자들은 입을 그저 먹고 마시는 구멍이 아니라 언어가 나와서 권위를 획득하는 힘의 창구로 활용한다. 남자다움은 처음부터 자신에게 권위가 있다는 식으로 등장하기보다는 기존의 권위에 맞서는 방식으로 성취된다. 기존의 권위는 변화를 환영하지 않기 때문에 남자는 자신의 재능을 발휘하면서 자리를 쟁취해야 한다. 그래서 남자들의 주장은 공격적이다. 공격성은 부정성의 일종이고, 부정성을 머금고 변화가 잉태되고 발화된다. 세상의 변화는 적절한 선언과 아울러 부단한 행동이 동반되어야 한다. 남자들은 행동성이 강하다. 남자들이 어떻게 움직이느냐에 따라 세상이 출렁거린다.

적극성은 위험을 감수하겠다는 의지를 내포한다. 여성은 아이를 낳고 키워야 했으므로 안정을 중시한다. 남자들은 안정된다고 번식이 보장되지는 않았으므로 위험에 흥미를 보인다. 남자들은 위기를 일부러 자초하려는 의도는 없더라도 피할 수 없는 위험이라면 최대한 활용하려고 노력한다. 남자들은 대양을 항해했고, 사막을 건넜으며, 설산을 올랐고, 오지를 탐사했고, 우주선을 탔다. 안전만 지향하지 않고 모험한 남자들을 통해 세상은 변화했다. 인류사 내내 남자들은 건강이나 안전을 추구하기보다는 더 중요한 목적을 위해 자신을 희생했다.

선조 남자들의 피가 지금 남자들에게도 이어지고 있다. 여자들이 미지의 멋진 남자와 사랑의 낭만을 나누는 상상에 설레어한다면 남자들은 미지의 세계로 떠나는 모험의 낭만에 가슴이 두근거린다. 남자들은 자신의 청춘과 인생을 내걸고 도전하지 못할 경우 심각한 우울증에 걸릴 가능성이 높다. 외부 세계를 향한 동경이 어린 시절부터 남자들에게 안락한 집을 떠나도록 부추긴다. 테스토스테론 농도가 높은 남자일수록 집에 가만히 있지 못하고, 밖으로 나가려는 경향이 강하다. 가장 여성스러운 남자조차 가장 남성스러운 여자보다 테스토스테론 농도가 높다. 여성은 0.1리터에 75나노그램 미만이 있다면 남성은 대개 240~1200나노그램이 들어 있다. 회사의 수뇌부를 측정하면 남자든 여자든 테스토스테론이 동성보다 많이 분출된다. 테스토스테론이 높으면 상층으로 올라간다는 뜻이 아니라 지배적인 위치를 인식함에 따라 생화학 물질의 수치가 변하는 것으로 보인다.

위험 속에서 살아온 남자들은 신속하게 투쟁하거나 도피하려는 본능을 갖추고 있다. 남자는 뇌간의 활동에 더 의존하는 경향이 있어서 위기 상황에 놓이면 뇌간이 먼저 강하게 작동하면서 투쟁-도피 반응을 일으킨다. 남자는 생각보다 행동이 먼저 앞서고, 감정 반응도 뒤늦게 감지된다. 같은 조건에서 같은 결정을 내리게 하고는 뇌를 촬영해서 비교하면 여성과 남성의 신경조직은 매우 다르게 위험을 처리하는 것이 관찰된다. 남성이나 여성 모두 자신이 원하는 만큼 냉철할 수 없으나 여성이 좀 더 침착하게 반응하려고 하는 대신 남성은 대뜸 맞대응하려 한다. 뇌를 보면 남자가 여자보다 척수액의 부피가 훨씬 크다. 척수액은 뇌에서 보내온 육체의 충동을 신체로 전달하는 역할을 한다. 척수액이 많을수록 육체의 충동이 더 빨리 행동으로 전환된다. 척수액 양의 차이는 남자들이 여자들보다 더 충동성이 강한 원인 가운데 하나이다.

예전엔 투쟁-도피 반응이 인간의 본능이라고 간주되었으나 여성학자들의 이의 제기와 후속 연구를 바탕으로 성차가 확인되었다. 여자들은 위험한 상황에 처했을 때 맞서 싸우거나 도망치는 것이 여의치 않았다. 적과 싸운다고 이길 가능성이 그리 높지 않았을 뿐만 아니라 임신했거나 돌보아야 할 아이가 있었을 확률이 높았다. 여자들은 남자들처럼 투쟁하거나 도피하기보다는 돌봄과 친밀감을 통해 갈등을 해소하려 했다. 일촉즉발의 상황에서 남자는 덤벼들거나 달아난다면 여자는 왜 상대가 화가 났을지 헤아리면서 어떻게 하면 진정시킬 수 있을지 마음을 쓴다. 봉준호 감독의 영화 〈기생충〉을 보면, 주인공 가족이 상대 부부와 한바탕 마찰한 뒤 엄마(장혜진)와 딸(박소담)은 얘기를 통해 서로가 좋은 쪽으로 협상하려고 드는데 아들(최우식)은 커다란 돌을 쥐고 투쟁하고 아빠(송강호)는 처한 상황을 외면하면서 도피한다. 스트레스를 받는 상황에서 남녀의 다른 반응을 보여준다.

남자는 외향화되어 있다. 내면을 돌아보며 자신을 돌보기보다는 외부에 관심을 쏟으면서 움직이려고 한다. 어릴 때부터 남자애들은 대개 산만한 편이고, 설치고 나대는 경향이 나타난다. 많은 남자들이 방 안에 고요하게 있을 때 미칠 것 같은 느낌이 북받쳐 올라 바깥으로 뛰쳐나간다. 파스칼은 인간의 모든 불행은 방 안에 조용히 머물러 있을 줄 모른다는 사실에서 비롯한다고 얘기했는데, 파스칼의 조언대로 방 안에 조용히 오래 있으면 또 다른 불행이 엄습한다.

남자의 감정
표현 방식

감정이입은 인간의 놀라운 능력이지만, 여기서도 성차가 존재한다. 여성의 공감 능력이 더 탁월하다. 새로운 생명을 낳고 키우는 여성은 말도 못하는 아기를 돌보고 이해하고자 감정이입하는 감각을 발달시켰고, 이때 옥시토신이 중요하게 관여한다. 옥시토신은 출산, 수유, 육아 같은 모성 활동을 위해 진화되었으나 엄마와 아기 관계를 넘어서서 다른 관계에까지 폭넓게 이용된다. 사람 사이의 연대감이나 따뜻한 교류가 있을 때 어김없이 옥시토신이 활약한다. 옥시토신의 별칭이 포옹 생화학 물질이다. 타인과 다정하게 접촉하거나 곰살궂게 어울리면 어김없이 옥시토신이 분비되며 몸과 마음이 포근해진다.

감정이입은 죄책감과 긴밀한 상관관계를 가진다. 감정이입을 잘하는 사람일수록 죄책감을 많이 느끼고, 감정이입하는 대상일수록 죄책감은 증폭된다. 죄책감을 느꼈던 사건을 연상해달라고 주문했더니 93퍼센트의 사람들이 가족이나 연인, 친구와 관련된 일을 떠올렸다. 이건 여성에게 더 크게 와닿는 대목이다. 타인에게 잘해주지 못할 때 죄책감을 느끼는 성별은 대개 여성이다. 여성의 죄책감은 육아와 관련 깊다. 여자들은 자신을 희생하면서까지 자식을 돌보지 않으면 죄책감을 느낀다. 모든 여자가 죄책감이 강한 것도 아니고 여자들보다 공감 능력이 뛰어난 남자들도 많지만, 대체로 여성이 남성보다 감정이입을 잘한다.

여자들의 공감 능력은 과거의 육아 환경과도 밀접한 연관이 있다. 수렵채집사회에서 육아는 공동으로 진행되었으므로 여자들끼리 긴 시간을 어울려야 했다. 여자들 관계를 조화로이 유지하며 갈등을 미연에 방지하는 것이 중요했고, 친밀성이 육아 성공의 관건이었다. 선조 여자들의 습성이 이어져 현대의 여자들도 여자들끼리 가까이 살갑게 지낼 때 큰 즐거움을 느낀다. 게다가 한 달을 주기로 에스트로겐과 프로게스테론이 오르락내리락하며 대뇌변연계의 활동에 곧장 영향을 미쳐서 여자들의 감정은 변동한다.

과거의 남자들은 밖을 돌아다니면서 사냥했고, 이웃 부족과 전쟁을 벌였다. 체계화에 능숙한 남자는 적을 공격하는 계획이나 기습 방비책을 세울 때 뛰어난 역량을 발휘했다. 남자들의 세계에서는 의기투합하기 위해 동료의 마음을 어느 정도 읽어내야 하지만, 자신이 공격하려는 상대가 얼마나 아플지를 감정이입해서 주춤했다가는 곧장 반격당했다. 전쟁의 두려움을 내색하지 못한 채 상대를 무찌르자는 적개심만이 남자들에게 허용되었다. 남자들은 집단 내부에서도 끊임없이 경쟁했고, 감정을 일일이 드러낸 남자는 곤경에 처했다. 잘 공감하지 못하고 죄책감이 적으며 불필요한 감정을 억누르면서 목표를 향해 내달린 남자가 승리했다. 이런 특징이 극단으로 치달으면 사이코패스다. 사이코패스는 타인의 감정을 읽어내지 못하거나 이해하더라도 공감하지 못한다. 남성의 1~3퍼센트는 사이코패스다.

타인과 감정을 차단한 채 살아온 선조들처럼 현대의 남자들도 마음속의 감정을 모두 털어놓으라는 권유를 굴욕적으로 항복하라는 뜻으로 오해하기 십상이고, 웬만한 상황이 아니면 감정을 드러내지 않으려 한다. 남자는 자기감정을 예민하게 지각하지 못하고 표현도 잘 못할 뿐만 아니라 타인의 감정 역시 읽어내는 데 둔감하다. 특히나 절망과 비탄을 알아차리는 데는 더더욱 젬병이다. 남자는 상대가 잔뜩 성내거나 눈물을 쏟아야 뒤늦게 뭔가 잘못되었음을 깨닫는다. 눈물은 감정 파악에 둔한 남자들조차 도무지 간과할 수 없는 명백한 고통의 신호이다. 남자는 수를 세고 공간 영역을 측정하는 데는 뛰어난 능력을 보이는데, 사람의 얼굴도 하나의 사물처럼 인식하는 경향이 있다. 얼굴의 크기와 외관과 상태를 능숙하게 측정하지만 그 얼굴에 어떤 감정이 실려 있는지 민감하게 인지하는 능력은 여자보다 떨어진다.

감정 표현이 여성성의 핵심 특징이라면 감정 억제는 남성성의 핵심 특징이다. 남자는 여자의 속살을 보고 싶어 한다면 여자는 남자의 속내를 알고 싶어 한다. 여자는 상대가 오늘 무슨 일을 했는지 공유하며 내밀한 감정을 나누길 원하는데, 남자는 순간순간마다 시시콜콜 감정을 실어서 표현하는 일이 거북하다. 많은 여자들이 자기가 얘기하는 것을 어디 다른 데에 전하지 않을 것 같은 남자의 과묵함에 반하고 슬픔이나 외로움 같은 감정을 좀처럼 꺼내지 않는 강인함에 끌려 결혼까지 하는데, 남성의 장점은 남자의 단점과 결부되어 있다. 힘든 일이 있어도 털어놓지 않는 남편이 듬직했던 아내는 시나브로 거리감을 느낀다.

그렇다고 여자의 요구대로 남자가 세세하게 감정 표현을 한다고 해서 남녀 관계가 더 좋아지지는 않는다. 여자는 여리고 무른 감정이나 우울한 불평을 털어놓는 남자에게 진심으로 실망한다. 벨 훅스의 동반자는 성평등의 취지에 동의했고, 동일노동 동일임금을 지지했으며, 집안일을 분담했고, 여성의 생식권을 존중했다. 하지만 그 남자는 감정 표현에 서툴렀고, 벨 훅스의 감정을 이심전심해서 느끼지 못했다. 이건 그 남자만의 잘못은 아니었다. 남자와 상담을 받으러 다닐 때 벨 훅스는 남자에게 자기 느낌을 이야기해보라고 요구하고서는 정작 그가 표현하면 몹시 흥분했다. 그의 고뇌나 부정적인 감정을 벨 훅스는 듣고 싶어 하지 않았다. 자신이 믿고 의지하던 남자의 강인함이 붕괴될까봐 두려웠던 것이다. 벨 훅스는 자신이 각성한 페미니스트였으면서도 남자의 고통을 외면했다고 고백했다. 수많은 조사와 임상 자료에 따르면, 사사로운 두려움과 과민하게 감정을 드러내는 남자들은 부적격자로 간주된다. 남편이 억압받고 있다는 진단을 아내들은 결코 듣고 싶어 하지 않는다. 남자를 상담실로 데리고 온 여자조차 당혹해하며 남자답지 않은 배우자에게 의지하고 있다는 사실에 절망한다. 여자들은 반려자가 더 다정하길 바라면서도 나약해질까 두려워한다. 감정 표현을 잘하길 원한다는 여자들의 말을 남자들이 불신하는 데는 그럴 만한 이유가 있는 셈이다.

남자라고 감정이 없는 건 아니다. 남자의 신경 체계도 감정 자극을 받고 있으나 감정을 언어나 눈물로 표현하지 않을 뿐이다. 남자는 행동으로 감정을 해소한다. 땀에 흠뻑 젖을 때까지 내달리거나 산에 오르면서 마음을 다스린다. 낚시를 하거나 운동을 한다. 술을 마신 뒤 과격하게 행동하거나 밤에 차를 몰고 정처 없이 질주한다. 이런 활동을 하고 나면 남자들은 조금이나마 안정된다. 남자들은 자신의 느낌이 어떠한지 감지해 표현하기보다는 억누르면서 잊으려는 쪽으로 정서를 처리한다. 남자들의 세계에서 감정은 환영받지 못한다. 고통을 참고 의연하게 극복하라는 교훈 속에서 남자들은 성장한다. 애덤 스미스는 이웃 사람의 비애를 동정하는 일과 아울러 자신의 불행이 머금고 있는 비천하고 비참한 탄식을 억제하도록 촉구하는 일 모두가 남자다움이라고 이야기했다. 남자는 타인의 문제를 해결해주면서 사랑받고 인정받기 때문에 자신의 문제를 뒷전으로 밀어두려 한다.

여자들은 남자가 이미 다른 방식으로 감정을 풀어버렸다는 걸 알아차리면 남자에게 더 많은 감정을 드러내라고 강요하지 않게 된다. 여자에게 의지를 갖고 감정을 극복하라는 채근이 폭력이듯 남자에게 감정을 표출하라는 요구도 폭력이 될 수 있다. 고대 철학과 주요 종교는 감정에 휘둘리지 말고 냉철한 자제력을 키우라고 가르쳐왔다. 현대엔 감정 표현이 대세가 되었고 강하게 남자들을 압박하고 있으나 감정 표현이 매사에 가장 좋은 방법은 아니다. 무조건 감정 억제를 하거나 지나치게 감정 표현을 하기보다는 적절한 상황에서 알맞게 감정을 표현하는 지혜가 필요한 것이다. 2012년에 2000명의 어린이와 청소년들을 조사하고 관찰했더니, 남자아이들은 감정 나누는 것을 부끄러워하기보다는 문제 해결에 감정 표현이 쓸모 있다고 간주하지 않았다. 감정 표현이 필요한 상황이라면 남자들은 자신의 감정을 드러낼 것이다. 반면에 여자아이들은 자신의 감정을 드러내는 일이 문제에 대한 유일한 대처 방법이 아니란 사실을 배워야 한다. 지나치게 문제를 생각하고 감정을 표현하는 건 불안증이나 우울증과 관련성이 크기 때문이다.

여자들은 남자들이 감정 표현에 문제가 있는 사람들로 치부하기 십상이지만 남자가 감정을 감추는 건 무의식중에 일어나는 일이다. 여자의 뇌에는 신경 경로가 감정 중추로 더 많이 연결되어 있어서 복잡한 감정을 감지하고 처리할 때 유리하다. 여자들은 감정을 얘기하고 상대가 공감해주면 한결 마음이 풀리고 기분이 개운해진다. 여자에게 감정은 즐거움과 사교의 원천인 반면에 남자에게는 해결해야 할 문제이다. 남자는 요즘 드는 기분이나 고민하는 주제를 이야기하면 이완되는 게 아니라 더 긴장된다. 여자가 편안해하고 좋아하는 감정 소통을 남자들은 불편해한다. 남성이 여자의 감정에 관심을 더 기울이면서 다정히 대화하고자 노력해야 하듯 여성은 남자가 모든 감정을 표현해야만 자신을 사랑한다고 생각할 게 아니라 오히려 감정을 억누르면서 여성을 보호하려 한다는 걸 이해할 필요가 있다.

양의 사회성과
직선의 언어

여성은 자기 서사로 말하는 특성이 있다. 간단하게 안부 전화를 걸었다가 옛날 옛적 일화까지 얘기하곤 한다. 반면에 남성은 시시콜콜한 근황을 전하고자 전화하지 않는다. 남자는 감정 표현을 억제하기 때문에 감정 소통이 아닌 정보 교환을 목적으로 대화한다. 남자가 오랜만에 전화했을 경우 특정한 목적이 있을 가능성이 높다.

농후한 테스토스테론은 남자를 투박하게 만든다. 여자에게도 테스토스테론을 주사하면 감정이입 능력이 저하된다. 남녀의 뇌를 측정하면 동일한 사안이더라도 다르게 지각하고 반응한다는 연구 결과도 있다. 남자들은 공정성을 관장하는 뇌 부위가 활성화된다면 여자들은 감정과 관계를 관장하는 뇌 부위가 활성화된다. 남자들은 집단규범을 준수하지 않아 고통받는 사람에게는 안쓰러워하지 않는다. 남자들은 공정함 같은 추상적 원칙을 중시함에 따라 자신의 감정을 통제한다. 반면에 여자들은 일대일 유대 관계에 애착이 강하고 가까운 사람들의 고통에 깊게 공감한다. 비록 집단의 신뢰를 위반하는 나쁜 행동을 했더라도 고통받는 상대가 자신과 친밀한 사람이라면 여자들은 연민을 갖고 도우려는 경향을 보인다. 소포클레스의 희곡 『안티고네』를 보면, 안티고네의 두 오빠가 서로 싸우다 동시에 죽고 한 명의 장례는 성대하게 치러지지만 다른 한 명은 새떼의 밥이 되도록 길바닥에 방치된다. 시신을 거두는 자를 돌팔매질로 죽이겠다는 포고가 내려졌으나 안티고네는 법을 어기면서까지 오빠의 시체를 묻어준다.

남자와 여자의 사회성은 사뭇 다르다. 과거의 여자들은 동료 여자들과 친근할수록 육아에 유리했다. 선조 여자들의 습성은 지금도 이어져 여자들은 아주 많은 사람들과 알고 지내려고 하기보다는 한정된 인원과 긴밀한 관계를 맺고서 서로 살뜰히 챙기는 데 관심이 많다. 여자들은 관계의 양보다는 질을 중시하고, 주로 평등한 관계를 맺으므로 완곡하게 요청하는 간접화법을 구사한다. 여자들은 서로에게 호의를 베풀 의향이 있으므로 무엇이 필요한지 암시만 하더라도 기민하게 알아차리고 욕구를 충족시켜준다. 때로는 서로의 나약함을 노출하면서 도움을 주고받는 일 역시 질의 사회성이다.

남자는 느슨하지만 더 많은 인간관계를 지향한다. 남자들이 전투할 때는 공동 목표를 유능하게 완수하는 것이 중요했다. 남자들은 서로에게 상냥하기를 기대하지 않았고, 자신의 약점을 굳이 노출시키지 않았다. 사람들과 연결될 때도 평등한 관계보다는 위계를 정해 체계화된 조직으로 구성했다. 남자들은 여자들처럼 소규모의 친밀한 관계 방식엔 서툴더라도 얕은 수준의 폭넓은 대인 관계에 능숙했고, 목적 중심으로 모인 남자들은 과제를 해결하기 위해 단결했다. 남성 모임에선 자신이 원하는 바를 명확하게 전달하는 직접화법이 효과적이다. 완곡하게 말하거나 자기감정을 섞어서 말하는 건 별로 도움이 되지 않으므로 남자들은 두서없이 에둘러 이야기하는 데 거부감을 보인다.

남녀는 화법이 다르다. 남자들이 목적 중심으로 사고하고 정보 교환 위주로 대화한다면 여자는 서로의 정서를 헤아리며 친밀함을 도모하고자 대화한다. 여자들의 언어엔 합의가 깔리지만 남성의 언어엔 경쟁이 도사리고 있다. 남성은 서로의 주장을 가차없이 비판하고 반박하지만, 여자들은 상대의 발언을 수용할 생각이 없더라도 일단 인정하며 논의한다. 여자들은 상대의 기분이 상할까 거부 의사를 바로 표현하기보다는 돌려서 얘기하는데 정작 남자들은 알아차리지 못할 때가 많다. 여자들은 상대가 얘기할 때 추임새를 넣어주면서 맞장구를 쳐주는데, 남자들은 상대가 무엇을 얘기하는지 핵심을 파악하느라 별다른 반응 없이 듣다가 자신의 생각과 다르면 단박에 상대의 말허리를 자른다. 여자들은 중요한 이야기를 하기에 앞서 질문을 활용하거나 대화를 지속하기 위한 방편으로 질문하는데 남성은 질문을 그저 정보가 필요하다는 요청으로 수용한다. 여자들은 자주 주저하고 부가의문문을 틈틈이 달며, 순전히 자기만의 생각이라거나 틀릴 수도 있다면서 제한 문구를 미리 붙여서 말문을 열고, 예의상이라도 질문을 던지며 이야기를 전개한다. 자신이 부족한 사람이라고 누가 묻지도 않았는데 고백하기도 한다. 남자들은 여자들의 대화 방식이 신경에 좀 거슬리지만 여자들의 부드러운 화법이 경쟁심을 자극하지 않아 안심한다. 남자들은 자기주장을 똑소리 나게 하는 여자를 똑똑하다고 평가하지만 에둘러서 자신의 의사를 전달하는 여자를 더 좋아하고 신뢰하는 경향이 있다.

여자들은 남자가 직선의 언어로 치고 들어오면 자신을 싫어한다고 느끼게 된다. 여자들은 남자와 논의하다 보면 난데없이 공격당하는 느낌을 받을 때가 생기는데, 남자들이 상대가 어떻게 받아들일지 고려하지 않은 채 투박하게 자기주장을 펼치다가 벌어지는 일이다. 성별 사이엔 친화성의 차이가 뚜렷하다. 어느 모임이든 여자들이 많을 때 더 화기애애한 경향이 있고, 남자들로만 구성된 모임은 뭔가 기름칠을 하지 않은 기계처럼 삐걱거리는 경우가 생긴다. 여자들은 걸으면서 대화할 때도 서로 얼굴을 쳐다보고 미소 지으며 눈을 응시하는데, 남자들은 괜한 미소도 삼가며 그저 나란히 걷는 경우가 많다. 표정은 마음이 어떠한지를 알려준다. 여자들은 타인의 마음을 알고 싶어서 상대의 얼굴을 뚫어지게 쳐다본다면, 남자들이 서로 눈을 마주하는 건 싸움의 불씨가 되므로 상대의 얼굴을 덜 본다. 여자들의 친화성이 높은 건 인류사에서 경쟁을 통해 개인의 지위를 높이는 일보다 조화로운 집단 구성원이 되는 데서 더 큰 혜택을 얻었다는 사실을 의미한다. 남자에게 친화성이 떨어지는 건 타인과 화목하게 지내는 일이 남자의 삶에서 가장 중요한 일은 아니었음을 의미한다.

남자는 대화할 때 공감하면서 경청하기보다는 성급하게 문제 해결책을 제시한다는 핀잔을 듣는데, 누군가 고통받고 있을 때 곁에 있는 남자의 뇌를 찍어보면 감정 공감을 담당하는 뇌 영역이 활성화되고는 곧장 측두정엽 쪽이 활성화된다. 남자의 뇌는 상대의 어려움에 공감하며 유대감을 표시하기보다는 문제 해결에 주력하는데, 이건 감정적 공감보다는 인지적 공감을 한다는 뜻이다. 여자들이 누군가가 감정을 드러내면 같이 웃고 울면서 정서적으로 공감한다면 남자는 금세 추상화와 체계화를 통해 문제 해결책을 제시하며 인지적으로 공감한다.

해결책을 강구하는 남자들은 때때로 상대에게 돌파구를 제시해주지만 별로 대단치 않은 방안을 제시하면서 그저 자기 만족감에 사로잡히기도 한다. 남자에게 조언을 구할 때 뭔가 찜찜한 기분이 드는 상황이 발생하는 이유이다. 인간관계를 위계 구조로 상정하는 남자들은 대화할 때도 우위를 점하려 하고, 누군가 도움을 청하는 일 자체를 자신의 상승처럼 여기면서 만족을 느낀다. 도움 요청을 자신이 나약하다는 고백이자 지위가 하락하는 일로 인식하는 데다 자신이 털어놓는 고충의 내용이 나중에 자신에게 불리하게 사용될 수 있으므로 남자들은 정말 궁지에 몰리지 않는 이상 웬만해서는 도움을 구하지 않는다. 게다가 지푸라기 잡는 심정으로 조언을 구하더라도 다른 남자의 충고는 자신의 경험에서 추려낸 훈계에 지나지 않을 때가 많다. 적잖은 남자들이 자신의 우월감을 맛보고자 괜히 트집을 잡아 훈시한다.

남자들은 대화를 통해 지위를 확보하려 들고, 우위에 서려면 정보와 지식과 기술을 가진 편이 유리하므로 무언가를 설명할 때 상대방이 알아듣기 어려운 단어를 즐겨 쓰는 경향이 나타난다고 미국의 언어학자 데보라 태넌은 지적한다. 남자 지식인들이 쓰는 책이 난해한 이유는 그들이 심오한 주제를 파고들기 때문일 수도 있지만 그보다는 남성 특유의 거만함이 문체로 발현되기 때문이다. 프랑스의 역사철학자 미셸 푸코는 자신이 글을 쓸 때 어느 정도는 일부러 꼬아서 쓴다고 얘기한 적이 있는데, 다른 남자 지식인들도 비슷할 것이다.

근거 없는 자신감을 지닌
자랑의 달인

    남자들의 인생은 경쟁의 따가운 햇볕에 그을려 있다. 경쟁을 통해 승자와 패자가 갈리고, 자신이 누구이고 어떻게 살지 정체성을 형성하며, 타인을 대하는 방식이 정해진다.

    승리하고 우위를 점하려는 갈망이 강한 만큼 남자들은 어떻게든 자신의 업적과 능력을 알리려고 안달한다. 특히 여성이 동석했다면 남자들은 더욱더 자신의 성공을 알리려고 몸 달아 한다. 여성이 있는 자리에서 학술, 정치, 경제, 문화 등등 자신의 박식함을 드러내고자 남자들은 박 터지게 경쟁할 뿐 아니라 얼마나 유명하고 권세 있는 사람들을 알고 있는지 드러내고자 아득바득한다.

    남자들의 자기 능력 과시는 유서 깊다. 영국 런던의 자연사박물관에는 아슐리안 도끼가 있다. 크기 30센티미터 정도의 작은 돌도끼는 타격을 가하기보다는 여성에게 자신의 용맹함을 선보이는 용도였으리라고 추측된다. 석기시대에 남자가 손도끼를 가져와 여자 앞에서 자랑하는 모습이 눈앞에 그려지는데, 왠지 낯설지가 않다. 현대의 남자들 역시 최신의 첨단 제품이나 사치품을 획득한 뒤 여자들 앞에서 자랑하는 일이 예사이다. 영국의 예술비평가 존 버거는 남자의 능력이 무엇이든 그가 얻을 수 있는 대상은 그 사람 외부에 존재한다는 사실을 지적한다. 한 남자의 존재감이란 그 남자가 타인을 위해 해줄 수 있는 무언가에 따라 판이해진다. 남자는 자신이 할 수 없는 것을 할 수 있는 척하면서 허위로 존재감을 만들어내기도 하는데, 이런 위장도 결국 그가 타인에게 행사하는 하나의 능력이라고 존 버거는 서술한다.

남성은 자랑의 달인이다. 공공연하게 과시하든 미묘하게 절제해서 티 내든 자기 연출의 대가이다. 미국의 작가 데이비드 브룩스는 남자들이 모이면 하나같이 도널드 트럼프를 닮는다고 말한다. 남자들은 특이한 광합성 능력이 있어서 햇빛을 자화자찬으로 변환시킨다는 것이다. 유명하다는 건 혼자 조명을 받고 있다는 뜻이고 이건 타인들이 그의 그늘 아래 가려진다는 얘기이다. 남자들은 어떻게든 성취 결과를 과장해서 뽐내고 허세를 부리며 자신의 명예를 드높이려 안달한다. 남자들은 앞날이 창창하다고, 자신이 잘해주겠다고, 자신은 진실하고 성실한 사람이라는 등등 자기 가치를 과장해서 선전한다. 남성보다 여성이 속았다는 말을 자주 하는 이유다. 남자들이 습관처럼 으스대다 보니 자신의 으슥한 내면을 모른 채 살아간다.

문명사회에선 남자가 똑똑할수록 권력이 생길 확률이 높아지므로 남자들은 지능을 과시하려는 경향을 보인다. 전 세계 남성을 대상으로 연구한 결과 남자는 자기 지능을 부풀려서 평가했다. 반면에 여자는 자신의 지능 지수를 실제보다 약 5점 아래로 알고 있었다. 지능이 남성성과 더 깊은 연관관계를 맺고 있고 여성에게 선택받을 때 매우 중요한 조건이므로 남자는 과장하려 든다. 이와 달리 남자는 똑똑한 여자를 원치 않는다는 미국 속담이 있을 만큼 지능이 높다는 것만으로 구애받을 가능성이 크게 증가하지는 않으므로 여자는 지능을 뽐내기보다는 외모를 뽐내려 들고 지능 계발에도 소홀할 수 있다.

남성은 자신이 얼마나 대단한지 홍보하는 일에 열중한다. 실제로 그런 사람은 아니더라도 그런 사람이라고 알려지는 게 중요하다. 남들에게 대단한 사람으로 알려지려면 우선 자신이 대단한 사람인 것처럼 믿고 행동해야 한다. 특별하고 대단한 사람이 되기 위해서라도 자신이 특별하고 대단한 존재라는 믿음이 필요하다. 남자의 자신감은 어느 정도 자기기만의 성격을 띠는 것이다. 자신감과 자기기만은 남자에게 이로웠다. 객관적 전력으로론 불리한 상황에서 남자는 자기기만을 하면서까지 자신감을 갖고 도전해서 승리를 쟁취하곤 했다. 남자들의 근거 없는 자신감엔 나름 근거가 있던 셈이다. 무엇이든 일단 자신감을 갖고 도전하려는 종족이 남자다. 남자들은 엄청난 고통과 파탄에 이르기 전까지는 자신이 옳다는 믿음을 갖고 세상을 향해 돌진한다. 젊은 시절에 자신의 특별함에 도취되지 않았던 남자는 없다.

자신감은 승자의 태도이고, 여자들은 남자의 자신감이나 위험을 감수하는 영웅의 대담함에 성적 매력을 느낀다. 남자들은 영웅이 아니더라도 영웅인 것처럼 행세한다. 물론 대다수 여자들은 타인을 도우면서 발생하는 위험감수가 아니라 객기에 취해 무모한 짓을 저지르는 남자에겐 넌더리를 내는데, 많은 남자들이 이타성의 모험과 튀려고 벌이는 괴상한 짓을 비슷한 위험 수준으로 지각한다. 남자들은 타인을 돕고자 위험을 감수하는 행동이 여성에게 매력을 발산하리란 걸 알지만, 위험만 자초하는 객기까지도 호의를 갖고 바라보리라 착각한다. 왜 여자들이 싫어하는데도 남자들은 객기를 부리는 걸까? 남자의 허세와 과신은 다른 남자에게도 영향력을 발휘하기 때문이다. 인류사는 남자들의 합종연횡으로 승패가 갈렸고, 자기 능력을 과대평가하는 허세가 연합할 때 도움이 되었다. 남자들은 동성의 허세에 흥미를 보인다. 앞 시대 남자들의 허세는 고스란히 대물림되었고, 기이한 행동과 황당한 도전이 남자들 사이에서 끊임없이 발생한다. 남자들은 자신을 일부러 위험에 노출시키면서 무의식중에 '나는 두려움을 모르는 수컷이니 만만히 보지 말라'는 신호를 주위에 보낸다. 허풍은 별 이득이 없는데도 이렇게 위험을 감수할 만큼 자신이 강하니 힘을 합치면 이익이 되리라는 선전이다. 남자는 탁월한 자기 광고자이다.

우리가 광고를 믿고 산 상품에 격분할 때가 많듯, 남자들의 광고는 남들에게 실망을 줄 뿐만 아니라 자기 발등을 찍는 돌도끼가 되기도 한다. 많은 남자들이 자신을 과신하면서 허세를 부리다 낭패를 겪는다. 여자들에게 낮은 자존감이 문제가 된다면, 남자들에겐 자만심이 문제가 된다. 로버트 트리버스가 자메이카의 블루산맥 고지대로 도마뱀 채집에 나섰을 때였다. 조카사위가 차를 운전하고 있었는데, 운전대가 너무 작아 차를 몰려면 튼실한 근육이 요구되었다. 트리버스의 조카사위는 젊고 근육질이었다. 트리버스의 여자친구가 조카사위의 운전에 탄복한 듯하자 트리버스가 운전하겠다고 고집을 부렸다. 아직 팔팔하다는 걸 보여주고 싶었던 트리버스는 차를 빠르게 몰았는데 모퉁이가 나타나자 힘이 부친 나머지 운전대를 급히 꺾을 수 없었다. 차는 쭉 밀리다가 작은 모랫둑에 걸렸다. 바퀴 세 개가 공중에 떠 있었다. 6미터쯤 아래에 나무 한 그루가 있어서 거기에 걸릴 수도 있겠지만 그렇지 않으면 100미터 아래 낭떠러지로 곤두박질칠 위기였다. 그들은 구사일생으로 차에서 빠져나왔다. 로버트 트리버스는 조카사위에게 쏟아지는 관심을 자신에게 돌리고 싶은 나머지 자기가 무슨 짓을 저지르고 있는지 전혀 의식하지 못했다고 술회했다. 이처럼 남자의 경쟁심은 맹목적으로 작용하고, 자신에 대한 과신은 파국의 원인이 되기도 한다.

남자의 과신은 실제 자신에 대한 확신이라기보다는 거친 세상을 헤쳐 나가는 삽자루이고, 심리의 삽질이 허세이다. 두려움에 떨며 유약한 진실을 드러내는 것보다는 자신의 공포를 숨기고 자신감 있는 척하는 것이 남자의 생존에 유리했다. 남자들에게 자신감은 유전되고, 오늘도 자동으로 발산된다. 빨간 구두를 신으면 춤을 출 수밖에 없듯 남자들은 자신감 화산을 품고 태어나기 때문에 자신감을 뿜어내지 않을 수 없다.

좀처럼 타인의 조언을
듣지 않는다

　자기 확신이 강한 사람은 쭈뼛거리기보다는 당당할 테고, 남자의 당당함에 여자들이 존경심을 갖는 현상이 자주 벌어진다. 여자들은 남자의 자신감에 매혹되어 사랑에 빠지기도 한다. 그러나 자기 확신은 자아도취일 경우가 많다. 세상사는 복잡하고 인간들도 다양해서 그 누구도 모든 걸 속속들이 알 길은 없다. 현명한 사람이라면 조심하고 신중한 태도를 가질 수밖에 없다. 자신의 주장이 틀릴 수 있고 심사숙고한 예측도 빗나가기 십상인데, 많은 남자들이 자신은 다 알고 있다는 태도를 고수한다. 강한 확신에 반했던 여자들은 이 남자가 자신감이 넘치는 게 아니라 외골수였다는 걸 뒤늦게 깨닫는다. 남자가 자신감으로 일을 밀어붙이고, 대인 관계를 자기 방식으로만 이끌어 가려 들면서 여러 말썽을 일으킨다. 남자는 수많은 고난이나 역경을 자초하면서도 정작 자신에게 문제가 있다는 생각을 좀처럼 하지 못한다.

　남자들은 자기주장이 진리라고 외치지만 그들의 단언은 복잡한 세상에 대한 수많은 설명 가운데 하나에 불과할 뿐이다. 그런데도 자신감이 지나친 나머지 타인의 의견을 경청하지 않는다. 자신감이 넘치면 굳이 타인의 충고나 조언을 받아들일 까닭이 없게 된다. 성공해서 권력을 쥔 남자일수록 자신의 경험만을 신봉하면서 기존 방식을 고수하는 경우가 많다. 자신감은 지금 자신의 상태에 대한 만족감의 표시이지만 타인의 의견을 받아들이지 않고 변화를 거부하면서 미래의 패배를 불러들이는 원인이 되기도 한다.

　경청하지 않으려는 태도는 남자의 오래된 병폐다. 여자의 말을 잘 들으면

자다가도 떡이 생긴다는 속담을 진지하게 받아들이는 남자는 그리 많지 않다. 2001년 9.11테러가 벌어지기 한 달 전, FBI요원 콜린 롤리는 알카에다 요원을 잡았다. 이 남자가 수상한 의도로 비행 교습을 받았다는 사실을 알게 된 콜린 롤리는 수색 허가를 신청했지만 상부는 롤리의 신청을 무시했다. 롤리는 FBI가 조금만 더 관심을 보였어도 9.11테러를 막을 수 있었으리라고 안타까워했다. 그녀의 보고가 무시된 데는 여러 원인이 작용했겠으나 성별도 어느 정도 영향을 미쳤을지 모른다.

지나친 자신감은 부작용을 일으킬 때가 있다. 남자들은 어디서 들은 얘기를 마치 자신의 신념인 것처럼 강하게 역설한다. 여자들은 90을 알아도 10이 부족하다는 사실을 염두에 두면서 자기 생각을 피력할 때 주저하는데, 남자는 10을 알면 마치 100을 아는 것처럼 자기주장을 사납게 펼친다. 빈 수레가 요란한 것이다. 여자들이 만성화된 자기 불신 속에서 자신의 부족함을 염두에 둔 채 방어적인 태도를 지닌다면 남자들은 만성화된 자기 확신 속에서 타인의 부족함을 들추며 공격적인 태도를 보인다. 남자들의 이러한 자기 확신은 페미니즘을 만날 때 섬뜩하게 표출된다.

많은 남자들이 페미니즘을 반영하는 대중매체에 반감을 드러낸다. 심지어 여태껏 자신이 열혈하게 구독하던 언론이나 지지하던 정당에게마저 등을 돌려버린다. 페미니즘에 대한 거부감이 얼마나 극심한지 서로 헐뜯던 집단끼리도 손을 마주 잡을 정도다. 보수와 진보로 대립하던 남자들이 여성 문제를 두고 좌우합작하는 모습은 마치 미국의 개신교 우파와 이슬람 극단주의의 전략적 제휴와 흡사하다. 평소에 기독교 우파와 이슬람 극단주의는 서로 으르렁거리지만 막상 세계연합회의에서 여성의 자결권 문제를 두고는 의견이 일치한다. 그들은 여성의 복종을 중시하며 성평등의 물결을 저지하고자 힘을 합친다. 페미니즘도 인간들이 벌이는 운동이니 잘못이 있을 수밖에 없으므로 비판받아야 마땅하지만 귀담아들을 이야기가 충분히 있을 수 있는데도 적잖은 남자들은 그저 조롱하고 무시하려 든다. 집요하게 반감을 표출하는 남자들은 페미니즘 안의 모순과 부적절한 발언을 그러모으면서 자신의 행동을 정당화하고자 노력하는데, 이건 동기에 대한 추론일 뿐이다. 이미 페미니즘이 싫기 때문에 어떻게든 싫어할 증거를 찾고자 눈에 불을 켜면 반드시 찾게 되어 있다. 그들은 일부 과격한 페미니스트가 뿜어내는 증오를 비난하지만 정작 자기들 안의 과격한 증오는 비난하지 않는다.

남자의 자기중심성이 여성을 통제하려는 욕망과 결부되면 여자들의 문제 제기에 귀 기울이기보다는 여성을 비난하는 방식으로 무마하면서 기존의 관행을 유지하려 든다. 여성과 상의하면 얼마든지 문제의 실마리를 찾을 수 있는데, 남자들은 도통 여성의 관점에서 생각하질 않는다. 자신을 되돌아보는 능력은 성찰 지능과 연관 깊고, 여성이 남성보다 높은 편이다.

타인의 관점에서 생각하지 않는 남자의 특성은 어찌 보면 평범하지만 바로 그 평범함에서 악이 발생한다. 유대인을 수용소로 보내는 업무를 담당한 아이히만이 도망쳤다가 잡혀서 재판을 받았다. 재판을 참관한 한나 아렌트는 아이히만이 진부한 단어를 계속 반복해서 말하는 걸 발견했다. 말하는 데 무능력함은 생각하는 데 무능력함, 곧 타인의 입장에서 생각하는 무능력함과 매우 깊게 연관되어 있다고 아렌트는 통찰했다. 상대가 어떻게 받아들일지 반추하는 능력을 갖춰야 언어 감각이 향상되어 소통이 원활해지는데, 아이히만은 도통 타인이 어떠할지 상상하지 못한 채 자기 할 일에만 몰두했던 인간이었다. 유대인 여성 아렌트의 독일인 남성 아이히만에 대한 분석은 여자가 일상에서 남자와 부딪칠 때 겪는 느낌과 유사한 면이 있다.

대개의 남자는 여자만큼 대립하는 상대방의 관점을 역지사지하지 못한다. 남자의 자율성은 타인의 영향을 받지 않으려는 자유일 뿐 타인의 관점을 취하는 자유로움은 아니다. 남자는 전후 맥락을 고려하는 능력이 여자들보다 떨어지는데, 이건 유명세나 학력과 무관하다. 슬로베니아의 사상가 슬라보예 지젝이 중국 상하이를 방문했을 때 벌어졌던 일이다. 지젝이 이데올로기적 외설을 마구 열거하자 당황한 통역관은 거의 기절할 뻔했다. 지젝은 클린턴이 중국에 왔을 때도 그녀가 통역했다는 사실을 알게 되어서 자신과 클린턴의 차이를 물었다. 통역관은 지젝 당신은 섹스에 대해서 많은 말을 하지만 클린턴은 실제로 했다고 답했고, 이 답변에 지젝은 즐거워했다. 굳이 중국에서 성적 이야기를 늘어놓으며 클린턴과 자신을 비교하는 지젝을 통해 유추할 수 있듯, 남자들은 여자들이 달가워하지 않는다는 사실을 좀처럼 인식조차 하지 못한 채 성에 대한 강박을 표출한다.

남성은 자신과는 다른 마음을 상상할 줄 모르는 편협함이 있다고 스티븐 핑커는 지적한다. 낯선 남자가 불쑥 성적인 이야기를 꺼내거나 성적 접촉을 시도할 때 여자들이 불쾌할 수 있다는 사실을 남자들은 좀처럼 자각하지 못한다. 남자들은 선의를 갖고 말을 걸었고, 격려 차원에서 어깨를 주물렀으며, 딸 같아서 그랬다고 자신의 행위를 정당화하지만 사실 밑바닥엔 성적충동에 휘둘리고 있을 뿐이다. 남자들은 뻔히 보이는 욕망을 뿜어내고서 여자가 거절하면 나쁜 의도가 아니었다면서 얼렁뚱땅 넘어가려고 하거나 오히려 자신의 좋은 의도를 무시한다면서 여자들을 비방하는 경우도 생긴다. 여자들은 가슴에서 울컥 치미는 욕지기를 짓누른다.

현대사회에서는 남성에게 성적 감수성을 더 계발하라는 압박이 거세게 가해진다. 여성의 심리를 헤아리지 못한 채 자기중심성에 갇혀 있는 아둔한 남자는 시대의 도도한 흐름에 휩쓸려 도태될 수밖에 없다.

왜 길을
묻지 않을까

남자들은 갈팡질팡하더라도 누군가에게 도움 청하기를 거북해한다. 여자들은 똑똑이 휴대전화를 활용해서 지도를 찾는데 남자는 잘 안 한다. 옆에 여자가 있으면 더더욱 남자들은 길을 묻지 않는다. 모르면 물어볼 수도 있는 일이건만 길을 묻는 걸 창피하게 여기는 남자들이 적지 않다. 남자들은 길을 못 찾으면 당황해하면서 상대가 자신을 한심하게 여기리라는 걱정이 머릿속을 스치고 지나간다.

남자들이 길을 묻지 않는 건 스스로 찾을 수 있다는 자신감의 발로이다. 남자는 독립심이 강해서 타인에게 신세 지기를 원치 않는다. 독립성과 자신감은 남자의 어깨에 붙어 있는 두 날개다. 미국의 남성운동가 워렌 패럴은 길을 물어보지 않는 건 남자의 단점이지만 남자가 지닌 장점의 부작용일 뿐이라고 설명한다. 자립에 대한 의지, 문제를 몸소 해결하려는 강단, 위험을 감수하는 용기, 실수를 두려워하지 않는 기개 때문에 길을 묻지 않는다는 것이다. 여자들은 길도 묻지 않는 채 헤매는 남자에게는 이맛살을 찌푸리겠으나 타인에게 의존하지 않고도 길을 척척 찾아내는 남자에게는 환한 미소를 보일 것이다.

남자들이 길을 잘 찾는 편이긴 하다. 두정엽엔 공간과 운동을 관장하는 영역이 있는데 남자의 뇌는 늘 활성화되어 있다. 여자의 뇌는 공간과 운동 영역이 비활성화되어 있다가 필요한 상황이 되면 활성화된다. 물체나 지형을 입체감 있게 파악하고 상상하는 공간 조작 능력은 남자들이 더 뛰어나고, 길치는 여자들이 더 많다. 여성이 주요 지물을 이용해 길을 찾는다면 남성은 동서남북 방향 지표를 통해 길을 찾는다. 길을 찾는 행동 방식의 차이는 선사시대 때부터 있었으리라고 추정된다. 머나먼 옛날, 여자들은 곡류나 견과류처럼 어디에 있을지 예상이 가능한 자원을 찾아다녔고, 주요 지형지물을 이용해서 이동했다. 반면에 남자들은 동물을 쫓아 광범위한 낯선 지역을 이동해야 했고, 방향감각이 뛰어나지 않다면 생과 사의 갈림길에서 생존확률이 낮았다. 남자는 공간 기억 감각을 발달시켜 넓은 지리를 파악해서 생존확률을 높이려 했다. 선조의 본능은 고스란히 이어져 지도 제작에 대한 열정을 낳았다. 대동여지도를 만든 김정호는 누가 시키지도 않았고, 수익이 있지도 않았으나 지도를 제작했다. 그는 남자다.

남자는 처음 가보는 장소라면 미리 가서 주위를 둘러보며 어느 길이 어디로 이어지고 어떤 분위기인지 탐사하는 경향이 있다. 여자는 친근한 사람들이 곁에 있을 때 불안이 준다면 남자는 자신이 상황을 장악하고 있을 때 불안이 줄어든다. 남자들 가운데 강박증자들이 많은데, 그들은 일상을 계획대로 통제하려 든다. 외부의 영향에 감응하기보다는 외부를 통제하고 자신의 의도대로 일을 진행시키려 한다. 남자들은 설계도와 지도를 보면서 즐거이 흥분한다. 지도나 설계도를 통해 전체 구조를 개괄해 파악할 수 있기 때문이다. 남성은 정보 자료를 바탕으로 체계화하는 데 능숙한 경향이 있고, 숫자와 통계, 수치와 표에 매혹된다. 그것들은 자신이 상황을 파악하고 통제하는 데 도움을 준다.

여자들은 컴퓨터가 작동한다는 사실 자체에 흥미를 느끼지만 남자들은 컴퓨터가 어떻게 작동하느냐에 흥미를 갖는다고 독일의 심리학자 한네 제만은 언급한다. 한네 제만은 여자들은 컴퓨터가 작동하지 않으면 남자에게 어떻게 고칠지 설명을 들으려고 하기보다는 남자가 다시 작동시키도록 만든다고 서술한다. 컴퓨터를 조립하고 부품 교체를 통한 성능 향상에 흥미를 갖는 여자들도 있겠으나, 다수는 아닐 것이다. 반면에 남자는 이미 어릴 때부터 작동 원리에 관심이 커서 장난감이나 사물을 자주 분해해 못 쓰게 만든다.

남자는 타인이 도움을 요청하면 얼마든지 도와준다. 남자들의 독립성은 연대성과 반비례하지 않는다. 남자들은 자신이 가진 정보를 공유하고, 다른 누군가를 지도하며, 남에게 도움이 되는 걸 좋아한다. 남자들은 사회에 대한 관심이 크고, 공공성을 위한 선행은 여자들보다 훨씬 많이 하는 것으로 조사된다. 1904년에서 2008년까지 카네기 영웅기금 위원회에서 주는 기금의 91퍼센트가 남성에게 돌아갔고, 캐나다 정부가 주는 용사의 메달을 받은 성별의 87퍼센트가 남성이었다. 남성은 자기 곁에 있는 사람에게 감정이입해서 돕는 데는 서투를 수 있어도 자신과 별 상관은 없지만 곤경에 처한 누군가는 열심히 도우려 한다. 타인에 대한 관대함은 자신에 대한 독립성과 연결되어 있다. 남자들은 자격이 있을 때 상대에게 베풀 수 있다고 생각하는 편이고, 자신이 독립되지 않았으면 남에게 관대할 수 없다고 여긴다.

남자들이 독립심을 중시하기 때문에 일이 잘 풀리지 않은 남자를 여자가 안쓰러운 마음에 도우려고 하면 역효과가 난다. 많은 남자들이 여자의 관심을 자신의 능력에 대한 불신으로 받아들인다. 남자의 자존감이 타인으로부터 독립성을 유지하는 능력으로 성립된다면 여자의 자아 존중감은 타인과 밀접한 관계를 유지하는 능력에서 구축된다. 남자의 독립성과 여자의 관계성이 충돌하는 경우가 생기는 이유다. 그렇다면 여자가 선의를 갖고 도와주려는 마음을 남자가 이해할 필요가 있듯 여자도 자신과 친밀한 남자가 홀로 끙끙거린다고 해서 자신에게 무관심하거나 거리를 두려는 게 아니란 걸 이해하고 그를 믿으면서 잠깐 놔둘 필요가 있다. 남자는 스스로 회복해서 돌아온다. 여자들이 타인에게 상처 주지 않고자 배려하면서 자존심을 유지한다면, 남자들은 자신의 독립성이 감퇴되지 않도록 강인하게 처신하며 자존심을 지킨다.

어릴 때부터 관계를 통해 정체성을 형성하는 여자와 달리 남자는 성과를 통해 정체성을 형성한다. 성취는 독립성이란 씨를 뿌리지 않고는 얻기 힘든 열매이다. 독립성이 얼마나 남자에게 강렬한지 엄마들은 아들을 키우다 당혹해하곤 한다. 어머니는 아들에게 애정과 관심을 갖고 도우려 드는데, 아들은 자신에 대한 무시이자 독립성의 훼손이라고 느끼며 거세게 반항한다. 다른 영장류 수컷들도 사춘기에 독립성을 위해 제멋대로 행동하고 여러 일을 벌인다. 독립성은 남자의 원시적인 본능이다.

남자들은 자신의 독립심을 과장하는 경향이 있다. 이를 두드러지게 드러내는 것이 책이다. 책의 맨 앞이나 맨 뒤엔 지은이가 집필하면서 도움 받은 이들에게 감사를 표현하는 의례가 있는데, 감사 인사의 길이와 내용에 따라서 성별을 어느 정도 예측할 수 있다. 여성 작가의 경우 신중히 한 명 한 명에게 자신의 감정을 담아 자세하게 고마움을 표시하는 경우가 많다. 이와 달리 남성 작가의 경우는 감사를 표시하더라도 짧고 간략히 언급한다. 이 책 〈남자를 밝힌다〉 저자의 성별도 감사 인사를 통해 드러난다.

남자들이 스스로 책임지려고 하는 건 남성성의 특징이다. 남자는 아내와 자식을 보호해야 한다는 책임감으로 힘든 일상을 좀처럼 내색하지 않는다. 아버지가 자신의 고독과 고통을 개방해 능숙하게 표현하는 가정은 드물다. 남자는 타인뿐만 아니라 가까운 사람에게는 더더욱 걱정을 끼치지 않으려고 혼자 감당하는 방식으로 사랑을 실천한다. 많은 사람들이 자신의 아버지가 우는 모습을 한 번도 본 적이 없지만 아버지가 살면서 울고 싶었던 적이 수없이 많았으리라는 건 알고 있다. 남자들은 가족에게 삶의 안정을 제공하고자 어깨에 막중한 짐을 지고서는 후들거리는 다리로 나아간다. 이것이 남자의 독립성이고 책임감이다. 남자들의 뇌에서 쏟아지는 내분비물은 감정을 확장하고 심화하려고 하기보다는 안전하게 조작하고 통제할 수 있도록 만든다. 여자가 고통을 표출하면서 타인의 지지와 위로를 받으려 한다면, 남자는 고통을 짓누르면서 타인의 존경과 인정을 받으려 한다. 고통받는 남자의 글을 읽으면 외부의 타인이 남자의 고통을 관찰한 기록과 비슷하다.

곤경에 처했더라도 굳이 말하지 않으면 일부러 묻지 않는 불문율이 남자들 세계에 있다. 자신이 겪고 있는 시련을 타인이 알게 되면 남자들은 수치스러워한다. 남자들은 타인의 고통을 쉽게 위로하지 않는 만큼 타인에게 위로받으려고도 하지 않는다. 남자들은 고통을 호소하기보다는 극복하려고 한다. 폭풍이 밀려오고 해류가 거칠어지면 남자라는 잠수함은 세상을 향한 잠망경을 내리고 타인과 접촉하지 않은 채 홀로 문제를 해결하려 잠수한다.

남자들의 독립성은 고립성으로 변질되는 경우가 생긴다. 남자들은 독립심이 강하다 못해 홀로 살아가는 사람처럼 군다. 친구들이 있어도 마음의 다리가 연결되지 않기 일쑤다. 인생의 고통에 절뚝거릴 때 여자는 자신의 고통을 토로하고 서로 부축해주려고 한다면 남자는 팔심을 키운 뒤 목발을 짚고 홀로 고난을 헤쳐 가려고 한다. 비 온 뒤 무지개가 생기듯 슬픈 일이 생기면 남자들 사이에서도 마음과 마음을 잇는 무지개다리가 생기지만, 그러나 금세 사라진다.

왜 남자들은
사과하는 걸 어려워할까

인간은 타인을 차별한다. 세상에서 벌어지는 구별 짓기는 사회제도에서 조장한 측면이 다분하더라도 인간에게 타인을 차등하려는 욕망이 없다면 이토록 버젓이 발생할 리가 없다. 자신은 귀중하게 대접받길 원하면서도 타인을 구분해서 대우하려는 이중성이 인간에게 있다. 인간의 본능으로 말미암아 세상엔 신분과 위계와 서열과 계층과 학벌 등등이 강고하게 작동한다.

우열 관계로 세상을 파악하는 남자들은 나이나 직업 등으로 위계를 확인한다. 일단 위아래가 정해지기 전까지 남자들 사이에선 신경전이 벌어지기도 한다. 초면의 남자들은 서로의 신분을 확인하는 의례를 갖기 일쑤이다. 명함을 주고받는 행위가 그러하다. 이처럼 남자들 사이에선 위계 본능이 강력하게 작동된다. 1960년대 한국 남자애들은 미국 대통령과 유엔 사무총장 가운데 누가 더 높은지 논쟁을 벌였고, 요즘 남자애들은 배트맨과 아이언맨 중에 누가 더 강한지 정말 궁금해한다. 대중문화계 종사자들은 남성 두뇌가 위계질서에 얼마나 잘 매혹되는지 알고 있고, 철저한 전략 속에서 공략한다. 사회의 안전과 질서를 지키기 위해 악당과 맞서 싸우는 영웅 이야기나 사회 밑바닥까지 떨어진 남자가 정상에 올라서고자 분투하는 이야기에 남자들은 강렬하게 끌린다. 남성은 질서를 만들려 들고, 권위를 얻고자 한다.

누군가는 질서나 권위란 단어를 듣기만 해도 반감이 생길 수 있다. 정치계나 경제계의 부정부패를 보면서 권위나 질서를 존중하기란 어려운 일이다. 그러나 질서와 권위를 냉소한다고 질서와 권위로부터 해방된 세상이 펼쳐지지는 않는다. 건전한 질서와 정당한 권위를 만들어가는 데 힘을 써야지 질서와 권위를 비하하는 데 너무 힘을 쓸 필요는 없다. 질서와 권위를 무시하는 반골들 중엔 질서와 권위 자체를 거북해하기보다는 기존 질서에서 자신의 낮은 위치를 받아들이지 못하기에 반항하는 뒤틀린 권위주의자가 많다. 젊은 날에 그토록 권위를 거역하며 반발하던 남자들이 나이가 들어 감투를 하나씩 차지하면 기존 체계에 투신한다.

한때 마르크스 사상이 득세했고, 국가가 자본가를 위한 집행기관일 뿐이라면서 국가 없는 사회를 소망하는 경향이 있었다. 모두가 평화롭고 행복한 세상을 만들 수 있다는 구호가 난무했는데, 인간 본성에 대한 탐구 없이 뱉어낸 허황된 공상에 불과했다. 미래를 전망하려면 현실 속 인간을 바탕으로 이뤄져야 하건만, 희망을 이야기하는 사람들은 현실 속 인간을 외면한 채 믿고 싶은 대로 인간의 밝은 면만을 과장해서 장밋빛 청사진을 펼치곤 했다.

국가는 자신의 권력을 남용해서 수많은 문제를 일으킨 원흉이었기 때문에 국가에 대한 비판은 활발하게 이뤄져야 한다. 하지만 그늘과 함께 빛을 놓치지 않아야 한다. 가만히 놔두었으면 끝이 없었을 부족과 집단의 분쟁을 국가가 중지시키면서 평화를 이루었다. 국가는 인간 안의 폭력성을 억제했고, 더 나아가 인간의 생명을 보호하고 육성한다. 역사 내내 국가 공권력이 허약하면 극락이 아니라 무간도가 펼쳐졌다.

68혁명은 기존 질서와 일상의 권위주의를 타파하려는 운동이었고, 서구 세계에 큰 영향을 미쳤다. 일상의 억압과 인간 차별에 문제 제기한 인류사에 아주 중요한 변화였으나, 기득권에 대한 증오와 잘못된 질서를 빠르게 해체하려는 욕망이 부작용을 일으켰다. 통제받지 말고 자기 자신을 발산하라는 시대의 요구 속에서 감소 추세였던 살인율이나 범죄율이 폭증했다.

질서 못지않게 권위 역시 나름의 순기능이 있다. 권위는 처음부터 거저 주어지지 않는다. 권위는 성취의 산물이다. 권위는 단순히 누군가에게 복종을 유발하는 비이성의 결과가 아니다. 권위는 복종과 직접 관련성을 갖기보다는 인식과 관련된다고 독일의 철학자 한스 게오르크 가다머는 주장한다. 권위에 대한 존중이란 상대방의 연륜과 판단력에 대한 자발적 인정이고, 자기 역시 권위를 얻도록 성장하겠다는 의지의 표현이다.

비록 위계질서 속에서 직책이 높다는 이유만으로 권위주의에 갇히는 폐단이 발생하지만, 원칙을 놓고 보면 권위를 통해 위계질서가 성립된다. 더나은 전망과 더 많은 지식과 더 많은 포용력이 있는 사람이 권위를 얻는다. 상급자가 자신에게 주어진 권위에 걸맞은 능력이 없다면 위기를 맞게 된다. 권위는 고리타분하게 고정된 개념이 아니라 역동성 있게 살아 숨 쉬면서 사람들 사이에서 작동한다.

남자들의 마음을 들여다보면 더 높은 곳에 위치해 권위를 얻고 싶은 강렬한 충동이 있다. 남자들의 무의식엔 대체 가능한 존재라는 공포가 잠복해 있다. 남자들은 다른 누군가에게 대체되지 않고자 자기만의 존재가치를 증명해야 했고, 경쟁에서 이겨야 했으며, 더 높은 위치에 올라가 권위 있는 인물이 되어야 했다. 남자들은 누가 가르쳐주지 않아도 어릴 때부터 위계 서열 관계를 형성했고, 성인 남자들은 사회에서 수직 위계를 기반으로 한 조직을 구성한다.

권위를 가지려고 애쓰는 만큼 권위와 권위의식을 혼동하면서 경직되는 남자들이 생기기 마련이다. 자신의 지위에 도취되어 남들보다 자기가 낫다는 믿음에 사로잡힌 권위주의자는 잘못을 인정하려 들지 않는다. 사소한 문제라도 잘못을 인정하고 사과하는 행위를 패배라고 받아들이면서 자신의 실책이 명백하게 드러나도 사과를 좀처럼 하지 않는다. 남자들이 사과하지 않으려는 것은 다툼 후에 쉽게 화해하거나 딱히 필요하지 않은데도 고개를 숙이는 자들의 지위가 낮아지는 경우를 역사 내내 너무 자주 봐왔기 때문일 것이라고 로버트 라이트는 추정한다. 남자들의 위계 구조가 아주 오래되었던 만큼 남자들의 마음은 피라미드처럼 구조화되어 있어서 아래에 위치한다는 표시를 결코 하고 싶어 하지 않는다.

반면에 여자들은 미안하다고 수월하게 표현한다. 남자들은 여자들이 으레 하는 사과 표현을 낮은 서열을 확인하는 굴종이라고 생각하는데, 여자들에게 의례적인 사과는 인간관계에서 생기는 미세한 불균형을 부드러이 완화하는 방책이다. 여자들은 서로 도우면서 상호 이익을 얻으려 한다. 여자가 자신을 약간 굽히며 상대의 마음을 달래주는 건 길게 봐서 모두에게 이익이 되는 지혜이다.

극단화되는
남자들

소란을 일으키는 학생들이나 학습 부진아의 대다수가 남자아이들이다. 남성은 수업에 관심이 적고, 학교생활의 만족도가 더 낮으며, 특수교육 대상자 비율이 더 높고, 고등교육기관으로 진입할 때 탈락할 가능성은 더 높다. 여성이 남성보다 학업성취도가 높은 현상은 전 세계에서 나타나고 있다.

미국의 세 경제학자는 2013년에 인종을 불문하고 초등학교 남학생들이 모든 주요 과목에서 예상보다 성적이 더 낮다는 사실을 밝혀냈다. 이 경제학자들은 왜 남학생의 학업성취도가 낮은지 연구했더니 학습 태도에서 갈렸다. 태도와 처신 같은 비인지적 능력에서 발달상의 차이가 확연했다. 여자아이들은 남자아이들보다 타인의 말에 경청하며 주변을 정리 정돈하고 가만히 앉아 자기를 제어하며 수업에 참가하는 태도가 더 빨리 발달했다. 유치원에서부터 교사들은 이러한 비인지적 부문을 성적에 포함시켰다. 교사들은 학급 운영에 순응하면서 얌전하게 처신하는 여학생을 선호했다.

오스트레일리아에서는 남학생의 학업성취도가 낮은 현상을 국가 정부 차원에서 조사했고, 현재의 교육체계가 남자들에게 불리하게 제도화되어 있다고 분석했다. 남자아이는 움직이기를 좋아하는데, 대부분 수업은 의자에 앉아서 진행되는 데다 믿고 배울 동성의 어른들과 상호작용할 기회가 부족한 점이 낮은 학업성취도의 원인으로 꼽혔다.

젊은 남자들은 지루하거나 힘든 일에 부딪쳤는데 그에 따른 보상이 단기간에 주어지지 않을 경우 기분 전환하려는 충동에 쉽사리 굴복한다. 학업은 나중에는 혜택이 돌아오지만 당장은 큰 즐거움을 주지 않으므로 많은 남학생들이 과제하는 대신 오락하는 유혹에 넘어간다. 자기 절제력이 부족한 여학생도 많으나 여성이 남성보다 빠르게 성숙하는 특성으로 말미암아 여학생은 또래 남학생보다 자기제어가 조금 더 낫다.

남자들의 낮은 학업성취도엔 내분비물도 영향을 미치는 것으로 보인다. 테스토스테론은 남자아이들을 가만히 있지 못하도록 흥분시킨다. 남자아이들은 애착 형성에 관여하는 옥시토신이 더 적게 나와서 타인과 결속하지 않은 채 세상을 향해 적대감을 드러내기 쉽다. 사람을 차분하게 만드는 세로토닌 역시 여자아이들보다 더 적게 분비될 때가 많아 자기제어에 어려움을 겪는다. 게다가 인간의 행동을 통제하고 미래를 계획하는 전전두엽은 여자들보다 더디게 발달하는 데다 크기마저 작아서 더 충동적으로 행동하며 해야 할 걸 미루는 일이 빈번하다.

전전두엽이 발달하는 20대 중반부터 남자들은 좀 성숙해지면서 자기 절제 능력이 향상된다. 그 사례로 에곤 실레를 들 수 있다. 에곤 실레는 거리낌 없이 몸을 적나라하게 그린 것으로 유명한데, 10대 후반부터 20대 초반에 그린 작품들이다. 누명을 쓰고 23일 동안 구금되기도 했던 에곤 실레는 20대 중반부터는 벗은 인물을 그리더라도 수위를 조절하기 시작했다.

남자들은 자신의 흥미를 돋우는 주제라면 집요하게 파고드는 특성이 있다. 장인이나 발명가를 보면 대개 남자이다. 남자들은 긴 시간을 홀로 몰입해야 하는 과제에 발군의 능력을 선보인다. 사람들과 친하게 지내고 싶고 자주 대화하고 싶다면 몇 날 몇 달 동안 자신의 과제에 집중하기 어렵다. 남자들은 공감 능력이 여자들만큼 발달하지 못한 덕에 자기가 하는 일에 오랫동안 집중할 수 있다. 남자도 사람이니 타인과 어울리고 싶은 욕망이 있으나, 누가 옆에 없어도 견디는 힘이 있으므로 자신의 과업을 수행할 수 있다. 또한 창의력과 열정을 발휘해서 사회에 기여한 남자는 존경과 지위를 얻는다. 남자가 홀로 무언가에 집중하고 있다는 건 사람들의 관심이 필요 없다는 것이 아니라 타인의 사랑을 받고자 분투하고 있다는 뜻이다.

정상에 오르려는 욕망이 강하므로 남자들은 한 분야를 파고들어 독보적인 성취를 거두곤 한다. 특히 과학(Science), 기술(Technology), 공학(Engineering), 수학(Math)에서 두각을 나타낸다. 네 분야의 앞 글자를 딴 STEM에 남자들이 큰 흥미를 갖고 높은 수준에 이른다. 수리 능력이 뛰어나고 체계화 능력이 탁월한 여자라도 인문계 학업을 선호하는 경향이 있다. 각자 흥미를 갖는 분야를 찾아서 선택하라고 할 경우 남성과 여성 사이에 약간의 선호도 차이가 발생하고, 그만큼 과학 기술 공학 수학엔 남자들이 많게 된다. 과학 기술 공학 수학에 여자가 많아지면 기존에 없었던 혁신이 일어날 수 있으므로 여성 참여를 유도할 필요가 있더라도 성평등을 목적으로 과학 기술 공학 수학 분야에 여학생들을 강제로 밀어 넣을 수는 없다.

　과학 기술 공학 수학 분야의 성취도 차이엔 여성 차별 문제도 있을 것이다. 분명 과학 기술 공학 수학계도 인간 사회이니 여성에 대한 편견이 똬리를 틀고 있으며, 석연치 않은 이유로 여자들을 배제하는 일이 발생한다. 여자들이 과학 기술 공학 수학 분야에 원활하게 진출해서 활약할 수 있도록 사회제도 차원에서의 줄기찬 개선이 필요하다. 그러나 남자들이 학창 시절에 다수의 과목에서 낮은 학업성취도를 보이는 이유를 성차별로 보는 시각이 옳지 않듯 과학 기술 공학 수학 분야에서 여자들의 높지 않은 성취도 역시 성차별 문제로만 환원할 수는 없다. 일부 남자들이 여자들보다 체계화해서 사고하는 데 흥미를 보이면서 두각을 나타낼 수 있고, 실제로 수학 적성검사를 하면 남성이 여성보다 최고점 영역에 더 많이 포진해 있다.

　과학 기술 공학 수학 분야의 최정상에 남자들이 많은 까닭도 어느 정도 성차를 반영하는 것으로 보인다. 일부 남자들은 다른 인지기능은 좀 미달될지라도 계산하고 체계화하고 추상화하는 능력은 타의 추종을 불허한다. 이건 남자의 지능 분포가 좀 더 극단화되어 있기 때문이다. 지능을 평균 내면 남자와 여자는 비슷한데, 여자들이 중간값에 좀 더 몰려 있다면 남자는 좀 더 탁월한 지능을 지니거나 좀 더 떨어지는 지능을 지닌 경우가 있다. 일반 사람들보다 좀 더 극단화된 소수의 남자들이 있고, 그들은 과학 기술 공학 수학 분야에서 혁신을 일으키고 창의력을 발휘한다. 이건 사회제도 차원에서 여성을 차별한 결과가 아니라 대자연이 남성을 실험한 결과이다. 대자연은 남성을 더 많이 실험하면서 다양성을 창출한다. 그 결과 남자 천재들이 생기지만 사람들을 슬프게 하는 남자들도 다수 태어난다.

　혈우병이나 색맹 등등 갖가지 유전장애를 갖는 성별은 대부분 남성이다.

지능이 낮은 극단에도 남자들로 득실하다. 정신발달지체가 심할수록 성비는 확연하게 벌어진다. 정신질환 역시 남자에게서 훨씬 많이 나타난다. 자폐 증세도 대부분 남성에게서 발생한다. 남성은 여자들보다 타인에게 감정이입하지 않고 자기 관심사에 몰두하는 경향이 있는데, 이런 경향이 극단화되면 자폐증이 된다. 아스퍼거 증후군을 최초로 발표한 오스트리아의 의학자 한스 아스페르거는 자폐증이 남성 지능의 극단적인 변형일 거라는 의견을 일찍이 기술했다.

이런 성차의 원인은 여러 가지로 설명될 수 있다. 우선 여자는 X 염색체가 두 개 있어서 대립 유전자의 좋지 못한 영향을 막는다면 남자는 X 염색체가 하나밖에 없어서 유전자의 영향을 고스란히 겪을 수밖에 없다. 또한 자궁에서 태아가 테스토스테론에 과다 노출되는 과정에서 남자는 이미 극단화의 씨앗이 뿌려지는 것으로 보인다. 태아의 기본형이 여성이다 보니 남성으로 발달하는 과정에서 변이가 일어날 확률이 더 높을 수밖에 없다.

어떤 집단을 연구하든 어떤 검사를 하든 언제나 상단과 하단엔 남자들이 많다. 대자연은 남자들을 대상으로 다양한 변이를 추구하는 것으로 보인다. 아주 크거나 몹시 작은 신장부터 인지기능에 이르기까지 남자들은 여자들보다 더 극단화된다. 심지어 성정체성이나 성적 취향에서도 남자는 극단화된다. 동성애자도 남성이 여성보다 훨씬 많으며, 복장도착증, 관음증, 가학증, 피학증 등도 남자들에게서 훨씬 많이 나타난다.

일부 남자들의 지능이 뛰어난 사실을 부러워하거나 억울해할 것도 없다. 얻는 게 있으면 잃는 게 있는 법이다. 남자와 여자를 비교할 때 남자가 여자보다 어떤 점이 뛰어나면 다른 점에선 부족할 수밖에 없듯 개개인 인간들도 마찬가지이다. 대자연은 미묘하게 인간들을 다르게 만들었고, 그 차이들이 서로 경합하면서 어우러지도록 만들었다.